JN436812

신화의 산 역사의 산

장재화 山수필

신화의 산 역사의 산

초판 1쇄 인쇄 2010년 01월 18일
초판 1쇄 발행 2010년 01월 25일

지은이 | 장재화
펴낸이 | 손형국
펴낸곳 | (주)에세이퍼블리싱
출판등록 | 2004. 12. 1(제315-2008-022호)
주소 | 157-857 서울특별시 강서구 방화3동 822-1 화이트하우스 2층
홈페이지 | www.essay.co.kr
전화번호 | (02)3159-9638~40
팩스 | (02)3159-9637

ISBN 978-89-6023-319-5 03810

장재화 山수필

신화의 산 역사의 산

ESSAY

책머리에

퇴계 선생은 만고 상청(萬古常靑)하여 산이 좋다 하셨고, 공자도 지혜로운 사람은 물을, 어진 사람은 산을 좋아 한다(智者樂水 仁者樂山)며 산수를 예찬했습니다. 하지만 지혜롭지도 어질지도 못한 필자가 산을 오르내린 지 벌써 40년이 가까워옵니다.

초보 산꾼 시절의 필자는, 산행의 가장 큰 목적을 정상에 오르는 것에 두었습니다. 때문에 기억할 수 있는 것은 정상과 능선, 계곡이 그려내는 그림자뿐이었습니다. 그러나 무심코 걸었던 능선과 산자락마다 전설과 역사의 흔적이 남아 있음을 알고 난 다음부터 마음이 변하기 시작했습니다. 그만큼 산을 오르내렸으면 무엇인가 남겨야 하지 않겠느냐는 욕심과, 그 흔적을 나만 알고 있을 것이 아니라 다른 사람에게도 알려주고 싶

다는 하찮은 과시욕 때문이지요. 마음을 비워야 할 산에서 욕심을 챙긴 것입니다.

산의 품속에 안기면 바위와 숲이 자연의 섭리를 일깨워주고, 흐르는 시냇물이 인생에 대해 강론을 시작합니다. 게다가 무심한 바람조차 산이 안고 있는 전설과 역사를 교훈삼아 들려줍니다. 하지만 산에서 내려오면 그뿐, 어제의 속인으로 되돌아가고 마는 것은 산을 오르며 보고 듣긴 했더라도 제대로 배우지 못한 까닭입니다.

지금도 기쁘거나 슬플 때, 혹은 무언가 그리울 때면 산을 찾습니다. 더 들을 이야기가 없을까 하여 산을 오릅니다. 그때마다 등에 업혀 한 몸처럼 움직이는 배낭 속에는 추억과 희망, 때로는 좌절의 아픈 사연도 함께 담깁니다. 힘들고 지칠 때 배낭의 무게가 더 무겁게 느껴지는 것은 배낭을 채운 장비와 여벌 옷, 요깃거리 탓이 아니라 인생의 무게 때문이었습니다.

그동안 오르내렸던 산자락에 서려 있는 전설과 역사의 타래를 풀어볼 욕심으로 이 글을 씁니다. 그래서 아득한 신화의 세계에서 근대에 이르기까지, 산이 기억하고 있는 사연과 그 산과 인연을 맺은 사람들의 흔적과 일화를 중심으로 나름대로 엮어보았습니다.

이 책은, 전문적인 '산행 가이드' 치고는 부족하고 전설과 역사를 소개하는 점에서도 미흡합니다. 또한 '산 에세이'로 분류하려고 해도 모양새가 이상합니다. 그야 어떠하든, 이 글을 읽은 산객들이 "아! 이 산과 저 마을에 그런 역사와 전설이 있었구나." 하고 알 수만 있어도 좋겠습니다. 따라서 이 책은 산행을 떠나기 전에 미리 읽어야 할 책입니다. 그리하면 산행의 즐거움은 배가될 것입니다.

필자가 살고 있는 곳이 남쪽 끝이라는 지역적인 제약으로 남부지방의 산 소개에 치우친 감이 있어 아쉽습니다. 그리고 명산으로 유명세를 치루고 있는 산보다는 역사와 전설의 비중에 따라 산을 선별했습니다.

총 산행 시간은 가벼운 행동식이 포함된 시간이며, 말미에 현지 교통정보를 간략하게 기재해 놓았습니다. 하지만 배차시간과 경유지는 수시로 변할 수 있으므로 출발 전에 다시 확인 바랍니다.

2009년 12월

| 차 례 |

제2장 중부지방의 산

제3장 **호남지방의 산**

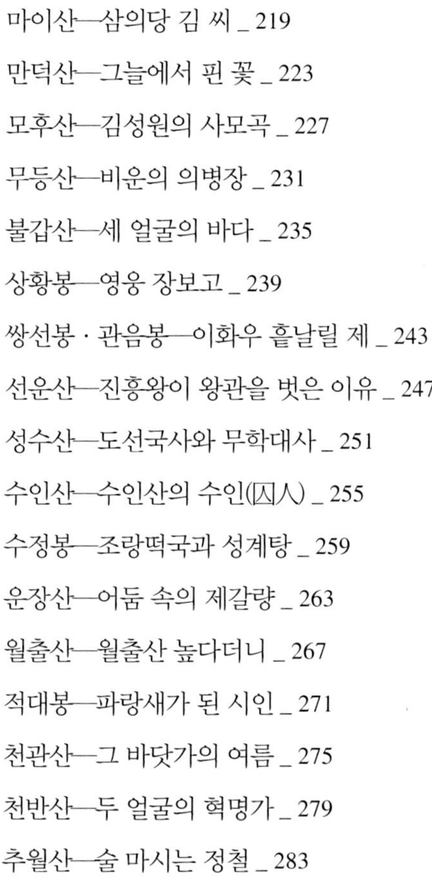

영남권 · 중부권 · 호남권의 산

영남권의 산

- 거제-망산
- 경주-구미산, 남산, 낭산, 단석산, 오봉산
- 김천-금오산
- 남해-호구산
- 문경-주흘산
- 봉화-청량산
- 부산-금정산, 장산
- 산청-왕산
- 안동-학가산
- 양산-천성산
- 영천-보현산
- 울산-치술령, 남암산, 문수산
- 진주-월아산
- 창녕-화왕산, 관룡산
- 청도-운문산
- 포항-운제산
- 하동-삼신봉
- 함양-삼봉산, 지리산
- 합천-가야산

중부권의 산

- 강화-마니산
- 괴산-사랑산, 낙영산, 도명산
- 단양-계명산, 제비봉
- 동두천-소요산
- 동해-두타산, 청옥산
- 보은-속리산
- 부여-계룡산
- 안성-칠장산, 칠현산
- 영동-백화산, 월이산
- 영월-마대산
- 옥천-서대산
- 원주-남대봉, 구학산, 주론산
- 정선-노추산
- 제천-동산
- 춘천-삼악산, 오봉산
- 충주-월악산
- 포천-명성산
- 태백-태백산

호남권의 산

- 강진-만덕산
- 광주-무등산
- 고창-선운산
- 고흥-적대봉
- 남원-수정봉
- 담양-추월산
- 부안-쌍선봉
- 완도-상황봉
- 영광-불갑산
- 영암-월출산
- 임실-성수산
- 장흥-수인산, 천관산
- 진안-마이산, 운장산, 천반산
- 화순-모후산
- 해남-달마산, 두륜산

제1장

영남지방의 산

장재화

山수필

가야산

신들의 불꽃놀이

조선 10승지 중의 한 곳이자 해동 8경 중 으뜸이라는 홍류동계곡과 팔만대장경을 봉안하고 있는 법보종찰 해인사가 자리 잡은 산. 산세는 천하의 으뜸이고 지덕은 해동 제일이라는 찬사를 받고 있는 가야산(1,430미터)은 경남 합천과 경북 성주 사이에 솟아 있다.

들머리를 성주군의 백운동매표소로 잡는다. 바위 투구를 쓴 봉우리들이 한 줄로 서서 열병식을 하고 있는 용기골을 끼고 산을 오른다. 계곡을 가로지르는 네 개의 백운교를 건너가면, 노랑 빨강 옷으로 치장한 숲을 배경으로 바람소리와 시냇물 소리가 설법을 하고 발밑에서 부서지는 낙엽소리와 새소리가 화음을 이룬다.

골짜기는 갈수록 깊어진다. 백운사지를 지나 산행 1시간 10분 만에 서성재에 도착하면 오른쪽 능선 길을 따른다. 정상이 가까워지자 거대한 암벽이 잇달아 나타나고 그럴 때마다 쇠사다리를 타고 위태위태하게 오른다.

그렇게 맑던 하늘은 어디로 숨었는지 안개가 자욱하게 몰려온다. 그러나 바람이 안개를 몰아가는 짬짬이 모습을 드러내는 기암이 꼬부랑 소나무와 어울려 선계(仙界)를 연출하고 있다. 산행 시작 2시간 30분 만에 칠불봉 정상에 선다. 좁은 바위 봉우리다. 세찬 바람 때문에 몸을 가누기조차 힘들고 내려다보이는 천인단애는 오금을 저리게 한다.

칠불봉은 가야의 건국설화를 간직한 곳이다. 전설에 의하면 가야산신

(伽倻山神) 정견모주는 천신(天神) 이질하와 인연을 맺어 두 아들을 낳는다. 두 아들 중 뇌질주일은 대가야의 시조가 되고 또 다른 아들 뇌질청예는 금관가야의 시조 수로왕이란다.

인도라는 나라, 지금도 먼 땅이다. 인도 아유타국의 공주인 허황옥은 16살이라는 어린 나이에 운명의 손에 이끌려 뱃길 여행을 떠난다. 그 바닷길이 얼마나 험했을까. 폭풍우와 싸우고 낯선 땅은 돌아가고 미지의 섬들을 스쳐지나가면서 도착한 곳이 김해 들판의 작은 나라 금관가야다.

김수로왕과 결혼한 허황옥은 열 명의 아들을 낳았다. 그 열 명의 아들 중 일곱이 칠불봉 아래에 있었다는 칠불암에서 도를 닦아 생불(生佛)이 되었다고 한다. 불가(佛家)에서 본다면 놀라운 축복이 아닐 수 없다. 그래서일까. 가야는 동으로는 황산강, 서남쪽으로는 창해, 북으로는 지리산과 가야산 그리고 남쪽으로는 바다와 맞닿은 곳까지 영토를 늘려 490년간의 영화를 누렸다.

안개가 정상을 비켜가자 수려한 산하가 눈앞에 펼쳐진다. 단지봉에서 수도산까지 이어지는 능선이 환상적인 몸매를 자랑하고, 오도산 비계산 백운산이 웅자를 자랑한다. 칠불봉을 중심으로 상왕봉과 동성봉으로 이어지는 바위능선은 그야말로 장관이다.

『택리지』에는 가야산을 석화성(石火星)이라고 기록하고 있다. 불타는 바위별이라……. 요즈음의 상식을 빌린다면, 밤하늘을 밝히며 질주하는 혜성을 닮았다는 비유 아닐까. 그래서 그런지 여기서 뾰족 저기서 삐죽 솟아오른 기암과 첨봉을 가지고 가야산신령이 불꽃놀이를 하는 것 같다. 그 바위를 기어오르고 건너뛰는 순간 산객도 타오르는 불꽃 중의 하나가 된다.

칠불봉에서 상왕봉까지는 10분 거리다. 소의 머리를 닮았다고 해서 우두산으로 불리기도 하는 상왕봉은 얼마 전까지만 해도 가야산의 정상으로 자리매김하고 있었지만, 성주군에서는 칠불봉이 상왕봉보다 3미터 더 높다면서 가야산의 정상은 성주 쪽인 칠불봉이라고 주장하고 있다.

상왕봉을 거쳐 해인사로 하산한다. 석문을 지나면 마당바위. 산죽 사이로 나 있는 나무계단을 밟고 내려와 보물 222호로 지정된 치안리마애불상 앞에 선다. 가늘게 뜬 눈, 보일 듯 말 듯 희미한 미소를 짓고 있는 석불 앞에서 잠시 명상에 잠긴 후, 능선을 타고 내려와 해인사 일주문 앞에서 5시간 20분에 걸친 산행을 끝낸다.

해인사 일주문은 만남의 문이다. 남명 조식 선생은 속리산에서 돌아오다 보은 현감인 동주 성제원을 만났다. 첫 만남이었다. 그러나 두 사람은 곧장 의기투합하여 학문과 인생에 대한 고담준론으로 시간을 보낸다.

짧은 만남을 아쉬워하며 헤어지던 날, 두 사람은 내년 팔월 보름 해인사에서 만나자고 약속한다. 약속한 날이 가까워오자 매일같이 비가 쏟아졌다. 남명이 악천후를 무릅쓰고 해인사 일주문에 도착하니 먼저 도착한 동주가 기다리고 있었다. 동주는 남명을 만나기 위해 벼슬까지 버리고 600리 먼 길을 달려온 것이다. 이 얼마나 아름다운 황혼의 우정인가. 그 우정이 그들의 만년(晩年)을 더욱 향기롭게 했다.

곧이어 조계종 종정으로 근대 한국불교가 낳은 큰 별, 성철스님의 사리탑에 도착한다. 잘 다듬은 돌로 축대를 쌓고 산을 깎아 조성한 넓은 잔디광장. 불자들이 엎드려 참배할 수 있도록 검은 대리석으로 둥글게 테를 둘렀다. 그 중앙에 기하학적으로 조형한 사리탑은, 평생을 누덕누덕 기운 승복을 입고 검소와 무소유의 모범을 보이며 "산은 산이요 물은 물"이라는 자신의 법어(法語)처럼 살다가 대자연의 한 부분으로 회귀한 스님과는 어쩐지 어울리지 않는 느낌을 준다.

아직도 만나야 할 사람이 남아 있다. 최치원이다. 12살 어린 나이에 당나라로 유학을 떠난 최치원은 희대의 명문장으로 알려진 「토황소격문(討黃巢檄文)」을 지어 당나라 황제의 총애를 받아 벼슬길에 오른다. 신라로 귀국한 뒤에는 「시무책(時務策) 10조」를 진성여왕에게 올려 최고 관등인

아찬의 지위에 오른, 당대 신라의 지성을 대표하는 불세출의 문장가이자 대학자였다.

신라 말엽, 혼돈의 수렁에 빠진 나라를 구하기 위해 개혁을 꿈꾸었지만 당시의 사회적 분위기로는 자신의 개혁안이 실현될 수 없음을 비관한 최치원은, 그의 호 고운(孤雲)처럼 한 조각 외로운 구름이 되어 지리산과 가야산을 넘나들며 영원히 사는 길을 찾아다니다가 해인사에서 여생을 마쳤다. 혹은 신선이 되었다고도 전한다.

홍류동계곡의 맑은 물은 이리저리 돌아다니다가 바위와 부딪쳐 우당탕 퉁탕 소리 내며 흐르고 산색은 가을이 깊었던 그 옛날, 물가 너럭바위에 앉아 최치원이 읊었던 가야산 예찬을 듣는다.

바위 사이 섞이어 돌며 깊은 산 울리면
지척의 말소리도 분간하기 어렵구나.
다툼질 시비소리 귓전에 닿을까봐
일부러 물을 흘려 온 산을 감싸네.

세속의 다툼과 시비의 아수라장에서 벗어나 산속에서 유유자적하고 싶은 사람이 어디 최치원뿐이랴. 진정 산을 사랑하는 사람들의 마음이 모두 그런 것을.

Ⅴ 현지 교통

고령→백운동: 08:20 11:10 등 4회. (고령터미널 054-954-4455)

파랑새의 꿈

경주의 구미산(594미터) 산행은 가정3리 용담정 입구에서 시작된다. 버스에서 내린 뒤 '용담정 입구' 비석의 안내를 받아 산행을 시작한다. 잘 포장된 아스팔드길을 30분 남짓 걸으면 용담정주차장이다. 용담정은 수운 최제우 선생이 동학을 일으킨 천도교의 성지다.

용담정의 정문이 바라보이는 주차장 왼쪽으로 본격적인 산길이 열린다. 길은 깨끗하고 단순 분명하다. 그래서 넓은 길만 따라가면 된다. 계곡길이 끝나는 지점에서 능선까지는 진땀을 흘려야 하는 된비알. 주차장을 출발한 지 50분 만에 능선에 올라선다.

능선 위 갈림길에서는 오른쪽 길을 따라간다. 경주의 낮은 구릉과 넓은 들. 단석산 오봉산 시룡산이 한눈에 보이는 바위전망대를 지나가면 '국립공원 구미산' 이라고 새겨진 정상석이 등산객을 맞는다. 산행 1시간 45분 만이다.

머리 위에서는 마른 잎들이 바람에 부대껴 서걱거리고 발밑에서 낙엽이 부서진다. 귀가 따갑도록 서럽게 울고 있는 매미가 가는 세월을 부르고 있다. 떨어지는 한 잎의 오동잎을 보고 천하에 가을이 온 것을 알았다는 옛 시인처럼, 매미는 지금 붉게 타오르는 나뭇잎을 보고 자신이 생명의 끝자락에 와있음을 느껴 피가 나도록 울고 있는지도 모르겠다.

정상석 맞은편 길은 용담정으로 바로 내려가는 길이다. 직진하여 헬기장을 지난다. 헬기장을 지나 완만한 능선을 기분 좋게 걷다보면 첫 번째

갈림길이 나온다. 직진하는 좁은 길은 인내산으로 가는 길이다. 넓고 분명한 오른쪽 길을 따라 용담정으로 하산한다.

인내산 갈림길에서 40여 분 내려오면 밀양박씨 묘. 여기서 오른쪽으로 길을 잡아 작은 저수지를 지나면 용담정 화장실. 4시간의 산행을 화장실 앞에서 끝낸 후 오른쪽으로 방향을 잡아 지척에 있는 용담정으로 향한다.

용담정(龍潭亭)은 수운(水雲) 최제우(崔濟愚)가 철종 11년 37세의 젊은 나이에 동학(東學)을 연 곳이다. 정문인 포덕문을 지나면 최제우의 동상이 세워져 있다. 왼손에 경전을 들고 오른 손을 높이 든 수운의 동상 앞에서 산객은 시간여행을 떠난다.

나뭇짐을 나르던 강화도의 산골 무지렁이 총각을 임금(철종) 자리에 앉힌 후, 무소불위의 권세를 누리던 안동김씨 세도로 나라가 한창 어지러울 때였다. 몰락한 양반의 서출이었던 최제우는 민족의 주체성과 허물어진 도덕의식을 바로잡는 것이 조선이 살아남을 유일한 길이라는 신념으로 만세토록 변하지 않는 새로운 도(道)를 구하려고 수도한다. 그래서 탄생한 것이 동학이다.

최제우는 말했다. "한울님을 잘 모신 성도들이 천상에서 극락을 누리는 지금의 선천시대(先天時代)가 끝나면, 인계(人界)에서 한울님을 모시고 지상극락을 누리는 후천시대(後天時代)가 도래한다. 후천시대는 국기가 바로서고 사회의 모든 불만이 제거되는가 하면 귀천이 없는 만민 평등의 이상향이다."

또한 천도교의 기본 정신인 인내천(人乃天) 사상은 "사람이 곧 하늘이다. 따라서 자기의 마음을 스스로 깨달으면 그 몸과 마음이 하늘이고, 하늘을 모시는 것이 곧 내 마음을 모시는 것"이라고 했다.

"우리의 길은 이 땅에서 받고 이 땅에서 넓혀가야 한다."는 최제우의 자주정신은, 외세에 흔들리지 않는 튼튼한 나라, 도덕이 살아 있는 나라, 모든 백성이 고루 잘 사는 나라를 만들겠다는 신념과 통한다.

그가 꿈꾼 것은 민초들의 '행복' 그것이었고 그 꿈은 '파랑새의 꿈' 같이 아름다운 것이었다. 가난하고 소외받은 사람들이 구름같이 그의 문하에 모여들었다. 허나 최제우는 그 꿈을 이루기도 전에 혹세무민했다는 죄목으로 압송되어 형장의 이슬로 사라졌다. 최제우가 처형당하기 1년 전에 읊은 칠언절구(七言絕句) 한 부분을 들어보자.

龍潭水流四海源	용담의 물이 흘러 사해의 근원되고
龜岳春回一世花	구미산에 봄이오니 온 세상에 꽃이 피네.

용담정에서 세운 그의 뜻이 사해에 퍼지면 온 누리가 꽃밭처럼 아름다워지리라는 꿈과 포부를 선생은 그렇게 표현했나 보다.

녹두장군 전봉준(全琫準). 그는 고부군(정읍) 향교의 장의(掌議)였던 아버지가 학정에 저항하다 살해당하자 동학에 입문하여 사회개혁을 꿈꾼다. 고부군수 조병갑이 학정을 일삼고 만석보를 개수한다는 명목으로 터무니없이 많은 세금을 부과하자, 전봉준은 농민과 동학교도를 이끌고 고부관아를 습격하여 빼앗겼던 세곡을 농민에게 돌려주고 부패한 이속들을 감금한다. 동학란의 시작이었다.

싸늘하게 식은 재 속에 묻혀 있던 불씨가 바람에 날려 꽃불이 되고 그 불꽃은 들불이 되어 거칠게 번졌다. 농민과 동학교도 십만여 명은 천도교 2세 교주 최시형의 지휘 하에 척왜(斥倭), 척양(斥洋), 부패한 지배계급 타파 등의 강령을 내세우며 관군과 대치한다.

전봉준은 동도대장(東徒大將)이 되어 부안 정읍 전주를 점령하여 기세를 올리지만 우수한 무기와 조직력으로 맞선 일본군과 관군에게 패배하여 동학군은 산산조각이 났고, 전봉준 또한 순창에서 일본군에게 체포되어 사형 당한다. 그렇게 해서 병든 나라를 구하겠다며 일어선 동학의 꿈은 좌절되었고, 그로부터 15년 후 조선은 국호마저 빼앗기고 만다.

새야새야 파랑새야 녹두밭에 앉지마라
녹두꽃이 떨어지면 청포장수 울고간다.

잡혀가는 녹두장군을 보고 백성들이 부른 노래다. 역설적이지만, 녹두밭에 앉은 파랑새 때문에 경상도 구미산에서 최제우가 꾸었던 파랑새의 꿈은 전라도 순창에서 녹두꽃이 되어 덧없이 지고 말았다. 그러나 그 꿈의 뿌리는 죽지 않고 나날이 번져 천도교의 손병희는 3 · 1만세운동을 주도하여 다시 한 번 꽃을 피웠다.

위대한 선각자들이 꾸는 꿈과 필부들이 꾸는 꿈이 같을 수는 없지만 꿈을 꾼다는 것은 아름답다. 꿈이 인생을 풍요롭게 만드는 까닭이다. 하지만 모든 꿈이 꿈꾼 대로 이루어지는 것은 아니다. 비바람을 만난 꿈이 피어나지도 못한 채, 그대로 저버리는 일이 허다하기 때문이다.

해몽(海夢), 전봉준의 호다. 모악산에서 발원한 태인천과 내장산에서 발원한 정읍천이 모이는 만석보터에 동학농민운동을 기념하여 세운 만석보유허비 위를 맴도는 전봉준의 영혼과 구미산정의 구름이 되어 떠도는 최제우의 영혼은 지금 무슨 꿈을 꾸고 있을까.

V 현지 교통

경주→용담정 입구: 시외버스터미널 앞에서 남사 방면 230번 버스 이용.

08:35 10:25 등 11회 운행.

투사(鬪士)와 은자(隱者)

"금오산 빼어난 빛은 하늘 기둥 되어, 동쪽으로 흐르는 낙동강에 그림자 지네!" 조선 중기의 성리학자로 우리나라 최초의 서원을 건립한 주세붕의 「금오산예찬」이다. 신라에 불교를 전파한 아도화상이 전설로 전해오던 황금빛 까마귀 떼가 노을 속으로 나는 것을 보고 이름 지었다는 경북 구미의 금오산(976미터)은 산세도 수려하지만 그 산자락에서 많은 학자와 충신열사를 길러낸 명산이다.

매표소를 지나기 전에, 길재의 시비(詩碑)와 그의 충절을 기려 세운 채미정, 그리고 구한말 의병 대장이었던 허위의 유허비 앞에서 잠시 걸음을 멈추고 경의를 표한다. 채미정은, 자신의 조국 은나라를 멸망시킨 주나라의 벼슬을 끝끝내 거부하고 수양산에 들어가서 고사리를 캐어먹다가 죽은 백이와 숙제의 고사에서 따온 이름이다. 길재의 충절을 백이숙제와 대등한 위치에 올려놓은 것이다.

산행 들머리는 금오산매표소다. 구미 시민들의 행복을 기원하기 위해 세운 7기의 돌탑을 지나면 금오산성. 고려시대에 축성된 길이 2킬로미터의 산성이다. 산성을 지나 해운사에 도착한다.

기암절벽을 병풍처럼 두르고 있는 해운사는 도선국사가 창건한 명찰이다. 절을 둘러본 뒤 등산로를 따라가면 대혜폭포가 나온다. 대혜폭포는 그 물줄기가 식수가 되고 농업용수가 되어 산 아래 사람들에게 큰 은혜를 베푼다는 뜻을 지니고 있지만, 떨어지는 물소리가 금오산을 울린다고 해

서 명금폭포라는 새 이름으로 더 많이 알려져 있다. 그래선지 폭포소리는 출전하는 병사를 독려하는 고수의 북소리처럼 우렁차다. 북소리는 잠자는 영혼을 깨워 영웅의 길을 걷게 한다.

백여 년 전에도 이 자리에서 폭포소리를 북소리로 들은 사람이 있었다. 한 치 앞도 내다볼 수 없을 만큼 암울했던 대한제국 말엽, 유학자 허위는 명성황후가 왜국의 낭인들에게 시해 당하자 감연히 일어나서 구국의 길에 나섰다.

선생은 금오산 자락을 돌며 은밀히 동지들을 규합한 뒤 김천에서 의병을 일으켜 충북 진천까지 진격하는 등 항일무장투쟁을 전개했다. 그 후 고종의 신임을 받아 지금의 대법원장서리에 해당하는 평리원서리 재판장이 되어 명판관의 길을 걷는다. 그러나 을사보호조약이 체결되자 다시 의병을 일으켜 일제의 군경을 격파하고 친일 매국노를 숙청하는 등 독립투쟁에 나섰지만 일경에게 체포되어 교수형을 당했다.

옥중에서 두 아들에게 보낸 선생의 편지는 눈시울을 뜨겁게 한다.

나랏일이 여기에 이르렀으니 죽지 않고 어찌하겠는가. 내가 지금 죽을 곳을 얻었으니 너희 형제간에 와서 보도록 하라.

나는 비록 역부족하여 원수의 손에 죽지만 나의 처형 장면을 너희들은 지켜보아라. 보고 느끼고 일어서라. 참으로 비장한 유언 아닌가. 허위 선생, 그는 금오산이 낳은 위대한 투사였다.

상념에서 깨어나 산행을 계속한다. 곧이어 금오산의 여러 등산로 중에서 가장 거칠다는 할딱고개를 가쁜 숨을 몰아쉬며 힘겹게 오른다. 할딱고개 안내판 뒤의 넓은 암반 위에 서서 올라온 길을 돌아본다. 구미 시가지가 보이고, 해운사를 둘러싸고 있는 단애와 폭포가 울창한 숲과 어우러져 한 폭의 산수화를 그리고 있다.

안내판에서 가파른 돌계단을 따라 20분 정도 오르면 '10번 지점 119산악구조' 안내판. 이어 이름 모를 폭포를 지나면 마애불과 정상 갈림길을 알리는 이정표, 여기서 왼쪽 마애불 가는 길을 택해 고려 때 작품으로 추정되는 금오산마애보살입상과 마주선다.

마애불 아래로 나 있는 길을 따라 약사암을 거쳐 정상에 오르기로 한다. 25분 정도 걸으면 세 갈래 길을 만난다. 정상까지는 0.3킬로미터에 불과하다. 아래로 나 있는 길은 날머리인 법성사로 하산하는 길이다. 돌계단을 밟고 약사암에 오른다.

첨탑처럼 솟아오른 건너편 암봉 위에 날렵하게 앉아 있는 종각. 종각과 약사암을 연결하는 아찔한 구름다리. 적요한 산사에 울려 퍼지는 풍경소리. 의상대사가 창건한 약사암에서 바라보는 풍광은 과히 금오산의 백미(白眉)라 할만하다. 그러나 정상에는 방송탑과 이동통신 중계탑이 경쟁하듯 세워져 있어 실망스럽기 그지없다.

금오산이 우국열사와의 인연만 맺고 있는 것은 아니다. 금오산은 때때로 은자의 이상향이 되기도 했다. 야은(冶隱) 길재(吉再). 그는 포은 정몽주, 목은 이색과 더불어 삼은(三隱)으로 불리는 고려의 충신이다.

구미에서 태어난 그는 가정적으로는 괴팍스러운 계모를 친어머니처럼 섬긴 효자였고, 조정에서는 지조 높은 명관이었다. 순유박사 성균박사 문하주서 등의 관직을 역임하여 명성을 높이지만 고려가 쇠망의 길을 걷자 벼슬을 버리고 낙향한 뒤, 금오산자락에 은거하며 후학을 양성하고 저술에 몰두하여 『야은집』『야은속집』 등 많은 저서를 남겼다.

조선 정종 2년, 사실상의 왕권을 행사하고 있던 태자 방원이 야은을 불러 태상박사라는 관직에 임명하지만 "여자는 두 사람의 남편이 있을 수 없고, 충신은 두 임금을 섬기지 않는다."며 무엄하게 거절한 뒤, 한 술 더 떠서 지조를 지킬 수 있게 향리로 돌아가게 해 달라고 요청했다. 방원이 그 요청을 수락한 것은 의외다. 왕권을 위해 혈육은 물론 자신을 믿고 따

르던 가신들까지 무참하게 제거한 방원이었으니까.

백이숙제처럼 고사리를 캐어먹다가 죽을 수는 없었지만 새 왕조에 대한 일체의 비협조, 그것이 고려에 대한 길재의 마지막 의리였다. 야은의 마음을 「술지(述志 평생의 뜻)」라는 그의 시를 통해 짐작해본다.

개울가에 띳집 지어 한가로이 홀로 사니
달은 희고 바람은 맑아 즐거움이 넘치네.
찾아오는 손님 없어도 산새들이 지저귀고
대나무 둔덕의 평상에 누워 글을 읽는다네.

정온의 세계에 칩거하여 은자의 생활을 즐긴 그였지만 어떤 의미에서 야은은 현실주의자였다. 세종이 그의 아들 사순을 등용하려하자 "고려를 향하는 아버지의 마음을 본받아 너는 조선의 임금을 충심으로 섬겨라!"며 승낙한다. 자신은 변할 수 없는 고려인이지만, 아들은 어쩔 수 없는 조선 사람임을 깨끗하게 인정한 것이다. 허위와 길재, 그 두 위인으로 해서 금오산은 투사와 은자의 두 얼굴을 가진 산이 된다.

삼거리로 되내려와 법성사로 하산한다. 길은 외길이고 산악구조대의 안내판이 잘 정비되어 있어 길 잃을 염려는 없다. 하산 시작 1시간여 만에 도착한 법성사에서 4시간의 산행을 마친다. 그러나 주차장까지는 차도를 따라 20분 남짓 더 걸어야 한다.

V 현지 교통

구미역에서 금오산 행 시내버스 수시로 운행. 가까운 거리라서 걸어가도 좋다.

이징옥과 그 형제들

부산 금정산(801.5미터)의 여러 산길 중에서 아기자기한 산행의 묘미를 맛보면서 전설과 역사의 향기에 취하고 싶다면 장군봉에서 고당봉을 거쳐 범어사로 내려오는 길을 권하고 싶다.

산행 들머리는 양산시 동면 계석마을의 극동아파트다. 107동 옆 골목으로 들어서서 밭과 아파트 옹벽 사이 길을 따라가면 무덤 3기. 이어 갈림길에 세워진 '뒷등대' 안내판과 먼지를 털기 위한 시설물이 설치되어 있다.

오른쪽 농장 위로 나 있는 포장길을 따라가면 산길은 완만하게 오르내리며 산허리를 돌아간다. 약수터를 지나면 말 무덤을 뜻하는 '말미' 안내판. 유난히 큰 무덤이 보인다. 안내문에는 삼장수(三將帥)의 막내인 이징규가 금정산 일대에서 무예를 닦을 때, 타고 다니던 애마가 죽자 이곳에 묻었다고 간략하게 설명하고 있다. 삼장수는 누구를 말하며 이징규는 또 누구인가.

고려 공민왕 20년, 영남지방을 순시하던 순찰사 이전생은 "여기가 바로 길지"라고 감탄하며 지금의 양산시 하북면 삼수리에 정착하여 '양산이씨'의 시조가 된다. 그는 이곳에서 징석 징옥 징규의 세 아들을 얻었다.

이전생의 부인은 세 아들을 얻을 때, 세 번 모두 산이 가랑이 사이로 들어오는 별난 태몽을 꾸었다. 장남인 징석은 영축산(영취산)이 들어와 취봉이란 아명을 지었고, 둘째 징옥은 원적산(천성산) 꿈이라서 원봉, 금정

산을 본 막내 징규는 금봉이라고 불렀다. 세 아들 모두 영리했고 힘은 장사였다. 그래서 마을 사람들은 삼형제를 '날개달린 삼장수' 라고 불렀다.

말 무덤을 지나면 산허리를 가로지르는 임도가 나온다. 임도를 건너 산길로 들어선다. 만만찮은 된비알이다. 밧줄에 매달려 다방봉에 오르면 이징석 형제의 생가 터가 있는 오룡산자락과 영축산이 보인다.

징석은 영축산 백운암과 신불평전에서, 징옥은 천성산 원효암과 화엄벌에서 무예를 익혔고 징규는 금정산 고당재에서 수련을 한다. 세 형제가 수련한 영축산과 천성산 금정산을 연결하면 삼각형의 꼭짓점이 되고, 신불평전과 화엄벌 고당재는 그 분기점이 된다. 그래서일까. 세 형제의 인생길은 극과 극을 달렸다.

무과에 급제한 징석은 세종 15년, 파저강에 침입한 여진족을 무찔러 중추원사가 되었고, 경상도병마절도사 지중추원사 등의 요직을 거친 후 수양대군의 왕위찬탈을 도운 공으로 좌익공신의 반열에 오르지만 탐욕스러웠던 그는 탐관오리로 지탄받아 오점을 남겼다.

징옥은 김종서를 도와 육진을 설치하고 변방을 안정시키는 등, 국토를 넓힌 공으로 김종서의 뒤를 이어 함길도 도절제사에 임명된다. 그 즈음, 단종을 폐위하고 왕위에 오를 음모를 꾸미던 수양대군이 김종서를 암살하자, 김종서를 아버지처럼 따르던 징옥은 후임자 박호문을 죽이고 반란을 일으키니 '이징옥의 난' 이다.

여진족의 추대로 대금황제가 되어 오국성(誤國城)으로 가던 징옥은 종성에서 피살되고 만다. 징옥은 형 징석과는 달리 여진족까지도 존경하는 청백리였고 호랑이도 꼬리를 내리는 용장이었다.

막내 징규는 형의 반란으로 모함과 질시의 대상이 되었지만 세조의 남다른 총애를 받아 병조판서까지 지낸다. 청렴결백한 징규는 온화한 성품에 지극한 효자였다.

세 형제에 대한 세조의 사랑은 각별했다. 징규는 "만리 길이라도 동행하고 싶은 장군"이라며 의지했고, 심지어는 반란을 일으킨 징옥마저도 "나에게는 난신이었지만 내세에는 충신으로 태어날 사람"이라며 아까워했다. 한집에서 태어난 충신과 역적. 그들의 생가는 길한 터일까, 흉한 땅일까.

완만하던 능선 길은 다시 된비알로 변한다. 비알을 힘겹게 오르면 수십 명이 함께 앉을 만큼 너른 마당. 왼쪽으로 은동굴을 거쳐 외송으로 내려가는 길이 보인다. 직진한다. 삼각점과 돌탑이 있는 727봉에 오른 후 다시 두 개의 작은 봉우리를 넘으면 장군봉이다. 장군봉에서 내려오면 장군평전. 넓은 평원에 억새가 무성하다.

억새 능선을 따라가는 길은 범어사, 오른쪽 비스듬히 내려가는 길은 고당봉 가는 길이다. 길은 이정표 앞에서 고당봉으로 곧장 이어가지만 정상에 오르기 전에 잠시 들려야 할 곳이 있다. 가산리 마애여래입상이다. 억새밭 이정표 앞에서 30분 정도 걸으면 리본이 무수하게 붙어 있는 삼거리에 도착한다. 마애석불 가는 길은 오른쪽 넓은 내리막길이다.

높이 12미터 폭 2.5미터 크기의 마애불은 오랜 풍화작용으로 거의 마모되었지만 얼굴 부분은 의외로 선명하다. 온화하면서도 근엄하고 우수에 젖은 것 같으면서도 밝은 표정의 마애불은 신라 말기의 작품으로 추정되고 있다. 구전에 의하면 이징규의 얼굴이 마애불을 닮았다고 한다. 아마 이곳에 앉아 무시로 불상과 마주앉아 대화를 나누며 수련하는 동안 스스로 석불을 닮아간 것이리라.

마애불 아래로 내려가는 길은 호포전철역으로 연결된다. 내려간 길을 되돌아 올라와 오른쪽 정상으로 향한다. 잠시 후 거대한 암봉이 앞을 막는다. 정상인 고당봉이다. 직진하여 숲길로 들어선 뒤 계단을 밟고 고당봉에 선다. 고려시대 대제학을 지낸 고중지(高中址)는 금정산을 이렇게 예찬했다.

높고 높은 금정산, 바위와 메가 천목산 같구나.
산 아래 동래성에는 안개와 놀이 고목에 서려 있어
세상에선 신선이 사는 곳이라 했고
땅이 깨끗하여 사람도 속되지 않았다네.
한낮에도 구름 기운 찌는 듯하고
골짜기에선 온천이 솟구쳐 오르니
나그네들 그 곳에 머물며 깊은 겨울에도 목욕을 한다네.
–하략–

하산은 금샘 방향이다. 올라온 계단을 다시 내려와 오른쪽 길로 들어서면 이정표가 기다리고 있다. 이정표에서 왼쪽 금샘 방향 능선을 타면 중간 중간에 매달려 있는 '금샘 가는 길' 팻말이 길을 안내한다. 금샘에 얽힌 설화 하나.

"금정산마루의 커다란 바위 위에 아무리 가물어도 마르지 않는 금빛 샘이 있어 한 마리 금빛 물고기가 오색구름을 타고 내려와서 놀았다."는 『동국여지승람』의 기록과 "왜적이 침공하자 문무왕이 의상대사와 함께 금샘에서 칠일칠야 기도를 올리자 신승이 나타나서 왜적을 물리쳤다."는 『범어사지』의 기록은, 전설의 신비함에 역사의 기록을 덧붙인다. 금정산(金井山)이라는 산 이름도 여기에서 유래했다.

금샘에서 내려와 하산을 계속한다. 왼쪽으로 분명하게 나 있는 길이 보이지만 바위를 에돌아 내려간다. '북문 가는 길' 팻말을 지나면 갈림길. 왼쪽으로 꺾어 내려와 천년고찰 범어사에서 5시간 10분의 산행을 마친다.

☑ 현지 교통

부산지하철 명륜동역 앞에서 양산 · 언양 행 버스 이용, 다방동 하차.

여왕을 사랑한 남자

세계자연문화유산으로 지정된 경주의 남산(494미터)은 '등산=정상' 이라는 등식에 얽매일 필요가 없는 자유로운 산이다. 어느 능선 어느 골짜기를 오르내리든 간에 예술에 취하고 전설과 역사의 뒤안길을 걸을 수 있기 때문이다.

용장1리 버스정류장에서 내리면 용장휴게소 맞은편에 '용장사지. 고위산' 표지판이 보인다. 계곡을 끼고 산속으로 나 있는 포장길을 따라 마을을 지나가면 산불초소.

초소 앞에서 왼쪽 징검다리를 건넌 다음 산책로 같은 오른쪽 길을 따라가면 상수원보호구역 표지판 앞에서 길이 갈라진다. 계류를 건너는 오른쪽 산길은 고위산 가는 길이다. 직진한 뒤, 아치형의 설잠교를 건너 용장사지로 향한다.

산죽 밭을 지나면 축대 위의 갈림길. 왼쪽으로 몇 걸음 옮겨 산행 1시간 10분 만에 무덤 두 기와 안내판만 외롭게 서 있는 용장사지 앞에 선다. 그러나 그 폐허에서 고뇌하던 김시습의 흔적은 찾아볼 수 없었고 바람소리만이 지나간 세월을 부르고 있었다.

매월당(梅月堂) 김시습(金時習)은 생육신(生六臣)의 한 사람으로 다섯 살 때 세종대왕 앞에서 시를 지어 왕을 감동시킨 신동이었다. 그러나 수양대군이 단종을 퇴위시키고 왕이 되자 통분한 그는 읽던 책을 모두 불태우고 설잠(雪岑)이라는 법명의 중이 되어 전국을 떠돈다.

용장사는 유랑하던 김시습이 금오산실을 짓고 우리나라 최초의 한문소설인 『금오신화(金鰲新話)』를 쓴 뒤, 훗날 다시 돌아와 『산거백영(山居百詠)』을 저술한 한국고대문학의 요람이다.

"나는 명예에 대해서는 애초부터 관심이 없었고 생업도 돌보지 않았다. 다만 산수 좋은 곳을 찾아 시를 짓는 것을 즐길 뿐, 글재주를 이용하여 벼슬자리에 오를 생각은 추호도 없었다."

김시습의 고백이다. 어떻게 보면 현실도피주의자 같기도 하지만 꼭 그런 것은 아니었다.

사육신(死六臣)이 능지처참되어 갈래갈래 찢긴 시신이 처형장에 흩어져 있었지만 처벌이 두려워 아무도 근접하지 않았다. 하지만 김시습은 자신이 맨 바랑에 시신을 담아 노량진 강가에 묻어준 용기 있는 사람이기도 했다. 요즘 표현대로라면 그는 저항하는 지식인이었다.

용장사지에서 되돌아 나와 산을 오른다. 맷돌처럼 생긴 둥근 돌로 몸돌과 지붕돌을 삼은 미륵장육상을 지나 용장사곡 삼층석탑에 선다. 석탑 앞에서 바라보는 산과 골짜기, 푸른 들과 마을이 그림처럼 아름답다. 마음 어지러운 날, 김시습도 이곳에 올라와서 불상과 석탑을 상대로 선문답을 나누며 번뇌를 씻고 불심과 시심을 키웠을지도 모를 일이다.

석탑을 지나면 기막히게 멋진 암반의 연속. 산행 시작 1시간 50분 만에 용장골 갈림길에 선다. 갈림길은 임도다. 임도 오른쪽 길을 택해 통일전으로 향한다. 삼화령 안내판을 지나 한참 걸으면 칠불암과 천룡사지로 가는 산길이 오른쪽으로 열린다. 계속 임도를 따라 내려와 임도 끝에 있는 화장실 앞에서 3시간의 남산 산행을 끝낸다. 여기서 버스정류장이 있는 통일전까지는 10분만 더 걸으면 된다.

낭산 산행을 위해서는 통일전 앞에서 버스를 타고 두어 정거장 떨어진 사천왕사지에서 내려야 한다. 사천왕사지는 하강선마을 입구의 차도와 철길 사이에 누워 있다. 문무왕이 선덕여왕을 기리기 위해 세운 호국사찰이었지만 지금은 주춧돌만 남아 옛날을 이야기하고 있을 뿐이다.

낭산(狼山). 높이래야 고작 108미터에 불과한 마을 뒷동산이지만 신라인들은 신령이 노니는 성스러운 산으로 여겼다. 그래서 이 산자락에 거문고의 명인 백결 선생이 살았고 독서당에서 최치원이 공부를 했다. 선덕여왕을 이곳에 모셨고, 죽은 후 동해의 용이 되어 나라를 지키겠다던 문무왕의 화장터도 이 산에 있다.

사천왕사지에서 철길을 건너가면 갈림길. 마을로 들어가는 포장도로를 버리고 왼쪽 산길로 들어서서 선덕여왕 왕릉 앞에 선다. 신라 최초의 여왕이었던 선덕여왕은 천년 신라를 통틀어 가장 아름답고 지혜로운 여왕이었다.

황룡사 9층탑을 준공하는 날, 여왕은 낙성식에 참석하기 위해 궁궐을 나선다. 여왕의 행차를 구경하려 모여든 백성들 속에는 활리역의 역졸(驛卒)인 지귀(志鬼)라는 젊은이도 있었다. 여왕의 모습을 본 지귀는 숨이 멎을 것 같은 충격을 받았다. 한마디로 여왕에 대한 상사병에 걸린 것이다. 그러나 그게 어디 치유될 수 있는 병인가.

여왕에 대한 그리움으로 나날이 여위어가는 지귀를 보다 못한 혜공스님이 여왕에게 사실을 고한다. 여왕은 "비천한 것이 감히!" 하며 노여워하지 않았다. 어처구니없다고 실소하지도 않았고 하찮다 외면하지도 않았다. 지귀에게 연민을 느낀 여왕은 영묘사에서 탑돌이 하는 날 만나주겠다고 약속했다.

혜공스님으로부터 그 소식을 들은 지귀, 이제는 기다림으로 몇 날 몇 밤을 뜬눈으로 지새운다. 탑돌이 하는 날 아침 일찍 절에 들어가서 여왕을 기다리던 지귀는 피곤을 못 이겨 잠이 들었고, 탑돌이를 끝낸 여왕은 잠든 지귀의 가슴에 자신의 팔찌를 올려놓고 궁궐로 돌아갔다.

잠에서 깨어나 여왕의 팔찌를 본 지귀가, 가슴이 터지고 또 터져 외마디 괴성과 함께 탑 속으로 뛰어들자 탑은 천둥벽력과 함께 불타오르고 지

귀도 한줌의 재로 남는다. 불귀신이 되어 구천을 떠도는 지귀를 위해 여왕은 남산에 그의 무덤을 만들어 영혼을 위로했다. 「신라수이전」에서는 타고 남은 재마저 뜨거웠던 지귀의 사랑을 심화요탑(心火繞塔)이라고 표현했다.

산객은 왕릉 뒤 잔디밭에 누워 하늘을 본다. 도리천의 가을 하늘이다. 여왕은 자신의 죽을 날을 예언하며 "내가 죽으면 도리천 아래에 장사지내라!" 유언했다. 신하들이 도리천이 어디 있느냐고 묻자 낭산의 남쪽자락이라고 일러주었다.

자신이 예언한 그 날 여왕이 서거하자 신하들은 이 자리에 무덤을 만든다. 훗날, 문무왕이 여왕의 무덤 아래에 사천왕사를 지음으로써 여왕의 예언은 완벽하게 이루어졌다. 도리천은 사천왕사 위에 있는 하늘을 말하니까.

여왕의 무덤을 떠나 언덕을 넘어가면 낭산을 가로지르는 임도가 나온다. 오른쪽은 중생사로 가는 길이다. 왼쪽으로 내려가서 문무왕의 화장터로 추측되는 2층 석탑을 둘러본 뒤 상강선 마을에서 산행을 끝낸다.

사람이 죽어지면 어디메로 보내는고
저생도 이생같이 임한테로 보내는가.
진실로 그러하다면 이제 죽어 가리라.

작자미상의 옛시조다. 탑 속에 뛰어든 지귀의 마음이 그렇지 않았을까.

V 현지 교통

경주시외버스터미널 앞→용장1리: 봉계 방면 시내버스 30분 간격 운행.

효자 손순

15살에 화랑이 된 김유신은 17살이 되자 서라벌 서쪽에 있는 산의 암굴에서 고구려와 백제를 물리칠 수 있는 힘을 내려달라며 천지신명에게 기도했다. 기도한 지 나흘 만에 기이한 풍모의 노인이 나타나서 비법이 담긴 책과 신검을 주고는 홀연히 사라졌단다.

그 후, 화랑의 무리를 이끌고 단석산릉을 누비며 무술과 전술을 연마하며 힘을 기른 김유신은 고구려 백제군과 싸울 때마다 연전연승하여 마침내 삼국통일의 대업을 이룬다. 이렇듯 경주의 단석산은 김유신을 위한 김유신의 산이었다. 그러나 과연 단석산(827미터)에 김유신의 영광만 남아 있을까? 더 아름다운 이야기는 없을까?

경주 고속버스터미널 앞 시내버스정류소에서 산내 행 버스를 타고 우중골의 송선2리 단석산 입구에서 내린 뒤 옥련암 맞은 편 대나무 숲길을 빠져나와 단석산장을 찾아간다. 입산통제초소와 단석산장을 지나면 오덕선원. 임도는 오덕선원에서 신선사 주차장까지 줄곧 이어간다.

신선사 주차장에서 신선사까지는 좁은 산길이다. 절집 오른쪽의 상인암에는 국보 제199호로 지정된 삼존불상과 공양보살 등을 새긴 마애불이 지친 산객을 그윽한 미소로 맞이하고 있다. 김유신이 노인으로부터 비급과 신검을 받았다는 전설의 현장이다.

정상으로 가는 길은 상인암 앞으로 열려 있다. 가파른 길을 힘겹게 올라 산행 시작 1시간 45분 만에 정상에 선다. 정상석 옆 둥근 바위는 두 쪽

으로 갈라져 있다. 김유신이 신검으로 내려쳐 자른 흔적이란다. 그래서 단석산(斷石山)이다. 구미산과 선도산 벽도산이 어서 오라 손짓하고, 방내 모량 금척마을을 품에 안은 건천 들판이 한눈에 들어온다. 어느 마을이 모량리일까? 산객의 시선은 모량리를 찾고 마음은 또 하나의 전설을 따라간다.

『삼국유사』에는 단석산자락 모량리에 사는 효자 손순(孫順)의 이야기가 나온다. 부친이 별세한 뒤 가세가 기울기 시작하자 손순은 아내와 같이 남의 집 품을 팔아 근근이 노모를 봉양했다. 그러나 손순의 외아들은 늘 할머니의 음식을 빼앗아 먹었다. 이를 민망하게 여긴 손순이 아내에게 말했다.

"우리가 원하면 아이는 다시 얻을 수 있지만 어머니는 두 번 다시 모실 수 없소. 아이 때문에 어머님이 굶주리고 계시니 차라리 아이를 매장하여 어머니가 배고프지 않게 해야겠소."

아이를 묻기 위해 취산의 북쪽 들판으로 간 손순이 땅을 팠더니 아름다운 돌 종(石鐘)이 나왔다. 두들겨보니 그 소리가 맑고 곱다. 이야말로 신불의 계시라고 여긴 부부는 아이 묻기를 포기한다. 집으로 돌아온 손순이 대들보에 종을 매달아 놓고 두들기니 종소리가 멀리 대궐까지 울려 퍼졌다.

종소리를 들은 흥덕왕이 "소리를 들어보니 보통 종이 아닌 것 같구나. 속히 알아보도록 하라!" 신하들에게 이른다. 연유를 알아보고 돌아온 신하의 보고를 받고 크게 감동한 왕은, 손순에게 집 한 채를 주었고 해마다 벼 오십 섬을 내리게 하여 노모를 모시는 데 부족함이 없도록 했다.

어머니가 돌아가시자 손순은 자신의 집을 절집으로 내놓는다. 그리고 홍효사라 이름 지은 그 절에 종을 걸어두었다. 그러나 진성여왕 때 후백제군의 침략으로 종은 행방이 묘연해졌다고 한다.

이와 유사한 전설은 대전의 식장산에서도 전해오고 있다. 설화의 전반

부는 단석산의 손순 이야기와 똑같다. 다른 점이 있다면 아들을 묻으려고 땅을 파던 부부가 발견한 것이 종이 아니라 그릇이라는 점이다. 이유야 어떠하던 멀쩡한 아들을 죽인다는 것이 쉬운 일인가. 아이 아버지가 흔들리는 마음을 진정하기 위해 피우던 담배의 재를 그릇에 털었더니 잠시 후 그릇에 담뱃재가 가득 차는 게 아닌가. 혹시나 하여 음식을 조금 담아 두었더니 음식 또한 가득 찬다. 감동한 부부는 그릇을 가지고 돌아와서 어머니를 모시며 행복한 나날을 보내지만, 어머니가 돌아가시자 더 이상 욕심을 내지 않고 그 그릇을 식장산 어느 곳에 묻어두었단다.

이처럼 효에 대한 설화가 도처에 남아 있는 까닭은 효도야말로 우리 조상들이 생각한 최고선이있나는 의미다. 따지고 보면 효도라는 것, 크게 어려운 일도 아니다.

『예기(禮記)』에 의하면, "겨울에는 따뜻하게 해 드리고 여름에는 시원하게 해 드리는 것, 잠자기 전에 부모님께 문안드리고 날이 새면 편히 주무셨는지 여쭙는 것" 그것이 효도라고 했다. 그렇다면 자식을 생각하는 부모의 마음은 어떨까? 다시 『삼국유사』 속으로 들어가 보자.

분황사 동쪽 마을에서 스무 살 남짓한 처녀와 늙은 어머니가 부둥켜안은 채 통곡하고 있었다. 사람들이 연유를 물으니 처녀가 대답한다.

"지금까지는 구걸하여 어머니를 봉양해 왔지만 흉년이 들어 구걸도 쉽지 않아 하는 수 없이 남의 집 종살이로 들어갔답니다. 그래서 주인집에서 받은 곡식으로 어머니를 봉양하고 있었는데 어머니께서, 지난날 거친 음식을 먹을 때는 마음이 편했는데 요즘은 쌀밥에 좋은 반찬을 먹는데도 속이 쓰리고 마음이 편치 않으니 무슨 연유냐고 물으시기에 사실대로 말씀드렸더니 저렇게 울고 계십니다."

그랬다. 노모는 자기 때문에 종살이 하는 딸이 애처로워서 통곡을 하고, 딸은 어머니의 배는 부르게 해 드렸지만 마음을 아프게 한 것이 죄송스러워 눈물을 흘린 것이다. 그것이 자식 생각하는 부모 마음이고 부모

생각하는 자식의 마음이다. 부모는 자식이 당신을 위하여 고초를 겪는 것을 원치 않는다.

『삼국유사』는 손순이 석종을 파낸 곳을 취산의 북쪽에 있는 완호평 또는 지량평이라고 기록하고 있다. 그곳은 어딜까? 지형이나 역사의 기록으로 미루어볼 때 취산의 북쪽 들은 단석산자락인 방내리나 금척 고분군이 있는 들녘 그 어디쯤일 것 같다.

하산한다. 원래는 입석산을 넘어 손순과 불국사를 창건한 김대성의 고향이자 청록파 시인 박목월의 생가가 있는 모량리로 하산할 예정이었지만 모량리로 가는 산길이 묵을 대로 묵어서 길 찾기가 어렵다는 이야기를 듣고 날머리를 당고개로 바꾼다.

올라온 길을 기준으로 오른쪽 훤하게 열린 길을 따른다. 정상에서 15분 정도 내려오면 갈림길, 왼쪽 길을 따라간다. 5분 뒤 다시 갈림길, 직진하여 능선을 타고 걷는다. '당고개 가는 길' 이란 작은 팻말이 중간 중간 붙어 있다. 산을 내려오면 당고개휴게소. 여기서 3시간 30분의 산행을 마친다.

공자는 『시경(詩經)』에서 이르기를 "부모의 나이를 알면 기쁘기도 하고 두렵기도 하다."고 말했다. 왜 부모의 나이가 자식을 기쁘게 하고 또 두렵게도 할까? 단석산 산행이 던지는 또 하나의 화두(話頭)다.

V 현지 교통

경주고속터미널 앞에서 산내 행 시내버스 이용, 우중골 하차(40분 간격).

망산에 올라 망산을 보다

제주도 다음으로 큰 섬. 그러나 해안선의 길이는 제주도보다 더 길다는 거제도의 여름은 아름답다. 계룡산 산방산 노자산 천장산 등의 명산이 신전의 기둥인 양 하늘을 받치고, 코발트빛 하늘에 떠있는 뭉게구름과 쪽빛 바다를 수놓고 있는 섬들의 파노라마가 기막히게 조화를 이룬다.

한 구비 돌아갈 때마다 나타나는 작은 백사장. 몽돌을 굴리고 가는 해조음의 낭만. 그리고 최후의 보루인양 의연하게 버티고 서서 파도와 맞서고 있는 해안 절벽. 이 땅의 어느 섬이 그렇지 아니할까마는 거제도가 나그네의 발길을 사로잡는 까닭은 우리나라 영욕의 역사가 고스란히 남아있기 때문이다.

고려 18대 임금 의종은 무신정권이라는 암흑기의 문을 연 나약한 향락주의자였다. 신하들의 지나친 간섭에 넌더리가 난 왕은, 환관과 내시들을 권력의 핵심으로 삼은 뒤 허랑 방탕의 늪에 빠져 허우적거린다. 정사는 내팽개치고 점쟁이 영의를 내시사령으로 임명하여 그의 점괘대로 국사를 처리하다보니 나라꼴은 꼴이 아니었고 갈수록 심해지는 멸시를 견디지 못한 무신들의 난을 자초했다.

정중부가 주도한 무신의 난으로 왕좌에서 쫓겨난 의종은 거제도 산방산 앞의 후두보산성에 유폐된다. 절망과 회한의 나날을 보내던 의종은 무신정권에 반기를 들고 일어난 김보당에게 옹립되어 경주까지 진출하지만, 조정에서 보낸 이의민의 손에 의해 허리가 꺾여 참혹하게 살해당한

다. 그것이 왕답지 않은 왕의 최후였다. 그래서 거제도는 어리석은 사람, 무책임한 사람, 인생을 낭비하는 사람들을 경계하는 역사의 산교육장이 되었다. 아마도 의종에게 있어 거제도는 허망한 망산(妄山)이었을 것이다.

6.25동란. 그 와중에서 포로가 된 인민군들이 좌익과 우익으로 나뉘어 납치, 고문, 살인 등 또 하나의 처절한 전쟁을 치룬 포로수용소의 유적은 아직도 거제도의 어둠을 대표하고 있다. 그렇다고 해서 거제도에 어두운 그림자만 드리워져 있는 것은 아니다.

이순신 장군이 왜장 도오도 다카도라와 맞붙어 30척의 왜선 중 26척을 격침시킨 옥포해전의 자랑스러운 현장이자 한낱 이름 없는 갯마을에 대우, 삼성이 조선소를 세워 세계제일의 조선왕국을 건설하려는 도전의 무대다. 그리고 또 하나, 척박하고 메마른 땅을 뚫고 올라온 들꽃처럼 아름다운 시를 남긴 청마 유치환의 생가가 있어 거제도에 문학의 훈풍을 불어오게 한다.

망산(397미터)은 거제도에서 조망이 가장 아름다운 산이다. 산행 들머리는 명사마을. 바다를 등지고 눈을 들어보면, 망산 내봉산 새말번디 등 봉우리와 능선이 장중에 든 보물을 보호하려는 듯이 마을을 감싸고 있다. 그래서 명사마을을 축으로 삼아 봉우리와 능선을 한 바퀴 돈다고 생각하면 어렵지 않게 산행을 마칠 수 있다.

명사초등학교 앞 국도에서 오른쪽 홍포마을 쪽으로 200미터 정도 가면 '망산 1.8킬로미터' 라고 적힌 팻말이 나온다. 산길은 팻말 뒤로 열려 있다. 돌과 통나무로 계단을 만든 산길은 처음부터 가파르다. 그러나 지칠만하면 바위전망대가 나타나서 호흡을 가다듬고 땀을 씻게 한다.

허우적거리며 천 길 낭떠러지인 칼바위등에 서면 마주 보이는 가라산이 "이 염천에 무슨 바보짓이냐."며 그만 가라고 손짓한다. 주능선에 올라서면 왼쪽으로 나 있는 희미한 길은 무시하고 직진한 뒤, 오른쪽으로 크게 휘돌아 망산의 바위 정상에 선다. 산행 시작 1시간 10분만이다.

정상의 조망은 환상적이다. 끝이 보이지 않는 수평선과 한려수도의 무수한 섬들. 홍도 비진도 한산도 매물도 대병제도 소병제도 등등, 정상에 세워진 조망도가 섬 이름을 하나하나 알려주며 이해를 돕는다.

망산은 백성들이 왜구의 출몰을 감시하던 산이었다. 그래선지 망산(望山)이라는 이름답게 바위전망대가 많다. 바다가 보이는 샛길을 따라가면 어김없이 멋진 전망대가 나타난다. 정말 망보기에는 더없이 좋은 산이다.

시도 때도 없이 나타나서 마을을 휩쓸고 다니며 약탈과 살육을 일삼는 왜구의 무리는 공포의 대상이었다. 그러나 당파싸움으로 날을 지새우는 허약한 조정은 이들을 도와줄 여력이 없었다. 믿을 것은 오직 자신들 뿐, 그런 절박한 심정으로 망을 보는 망꾼에게 임금이며 조정이라는 것은 있으나마나한, 그래서 차라리 잊어버리고 싶은 그런 존재였을 것이다. 그럴 때의 망산은 망산(亡山)이었고 망산(忘山)이었다.

지금 저 바닷가에 왜구는 출몰하지 않는다. 전 국토를 쑥대밭으로 만든 임진왜란도 옛이야기처럼 되어버렸고 36년 동안 망국민의 설움도 겪었다. 과연 이것으로 일본과의 악연이 모두 끝난 것일까. 하지만 오늘의 일본은 경제라는 함대에 극우보수, 역사왜곡, 땅따먹기, 시침떼기 등의 첨병을 태운 채 호시탐탐 기회를 엿보고 있다.

해질 무렵 망산에서 바라보는 한려수도는 적파수도(赤波水道)라는 새 이름을 얻는다. 노을빛을 받아 붉게 물든 바다가 비교할 바 없이 아름답게 출렁이기 때문이다. 이럴 때의 망산은 아득하고 황홀한 망산(茫山)된다.

가야 할 내봉산이 능선 저쪽에 첨탑처럼 솟아 있다. 이정표가 가리키는 대로 홍포, 내봉산 방향으로 내려선다. 정상에서 10여 분 가면 갈림길, 오른쪽 길은 홍포와 무지개마을로 내려가는 길이다. 직진한다. 바다로 쏟아지듯 날카로운 단애를 가느다란 밧줄을 잡고 어렵사리 오르내린다. 평

탄한 능선과 마음을 졸이게 하는 암릉, 눈을 즐겁게 하는 전망대가 내봉산 정상에 이르기까지 반복하여 등장한다.

산객의 발자국 소리를 듣고 놀랐는가. 바위산답지 않게 무성한 숲에서 산이 들썩거리도록 울어대던 매미 소리가 뚝 그친다. 순식간에 밀려오는 태고의 정적. 청산도 휴우 한숨을 돌린다.

내봉산(359미터) 정상에 도착한다. 망산을 떠난 지 1시간만이다. 하산은 밧줄이 걸린 왼쪽 급경사 길이다. 30여 분 후 이정표가 세워진 여차등에 이른다. 오른쪽은 몽돌해수욕장으로 유명한 여차리 가는 길이다. 직진하여 능선을 계속 따라가면 저구마을 앞의 국도. 왼쪽으로 보이는 SK남부주유소 앞에서 4시간 30분간의 산행을 끝낸다.

명사해수욕장에서 땀에 젖은 몸을 바닷물에 담근 채 걸어온 산길을 돌아본다. 본다는 것은 생각하는 것이고 꿈꾼다는 것이다. 망산(望山), 망산(忘山), 망산(妄山), 망산(亡山)……. 이제부터 거제도에서 부정적인 의미의 망은 모두 지워버리고 희망이라는 이름의 망산(望山)만 남게 하자. 우리가 바라보아야 할 것은 어제보다 밝은 내일이니까.

V 현지 교통

거제도 고현→명사: 07:45 10:45 11:45 17:45 시내버스 4회 운행,

(세일교통 055-635-5100) (삼화여객 055-632-2192)

처용무(處容舞)

처용의 집이자 문수보살의 나라인 문수산(599.8미터) 산행을 위해 울산으로 간다. 영해마을 버스정류장에서 횡단보도를 건너면 문수사 입구 표지석이 있다. 마을로 들어가는 차도를 따라 청량농협과 영해휴게소를 지나가면 이정표 뒤쪽으로 산길이 열린다. 이정표에서 15분 정도 걸으면 오른쪽으로 부도 2기가 외롭게 서 있는 폐사지가 보인다. 망해사(望海寺)가 있던 자리다.

동해 용왕의 아들 처용은 개운포로 놀러온 신라 49대 헌강왕을 따라 왕궁으로 들어온다. 왕은 처용에게 아내를 주고 급간이라는 벼슬을 내렸다. 처용의 아내는 미인이었다. 그녀에게 반한 역신(疫神)은 밤마다 사람으로 변해 그녀를 품는다. 어느 날, 처용이 밤늦게 돌아와 보니 아내가 낯선 남자와 동침을 하고 있다. 울컥 치미는 분노. 그러나 처용은 분노를 가라앉히고 춤을 추고 노래 부르며 조용히 물러간다.

동경(東京) 밝은 달에 밤새도록 노닐다가
들어와 자리를 보니 다리가 넷이구나.
둘은 내 것이지만 둘은 누구 것인가
본디 내 것이지만 빼앗긴 걸 어찌하리.

그러자 몸을 드러낸 역신이 처용에게 용서를 빌었다.

"공의 부인을 탐내어 범하였는데도 노여워하지 않으니 감동하지 않을 수 없습니다. 오늘부터 공의 형상을 그린 그림만 있어도 그 집에는 범접하지 않겠습니다."

그 후부터 사람들은 문에다 처용의 얼굴을 그린 그림을 붙여 역신의 출입을 막았다. 크게 기뻐한 왕은 처용을 위하여 이 자리에 절을 세우고 망해사라 했단다.

어쩌면 처용의 아내는 바람둥이였는지도 모른다. 역신 또한 시쳇말로 제비족 같은 사내일 수도 있다. 둘의 본색이 무엇이었든 간에 처용은 관용으로 그들을 참회하게 한다. 미워하기 보다는 용서하는 일이 아름답다는 것을 누가 모를까. 하지만 용서란, 잘못에 대한 진정한 뉘우침이 있을 때 뒤따르는 것이라는 인식 때문에 범인(凡人)들은 용서에 대해 인색하다. 그러나 처용은 먼저 용서함으로 상대를 회개하게 한다. 그것이 처용과 보통사람의 차이점이었다.

망해사지에서 산길로 되돌아와서 산행을 이어간다. 15분 후 주능선 갈림길에 도착한다. 오른쪽은 울산상고, 등 뒤쪽으로 나 있는 좁은 오르막 산길은 영축산 가는 길이다. 정상으로 가는 길은 왼쪽이다. 잠시 후 갈림길이 나오지만 두 길은 다시 만난다. 갑자기 저자거리처럼 시끌벅적한 공터. 도토리묵과 막걸리를 파는 쉼터다. 여기서부터 정상까지는 숨이 목구멍까지 차오르는 깔딱고개다.

산행 시작 1시간 30분 만에 오른 정상은 통신탑과 돌탑, 그리고 정상석과 벤치가 놓여 있는 너른 마당이다. 정상에서 보는 조망은 거칠 것이 없다. 삼태봉에서 치슬령, 문복산에서 토곡산까지, 인근의 산이 모두 모여 산세를 자랑하고 있다. 그리고 울산 시가지 저쪽으로 바다가 보인다. 산객은 걸어온 산길을 돌아본다. 산 아래로 영축산이 조그맣게 보였다. 전설에 의하면 그 산에 문수보살이 거처하고 있었다.

신라의 마지막 왕인 경순왕은 누란의 위기에 빠진 나라를 구하기 위해,

지혜를 관장하는 문수보살의 도움을 받으려고 문수동자를 앞세우고 보살을 찾아 나서지만 영축산 어딘가에서 동자는 홀연히 사라지고 만다. 동자를 찾아 이리저리 헤매던 왕은, 하늘마저 신라를 버렸음을 깨닫고 나라를 들어 왕건에게 바쳤단다.

하산은 30미터 정도 임도를 따라가다가 왼쪽 나무계단을 밟고 문수사로 내려가야 한다. 문수사는 신라 원성왕 때 창건한 고찰이다. 절을 지나 돌계단을 내려가면 멋진 바위전망대. 정면으로 가야 할 남암산(543미터)이 보인다.

터널처럼 생긴 암벽 사이의 돌계단을 내려가면 주차장. 이어 세 갈래 길이 나온다. 남암산 가는 길은 직진하는 시멘트 포장도로다. 잠시 뒤 갈림길이 나오면 포장도로를 버리고 오른쪽 임도를 택한다. 성불암을 거쳐 남암산 정상에 오르는 길은 임도 끝에서 열린다. 산허리를 돌아가는 산책로 같은 길을 따라가면 성불암 50미터 못 미쳐서 정상으로 가는 길이 왼쪽으로 보인다. 마의태자의 동생 범공스님이 수도했다는 성불암은 전설에 비해 외양은 허술하다.

신라 멸망 후, 경순왕은 왕건의 딸과 결혼하여 호의호식하며 여생을 보내지만 경순왕의 딸 덕주공주는 월악산으로 들어가고, 마의태자는 금강산에서 삼베옷 입고 풀뿌리를 캐어 먹다가 서러운 생을 마감한다. 그리고 막내 왕자 김신은 불가에 귀의하여 머리 깎고 중이 되었다.

법부사와 해인사에 머물던 김신은 지금의 성불암 자리에 작은 암자를 짓고 성불의 길을 찾는다. 그는 범공(梵空)이란 자신의 법명처럼 마음을 비우고 그 빈자리에 불타의 진리를 채움으로 망국의 한을 달래려고 했을 것이다. 그렇게 해서 신라는 북으로 금강산, 남으로는 남암산에 마지막 흔적을 남기고 역사 속으로 사라졌다. 남명 조식 선생의 탄식이다.

계림의 단풍 든 나무들은 옛 가지가 아니로다.

신라는 견훤이 멸망시킨 것이 아니라
포석정의 사치스런 잔치가 적병을 불러들인 것이니
연회장에서 적을 맞아 군신 모두 어찌할 줄 몰랐네.

천년의 영화를 누리던 왕국의 멸망에 어찌 하늘의 계시가 없었겠는가. 처용이 용서의 미덕으로 역신을 굴복시켰던 헌강왕 시절. 왕이 금강령에 행차했을 때 산신(山神)이 나타나서 노래했고, 동래전에서 연회를 열 때는 지신(地神)이 나타나 춤을 추었다. 그때 산신은 '지리다도파(智理多都波)' 라고 노래했다.

지혜로(智) 나라를 다스리던(理) 사람들이 모두(多) 달아나(逃) 도읍이(都) 파괴(波)된다는 뜻의 경고였지만 사람들은 이를 잘못 판단하여 오히려 상서로운 징조라고 기꺼워했다. 그때부터 신라는 위로부터 아래까지 방종과 타락의 늪에 빠져 자정능력을 상실한다. 그것이 멸망의 시작이었다. 어디 신라 사람들만 그러했을까. 오늘을 사는 우리도 난제를 만날 때마다 힘들어 보이는 진실은 외면하고 손쉽고 편한 해답만 찾는다. 그렇게 잘못된 판단을 내림으로 인생을 그르치는 일이 좀 많은가.

성불암에서 되돌아 나와 정상으로 향한다. 산길은 만만찮은 비알길이다. 힘겹게 남암산의 정상에 올라 천년의 세월을 호흡한다. 하산은 올라온 길에서 직진하여 마당재로 내려간다. 마당재에서 왼쪽 소나무 숲길을 따라가면 시멘트 길, 곧이어 청송부락, 여기서 20여 분을 더 걸어 문수초등학교 앞 버스정류장에서 5시간 20분의 산행을 마친다.

Ⅴ 현지 교통

부산노포동전철역 앞→영해마을: 울산 행 1127번 버스 이용.

별 그리고 어머니

국가의 존립마저 위태롭던 고려 말엽. 정몽주와 이성계는 무능한 창왕을 폐하고 공양왕을 등극시켜 국가 개혁에 나선다. 개혁이란 명제 앞에서 두 사람은 동지였다. 그러나 개혁의 방법론에 있어서는 서로 달랐다. 정몽주가 고려라는 국가 체제를 그대로 유지하면서 서서히 개혁해야 한다는 온건파였다면 이성계는 고려를 멸망시키고 새 왕조를 열자는 급진개혁주의자였다.

이성계는 정몽주의 협조가 필요했나. 아버지의 뜻을 짐작한 방원은 정몽주를 초청하여 「하여가」를 부르며 마음을 돌리려했지만 정몽주가 「단심가」를 부르며 거절하자, 심복 조영규를 시켜 선죽교 위에서 정몽주를 살해한 이야기는 너무나 잘 알려진 역사적 사실이다.

역설적이지만, 훗날 왕위에 오른 방원(태종)은 정몽주에게 문충공이란 시효를 내리고 익선부원군이라는 작호를 내린다. 그리고 개성에 있는 정몽주의 묘를 고향 영천으로 이장하여 부인과 나란히 묻히게 선처했다. 아직도 고려에 대한 향수에 젖어 있는 일부 백성들의 마음을 회유하려는 저의도 숨어 있었겠지만 그 역시 정몽주의 인품을 흠모하고 있었기 때문이다. 그러나 정몽주의 묘는 영천이 아닌 경기도 용인시 문수산 기슭에 있다. 이장 행렬이 이곳을 지날 때, 바람에 날아간 명정이 떨어진 곳에 묘를 조성한 까닭이란다.

정몽주의 고향인 경북 영천의 보현산(1,124.4미터)은 깨달음의 상징인

보현보살의 이름을 빌린 산이다. 코끼리로 상징되는 보현보살의 산답게 전형적인 육산이지만 별을 노래하며 걸을 수 있어 산행은 즐겁다.

영천 시외버스터미널에서 정각 행 좌석버스를 타고 정각 3거리에서 내린다. 산행들머리는 별빛마을이라는 예쁜 이름의 산촌마을이 있는 절골이다. 새마을 창고와 정각1리 표지석 사이 길로 들어선 뒤 계류를 따라가면 왼쪽으로 상륜부가 달아난 3층 석탑이 보인다. 탑륜은 탑의 눈. 저 탑은 왜 눈을 감아버렸을까.

두 번째 이정표가 길을 안내한다. 길은 임도와 오솔길로 나누어진다. 오른쪽 길을 택하여 눈앞에 보이는 독립가옥을 지나 산길로 접어든다.

능선에 올라서면 만만찮은 경사가 기다리고 있다. 이마와 등허리에 땀이 배고 목이 타들어 갈 즈음, 뜻밖에도 갈증을 풀어줄 작은 옹달샘을 만난다.

샘터를 떠나 15분 정도 더 오르면 국내 최대 규모의 보현산 천문대에 도착한다. 전시관에 들려 별을 본다. 사자자리의 유성우, 대마젤란은하, 에티카리나성운의 광대함에 놀라고, 아무리 잘난 척 해도 광대무변한 우주 속에서는 한낱 티끌보다 미미할 수밖에 없는 인간의 존재를 새삼 느낀다.

전시관을 장식하고 있는 것은 사진이지만 산객의 마음은 이미 밤하늘을 보고 있다. 별을 노래하던 시인 윤동주가 그렇게 가슴 저미며 헤아리던 별은 어느 것일까. 별 하나 하나에다 추억과 사랑, 쓸쓸함과 동경, 그리고 아름다운 시어(詩語)를 접목한 윤동주의 눈에 비친 별은 어머니였고 어머니는 그리움이었다.

영천 사람들은 보현산을 모좌산(母坐山)이라는 다른 이름으로 부르기도 한다. 어머니 같은 산이라는 뜻이다. 그래선지 영천에는 유달리 효자가 많이 태어났다.

정몽주는 충성심뿐 아니라 효성도 지극했다. 양친이 사망하자 벼슬을 버리고 고향에 내려와서 아버지 3년 어머니 3년, 그렇게 6년 동안 시묘를 하며 애통해 한다. 왕은 그의 효심에 감동하여 정몽주가 태어난 영천 임고면 우항리에 효자리(孝子里)라고 새긴 비석을 하사했다. 그의 효심으로 마을 전체가 성은을 입은 것이다.

효자 가문에는 그 효자를 길러낸 어머니의 훈육이 있다. 정몽주가 병석에 누워있는 이성계를 문병하고 왔다는 소식을 들은 어머니는, 처신을 바로하고 주위를 경계하라고 타이른다. 고종 13년 박효관과 안민영이 편찬한 『가곡원류』에는 그때 정몽주에게 보낸 어머니의 시조 「백로가」가 실려 있다.

까마귀 싸우는 골에 백로야 가지마라
성난 까마귀 흰빛을 새오나니
청파에 고이 씻은 몸 더럽힐까 하노라.

자식을 생각하는 어머니의 마음이 이랬다면 어머니를 생각하는 자식의 마음은 어떠했을까.

영천이 낳은 효자 중에는 박인로도 있다. 영천 북안면 도천리에서 태어난 노계(盧溪) 박인로(朴仁老)는 송강 정철, 고산 윤선도와 더불어 조선이 낳은 가사문학의 3대 거목이다. 무과에 급제한 그는 임진왜란이 일어나자 혁혁한 전공을 세운다. 그러면서도 오랜 전투로 지쳐 있는 병사들을 위로하기 위하여 「태평사(太平詞)」를 지어 사졸들의 심금을 울린 문장가이기도 했다. 벼슬에서 물러나 낙향한 그는 책을 읽고 글을 지으면서 만년을 보낸다.

박인로 역시 남다른 효자였다. 그리고 찢어진 삿갓을 자랑스럽게 쓰고 다닐 만큼 청렴결백했다. 하지만 너무나 가난하여 호강 한 번 제대로 하지 못하고 세상을 떠난 어머니 생각에 늘 괴로워했다. 그래서 잘 익은 감 하나만 보아도 눈시울이 뜨겁게 젖는다. 어머니를 생각하는 박인로의 마

음이 그대로 묻어나는 그의 시조 한 수를 들어본다.

반중 조홍감이 고와도 보이나다.
유자 아니라도 품음직도 하다마는
품어 가 반길 이 없을새 글로 설워하노라.

천문대를 가운데 두고 보현산 정상과 나란히 솟아있는 시루봉의 정상석 상면에는 동서남북을 가리키는 눈금이 새겨져 있다. 부약산(791미터)으로 가기 위해 서쪽의 급사면을 미끄러지듯이 내려오면 수시로 나타나는 법용사 팻말이 길을 안내한다. 부약산까지는 1시간 남짓 걸어야 한다. 능선 끝에 나지막하게 솟아 오른 부약산의 정상 아래에는 미륵바위라고 불리는 전망대가 있다. 낭떠러지 아래쪽, 나무 가지 사이로 법용사의 지붕이 내려다보인다.

60여 년 전, 문둥병에 걸린 남편을 구하기 위하여 산으로 들어온 여인이 있었다. 그녀가 사흘 밤낮을 간절히 기도하자 꿈에 산신령이 나타나서 산삼 다섯 뿌리가 있는 곳을 알려 준다. 아내가 캐온 산삼을 먹은 남편의 병은 감쪽같이 나았고, 산삼을 캐낸 곳이 바로 지금의 대웅전 자리란다. 그래서 산 이름도 지아비 부(夫)와 약초 약(藥)의 夫藥山이 되었다.

법용사에서 버스정류장이 있는 보현산휴게실까지는 굽이굽이 돌아가는 임도다. 30분 남짓 임도를 걸어 용소리 보현산휴게소에서 5시간 20분의 산행을 마친다.

☑ 현지 교통

영천→정각3거리: 07:00 09:30 등 5회. (영천버스터미널 054-333-3557)

용소리→영천: 1시간 간격으로 운행.

흥부와 변강쇠

시르렁 실근 톱질이야 에이여루 톱질이로구나. 몹쓸 놈의 팔자로다. 어떤 사람은 팔자 좋아 일대영화 부귀한데 이놈의 팔자는 어이하여 박을 타서 먹고사느냐. 에이여루 당겨주소. 이 박을 타거들랑 아무것도 나오지 말고 밥 한 통만 나오느라. 평생의 포한이로구나.

–「흥부가」 중에서.

동네 주산 몰래 팔아먹고, 길 가는 양반과객을 불러다가 재울 듯이 생색내다가 해가 지면 내쫓고, 사경 준다고 꾀어 농사 다 짓고 나면 일꾼 옷까지 벗겨 내쫓고, 초상집에서 노래하고, 불붙는 데 부채질하는 등등 심술이란 심술은 다 부리고 사는 놀부의 눈에, 어른공경하며 이웃과 화목하고, 굶어서 죽을 사람 먹던 밥 덜어주고, 얼어서 병든 사람 있으면 입었던 옷까지 벗어주며, 남의 일 하느라고 돈 한 푼 벌지 못하는 주제에 수시로 찾아와서 손을 벌리는 흥부가 얼마나 한심하게 보였을까. 그렇게 해서 놀부에게 쫓겨난 흥부가 제비다리를 고쳐주고 얻은 박 씨를 심어 부자가 된 곳이 남원시 성리의 '고둔터' 란다.

요즘 젊은이들은, 제비마저 감동시킨 흥부의 착함을 그리 높게 평가하지 않는 모양이다. 잘 키울 능력도 없으면서 줄줄이 아이를 낳아, 있는 고생 없는 고생 다 시키는 흥부야말로 무능과 무책임의 표본이라는 것이다. 그러나 뜻있는 사람들은 젊은이들의 이런 인식의 전환을 우려한다.

때로는 작은 베풂이 인생의 전환점이 되기도 한다. 흥부 내외가 허기재에서 기진하여 쓸어졌을 때, 마을 사람이 먹여준 흰죽을 먹고 소생한 일이 있었다. 부자가 된 흥부는 그때의 은혜를 갚으려고 은인에게 논을 사준다. 흰죽에 대한 보은(報恩)이다. 그래서 사람들은 그 논을 '흰죽배미'라고 불렀다. 흰죽배미의 설화는, 나눔과 보은(報恩)의 미덕은 세태가 어떻게 달라지던 간에 변해서는 안 될 덕목임을 강조하고 있다.

준마처럼 내달리는 지리연봉과 덕유산 주능선을 한눈에 바라볼 수 있는 함양의 삼봉산(1,186미터)은 판소리 「흥부가」를 들으며 산행을 시작하여 「변강쇠타령」을 들으면서 하산하는 별난 산길을 가지고 있다.

산행 들머리는 흥부마을로 알려진 남원시 아영면의 성산마을 입구다. 성산마을은 「흥부전」의 실제 모델인 자선가 박춘보가 살았던 마을이다.

성산마을 버스정류장에서 도로를 건너면 흥부마을 표지석. 임도를 따라 25분 정도 걸으면 국유림단지 표지판이 있는 삼거리. 여기서 왼쪽 임도를 따라 삼봉산자락으로 들어선다. 임도를 따라 걷기를 한 시간여, 산모퉁이를 휘어 돌면 오른쪽 비탈로 본격적인 산길이 열린다.

얼어붙은 개울을 건너 계곡을 따라가면 오른쪽에 가지능선으로 올라가는 길이 보인다. 가당찮은 된비알이다. 눈은 오를수록 깊어져 발목을 잡는데 쉴만한 자리도 없다. 목에서 단내가 날 정도로 가파른 길을 치고 올라가면 마침내 주능선. 왼쪽으로 몸을 돌려 정상으로 향한다.

감투봉과 중황리로 가는 갈림길을 지나 손바닥보다 조금 큰 정상석이 앙증스럽게 앉아 있는 정상에 선다. 눈이 없는 날이라면 두 시간 남짓이면 오를 수 있다지만 3시간이 걸렸다. 지리산과 덕유산 기백산 왕산 황매산 등 내로라 뽐내는 산들의 파노라마에 탄성을 지른다는 정상이지만 지금은 짙은 안개가 시야를 가리고 있다.

하산은 오도재로 가는 길과 등구재를 거쳐 백운산 가는 길로 나누어진다. 남릉을 타고 백운산 가는 길목에 있는 등구재로 하산한다. 정상의 이정표에는 금대암으로 표기되어 있다.

산길은 내려서기가 무섭게 급경사로 바뀐다. 918봉을 위시한 일여덟 개의 봉우리를 넘어 정상 출발 1시간 10분 만에 등구재에 도착한다. 등구재는 등구라는 마을 이름에서 딴 것이고 등구는 천하제일의 탕아라는 변강쇠와 옹녀가 살았던 마을이다. 그래서일까. 등구마을을 휘돌다 우우우 달려온 바람이 음유시인처럼 「가루지기전」의 한 대목을 들려준다.

계집이 허락한 후에, 청석관을 처가로 알고 둘이 손을 잡고 바위 위에 올라가서 대사(大事)를 지내는데, 신랑 신부 두 연놈이 이력에 찬 것들이라 이런 야단 없겠구나. 멀끔한 대낮에 연놈이 홀딱 벗고 매사니뻔 장난할 때, 천생 음골 강쇠놈이 여인의 양각(兩脚) 번쩍 들고 옥문관(玉門關)을 굽어보며 "이상히도 생겼구나, 맹랑히도 생겼구나. 늙은 중의 입일는지 털은 돋고 이는 없다. 소나기를 맞았던지 언덕 깊이 패었다……. 무슨 말을 하려는지 움질움질 하고 있노……. 만경창파 조개인지 혀를 삐쭘 빼었으며, 임실곶감 먹었는지 곶감 씨가 장물이요……."

옹녀가 살짝 웃으며 강쇠의 기물을 평가한다.

이상히도 생겼네, 맹랑히도 생겼네……. 감기를 얻었는지 맑은 코는 무슨 일이고, 성정도 혹독하다 화 곧 나면 눈물 난다. 어린아이 병일는지 젖은 어찌 게웠으며 제사에 쓴 숭어인지 꼬챙이 구멍 그저 있다……. 고추 찧던 절굿댄지 검붉기는 무슨 일이고, 칠팔월 알밤인지 두 쪽이 한데 붙어 있다.

그야말로 입심은 막상막하요 분위기는 용쟁호투다. 변강쇠와 옹녀는 삼도를 떠돌다가 삼봉산자락 등구마을에 자리를 잡았다. 그러나 황음(荒

淫)의 끝은 허망했다. 색을 밝히는 일 빼고는 게으르기 짝이 없는 변강쇠는 나무하러 가라는 옹녀의 채근에 길가 장승을 뽑아 장작으로 사용한 뒤 장승귀신의 저주로 장승 모양을 하고 죽는다.

「가루지기전」의 탄생은, 열녀는 두 지아비를 섬기지 않는다는 봉건적 윤리관을 헌신짝처럼 버린 변강쇠와 옹녀를 통하여 부패한 사회상을 풍자하려는 의도였지만 그 내용을 들려다보면 변강쇠와 옹녀의 절륜한 정력에 대한 부러움과 시샘이 은연중에 드러나고 있어 고소를 짓게 한다. 만약 변강쇠가 정력에 좋다면 지렁이 발톱까지 찾아다니는 현대에 태어났다면, 그리고 성교 자체를 신성한 의식으로 여겨 신전의 여사제를 창녀와 겸하게 했던 고대 메소포타미아에서 옹녀가 환생했다면 어떤 평가를 받았을까?

등구재에서 직진하는 길은 백운산과 금대산으로 이어진다. 왼쪽 창원마을 가는 길로 발길을 옮긴다. 부드러운 숲길을 20여 분 걸으면 창원마을. 창원교회와 창신정을 지나 창원버스정류장에서 5시간 10분의 산행을 마친다. 정류장 왼쪽은 등구마을, 오른쪽은 금계마을로 가는 길이다.

흥부의 모진 고난은 모자람에서 비롯하였다. 유일한 재산은 착한 마음씨뿐인 그가 가족에게 줄 수 있는 것은 사랑밖에 없었다. 반면에 변강쇠의 비극적인 최후는 넘쳐나는 정력 때문이었다. 그래서 넘치는 것은 부족함만 못하다 했던가. "즐거움이 극에 이르면 슬픔이 생겨나고 역경이 극에 달하면 형통함이 도래한다."는 중국 속담은 변강쇠와 흥부에게도 진리다. 어쩌면 모자라지도 넘치지도 않는 인생. 그것이 이 땅의 필부필부들이 원하는 행복의 기준인지도 모르겠다.

V 현지 교통

함양→성산: 08:15 09:00 등 28회 운행. (함양터미널 055-963-3281)

삼신봉

신들의 거처

삼신봉(1,284미터)은 지리산의 능선과 연봉을 한눈에 볼 수 있는 최고의 전망대다. 청학동을 들머리로 하여 삼신봉에 오른 후, 내삼삼신봉(1,354.7미터)과 불일폭포를 거쳐 쌍계사에 이르는 산길은 단순히 지리산의 계곡과 능선을 밟는다기보다는 속계와 선계를 오가며 인생과 종교에 대해 관조하게 되는 사색의 길이다.

버스는 맑고 아름다운 횡천강을 끼고 달린다. 강가에 무성한 대나무 숲과, 백로들이 우아한 자태를 뽐내고 있는 소나무 둔덕도 스쳐 지난다. 내를 건너고 굽이굽이 고갯마루를 넘어 바람처럼 도착한 청학동은 선인들이 십승지지(十勝之地) 중의 으뜸으로 치는 지리산 깊숙이 숨어 있는 신비한 도인촌이다. 그러나 그도 옛말, 타임머신을 타고 조선시대로 되돌아간 느낌을 받게 했던 한가롭고 고풍스럽던 마을 입구는 무분별한 개발로 인해 볼품없는 기형아의 몰골로 변해 있었다.

요즈음, 이 산골 서당에 자녀를 보내어 성현의 가르침과 예절을 배우게 하는 교육 열풍이 불고 있다. 그래서인지 눈에 띄는 간판은 모두 서당이고 여기저기에 신축 중인 건물도 모두 서당이다. '청학서당' '청학마을서당' '명륜학당' 등등, 이름도 다양하다. 도의와 예절을 가르쳐 건강한 신체와 건전한 심성을 지닌 청소년으로 키우겠다는 부모들의 정성을 나무랄 수는 없지만, 오늘의 세태는 그렇게 많은 학당이 들어서야 할 만큼 도덕과 예의가 땅바닥에 떨어져버렸다.

지리산은 삼(三)이라는 숫자의 문을 통해 들어가는 신화의 세계다. 금강산 한라산과 더불어 삼신산(三神山)의 하나이고, 청학동 역시 외삼신봉 삼신봉 내삼신봉이라는 신(神)이 들어가는 세 개의 봉우리가 병풍처럼 마을을 둘러싸고 있다. 그뿐이랴, 청학동에는 유(儒) 불(佛) 선(仙) 세 종교의 합일체를 신봉하는 도인촌이 있고, 전통 도맥인 신선도를 통하여 민족 정기를 되살려 이화세계(理化世界)를 열겠다는 한풀선사가 수도하는 삼성궁이 있다. 삼성궁에서는 환인과 환웅, 단군이라는 세 분의 신을 모시면서 돌과 맷돌, 항아리를 이용한 세 종류의 특이한 탑을 쌓으며 구도하고 있다.

필자의 청년시절에 널리 회자되었던 사회적인 신은 맴모니즘 메커니즘 매스컴의 '3M' 이라는 신이었다. 그러더니 그 신은 섹스 스피드 스포츠의 '3S' 로 바뀌었다. 그렇게 신의 존재나 성격은 세태에 따라 바뀐다. 그렇다면 오늘의 신은 무엇으로 변했을까.

도인촌 입구 탐방지원센터에서 산행을 시작한다. 삼신봉까지는 2.5킬로미터 거리다. 잘 정비된 오른쪽 탐방로를 따라가기를 50여 분, 삼신천 샘터에 도착한다. 이정표의 안내를 받아 삼신봉으로 향한다. 숲 속에는 길고 긴 비닐호스가 나무와 나무 사이로 끝없이 이어져있다. 고로쇠나무의 수액 채취를 위해 나무에 뚫어 놓은 구멍은 아물지 않은 상처 같이 흉측하고, 구멍에서 구멍으로 연결된 호스는 중증환자의 팔위에 불거진 말라빠진 힘줄처럼 참혹하다. 수액은 나무의 피, 나무가 얼마나 아파할까.

갓걸이재 고갯마루에서 왼쪽으로 몸을 돌려 삼신봉에 오르면 구곡산에서 천왕봉으로 이어지는 장쾌한 능선이 일망무제로 눈앞에 펼쳐진다.

삼신봉 출발 30분 후 내삼신봉에 오른 다음 쌍계사를 목표로 산행을 이어간다. 임진왜란 때 유학자 송정 하수일 선생이 난을 피해 숨어 있었다는 송정굴을 지나 40분 정도 걸으면 쇠통바위가 기다리고 있다. 흡사 자물통처럼 생겼다고 해서 쇠통바위다. 이 자물통을 청학동에 있는 열쇠

바위로 열면 천지개벽이 일어나서 아름다운 새 시대의 문이 열린다는 전설이 내려오고 있다. 누가 이 문을 열까.

남부능선을 따라 이어지는 산길은 빙판과 진흙탕의 연속이다. 반복되는 빙판과 진흙길은 '아이젠' 을 착용할 수도, 안 할 수도 없는 난처한 선택의 기로에 서게 한다. 착용하면 불편하고 벗으면 불안하다. 이런 경우가 어디 산길뿐이랴. 인생 또한 불안한 선택의 연속 아닌가.

독바위봉을 지나 갈림길인 상불재에 도착하면 이정표가 길을 안내하고 있다. 왼쪽은 청학동으로 회귀하는 길이다. 직진하여 쌍계사로 향한다.

불일폭포 삼거리에서는 왼쪽 아스라한 낭떠러지 밑으로 내려가서 폭포 앞에 선다. 높이 60미터의 폭포는 용이 승천하면서 꼬리를 휘둘러 만든 청학봉과 백학봉 사이로 흘러내리던 물이 폭포가 되었단다. 다시 삼거리로 올라와 쌍계사로 향한다. 봉명산방을 지나면 환학대. 환학대는 신선이 된 고운 최치원이 청학을 불러 타고 다녔다는 곳이다.

우리 민족에게 있어 신선은 두려움의 대상이자 믿고 의지할 수 있는 친근한 벗이기도 했다. 그래선지 조선 유림의 거목 김종직도 함양군수 시절, 신선이 된 최치원의 흔적을 찾아 지리산을 오르내리며 시를 읊었다.

청학 탄 신선은 어느 곳에 사는고.
홀로 청학 타고 마음대로 다니겠지.
–중략–
쌍계사 안에서 고운을 생각하나
분분하던 그때의 일은 들을 수가 없었네.

산행 6시간 만에 도착한 쌍계사는 증축되어 옛날과는 전혀 다른 분위기를 풍기고 있었다. 하지만 천 년 전, 최치원의 글을 새긴 낡은 비석이 아직 남아 있어 쌍계사의 옛날을 말해 주고 있다.

최치원이 찾아다녔다는 지리산의 이상향은 어디에 있을까. 그러나 반나절을 걸었지만 그 흔적은 찾아볼 수 없었고 전설만을 만났을 뿐이다. 최치원의 이상향은 선인들이 그린 무릉도원 같은 곳 아니었을까.

사방이 바람벽처럼 치솟고 구름과 안개는 자욱하고…… 멀고 가까운 곳에 있는 복숭아밭에는 붉은 노을이 비치고…… 시냇물이 돌고 돌아가는 곳에 대나무 숲과 초가집이 있는…… 그래서 정경이 소슬하여 신선이 사는 마을과 같은 곳.

세종의 아들 안평대군이 꿈속에서 본 무릉도원의 풍경이다. 안평대군은 도화원의 화공인 안견에게 자기가 본 무릉도원을 그림으로 그리게 했다. 그 그림이 유명한 「몽유도원도」다. 안평은 꿈속의 도원(桃園)이 그리울 때마다 그림을 들여다보며 이렇게 물었다.

이 세상 어느 곳이 꿈꾼 도원인가(世間何處夢桃源).

영국의 소설가 제임스 힐튼은 그의 소설 『잃어버린 지평선』에서, 주인공을 시켜 히말라야산맥 어딘가에 숨어 있다는 이상향 '샹그릴라'를 찾아다니게 한다. 티베트어로 '샹그릴라'는 '마음속에 뜨는 해와 달'이라는 뜻이다. 그렇다면 무릉도원이라는 이상향은 우리 마음속에만 존재하는 곳인지도 모른다.

Ⓥ 현지 교통

하동→청학동: 08:30 11:00 등 5회 운행. (하동터미널 055-883-2663)

쌍계사→하동: 30~1시간 간격 운행. (쌍계사매표소 055-883-7019)

여근곡·「모죽지랑가」

어느 날 선덕여왕에게 괴이한 보고가 들어왔다. 한겨울임에도 영묘사의 옥문지(玉門池)에 수많은 개구리가 모여 사나흘간을 밤낮 없이 울어댄다는 것이었다. 여왕은 각간 알전과 필탄을 불러 병사 2,000명을 나누어 주면서, 서쪽 교외의 여근곡(女根谷)에 숨어 있는 백제의 특공대를 물리치라고 명령했다. 여왕의 말처럼 그 곳에는 백제의 병사들이 잠복하고 있었다. 두 각간은 기운을 잃고 우왕좌왕하고 있는 적병을 가볍게 섬멸했다.

승리를 거두고 돌아온 신하들이, 여근곡에 적병이 숨어 있는 줄 어떻게 알았느냐고 질문하자 여왕이 대답했다.

"개구리의 성난 모습은 군사의 형상이고 옥문이란 여인의 음부로서 그 색은 희다. 흰색은 서쪽을 뜻하니 적병이 서쪽에 있다는 암시 아닌가. 남근(男根)이 여근(女根) 속에 들어가면 반드시 힘을 잃게 마련이니 쉽게 잡을 수 있음을 미리 알았을 뿐이다."

신라 27대 선덕여왕(善德女王)은 진평왕의 딸이다. 당나라 태종이 붉은색 자주색 흰색의 세 가지 물감으로 그린 모란꽃 그림과 씨앗 세 되를 보내오자, 여왕은 그림을 보고 "꽃에 나비가 없는 것으로 보아 이 꽃은 향기가 없겠구나. 이는 당태종이 배필이 없는 나를 조롱하고자 보낸 것일게다." 하며 태종의 의중을 족집게처럼 집어낸다.

여근곡이 있는 경주의 오봉산(688미터) 산행을 위해 신평2리(여근곡 입구) 버스정류장에서 내리면 '신평2리' '유학사' 안내판이 보인다. 포도

밭을 지나면 철길. 철길을 건너 마을로 들어가면 여성의 특정부위를 닮았다는 여근곡이 선명하게 보인다. 여근곡주차장의 왼쪽 길은 금산사 가는 길. 직진하여 5분 후 유학사에 도착한다.

유학사 마당에는 여근곡에서 흘러내리는 샘물을 끌어들였다는 약수터가 있다. 산길은 약수터 옆 돌계단을 올라가면서 시작된다. 가파른 길은 지그재그로 돌아가며 고도를 높인다. 1시간 남짓 걸으면 능선 안부. 여기서 오른쪽으로 5분 정도 가면 전망바위가 나온다. 건천과 아화의 넓은 들이 가을빛을 자랑하고, 돌아서면 넓은 구릉지대가 펼쳐져 있다.

부산성의 무너진 성벽을 밟고 20분쯤 오르내리면 포장임도. 왼쪽으로 꺾어 300미터 정도 걸어가면 오른쪽 '파평윤씨' 묘 옆으로 산길이 보인다. 이 길을 따라 산행 2시간 10분 만에 정상에 선다.

의상대사가 창건하였다는 주사암은 정상과 나란히 앉아 있다. 대웅전 아래 요사채 앞에서 오른쪽으로 가면 마당처럼 넓은 너럭바위가 나온다. 지맥석(持麥石)이다. 김유신 장군이 술을 빚을 보리를 쌓아둔 곳이다. 장군은 그 보리로 술을 빚어 지친 군사들을 위로했단다.

지맥석에서 되돌아 나와 요사채 앞길을 그대로 따라가면 숙소로 보이는 건물과 신월대선사 부도가 나온다. 부도를 지나 곧바로 만나는 갈림길에서 오른쪽 하산 길을 버리고 직진하면 숲과 초원이 번갈아 나타난다. 그 옛날에는 화랑들의 연병장이었겠지만 지금은 고랭지 채소밭으로 변해 있다.

산객은 전설적인 화랑이었던 죽지랑과 득오의 모습을 밭이랑에서 본다. 죽지랑은 김유신 장군의 부장으로 출전하여 용맹을 떨친 삼국통일의 일등공신으로 문무왕 등 네 임금의 치세에서 재상을 지냈다.

죽지랑의 탄생설화는 신비롭다. 삭주도독사가 되어 임지로 부임하던 죽지랑의 아버지 술종공이 죽지령(죽령)에 이르자 한 거사가 무너진 고갯길을 닦고 있었다. 공은 그것을 보고 크게 감탄하였고 거사도 공의 인품에 감동하여 마음의 교분을 쌓는다.

술종이 삭주에 도착한 지 한 달, 술종과 그의 아내는 한날한시에 거사가 방으로 들어오는 꿈을 꾸었다. 기이하게 여긴 공이 거사의 근황을 알아보니 며칠 전에 죽었단다. 날짜를 따져보니 바로 그 꿈을 꾼 날 아닌가. 공이 아내에게 말했다. "거사가 우리 집에서 다시 태어나고 싶은 모양이오." 과연 꿈꾼 날부터 부인의 몸에 태기가 있어 아들을 낳으니 아기의 이름을 죽지(竹旨)라고 지었다.

세월이 흘러 효소왕 시절이었다. 친동기처럼 아끼던 화랑 득오가 열흘이나 보이지 않고 출근부에 서명도 하지 않자, 득오의 행적을 수소문 하던 죽지랑은 그가 부산성의 창고지기가 되었다는 소식을 듣는다.

죽지랑이 부산성으로 가보니 득오는 성을 관리하는 익선의 밭에서 부역을 하고 있었다. 죽지랑은 가지고온 술과 떡으로 득오를 위로한다. 그리고 힘든 노역으로 지쳐있는 득오를 위해 휴가를 요청했지만 익선은 거절했다.

익선의 거부는 완강했다. 때마침 그곳을 지나던 사리(使吏) 간진이, 득오를 아끼는 죽지랑의 모습에 감동하여 세금으로 거두어 가던 조 30석을 익선에게 바치고, 진절이 가마와 말안장을 보태어 주자 그제야 마지못한 듯이 승낙했다.

그 소문이 화랑의 우두머리인 화주(花主)에게 알려지자 격노한 화주는 달아난 익선 대신에 그의 아들을 잡아 성안에 있는 연못에 빠뜨려 얼어 죽게 만든다. 효소왕 역시 익선의 고향인 모량리 출신으로 벼슬자리에 있던 사람들을 모두 내쫓고 심지어는 승려도 되지 못하게 했다. 이른바 신라판 연좌제였다. 아무튼 득오에게 있어 죽지랑은 존경하는 선배였고 스승으로 절대적인 흠모의 대상이었다.

죽지랑이 세상을 떠나자 득오는 죽지랑의 영전에서 사모의 노래를 부르니 그 향가가 「모죽지랑가(慕竹旨郎歌)」다.

간 봄이 그리워 모든 것은 울며 서러워하는데
아름답던 그 얼굴에 주름이 지는구나.
눈 깜박할 사이에 다시 만나리니
낭이여, 그리는 마음에 가는 길
다북쑥 우거진 마을에 잘 밤 있으리이까.

부산성의 정상부(729.5미터) 가는 길은 문무왕이 축성한 부산성과 능선을 타고 이어지지만 그 길은 이미 망가질 대로 망가졌다는 소식에 여기서 하산하기로 한다. 왼쪽으로 보면 임도 옆에 창고 건물이 보인다. 창고 앞에서 임도를 따라 내려간다. 임도는 날머리인 송선1리까지 계곡을 따라 계속된다.

임도 중간에 부산성 안내판이 세워져 있다. 지형을 살펴보니 좁은 협곡으로 성문을 세우기에는 딱 좋은 자리다. 그렇다면 이 어디쯤에서 죽지랑과 익선이 "부탁한다." "안 된다." 하며 실랑이를 벌였을지도 모를 일이다. 익선은 부하를 사노(私奴)처럼 여겼고 지나친 욕심으로 스스로 화를 불러들였다. 어디 신라에만 익선이 살았겠는가. 우리 시대에도 익선 같은 벼슬아치들은 허다하지만 죽지랑 같은 인걸은 찾아보기 어렵다.

산객은 다북쑥 우거진 마을같이 황폐한 오늘의 세태를 안타까워하며 4시간의 산행을 송선 1리에서 마친다.

☑ 현지 교통

경주고속터미널 앞에서 아화 행 300번 버스 이용. 15분 간격 운행.

송선 1리→경주: 40분 간격으로 버스 운행.

왕손의 길, 충신의 길

무덤 1기 때문에 당당하게 왕의 반열에 오른 산이 경남 산청의 왕산(王山 923미터)이다. 산청버스터미널에서 화계 행 군내버스를 타고 전구형왕릉(傳仇衡王陵) 입구에서 내린 등산객들은 곧바로 역사의 문 앞에 서게 된다. 구형왕과 계화왕비의 영정을 모신 '덕양전'을 만나기 때문이다.

덕양전을 둘러본 후, '가락국 양왕릉' 표지석의 안내를 받아 왼쪽 포장도로를 따라가면 구형왕릉 앞에 서게 된다. 금관가야의 마지막 왕인 구형왕의 왕릉은 사료의 뒷받침이 부족하여 명확한 고증이 이루어지지 않았다는 이유로, '그렇게 전한다.'는 뜻의 전(傳)이 이름 앞에 붙었다.

구형왕릉은 국내에서는 유일하게 돌로 쌓은 왕릉이다. 돌담으로 둘러싸인 왕릉은, 검푸른 기운이 감도는 돌을 사용하여 피라미드처럼 7단으로 쌓아 올렸고 능의 윗부분은 봉분처럼 둥글다.

『삼국사기』에 의하면, 금관가야의 제 10대 임금 구형왕은 왕비와 노종 무득 무력이라는 세 아들과 함께 신라 19대 임금 법흥왕에게 항복했고, 법흥왕은 이들을 맞아 구형왕에게는 상등(上等)의 벼슬을 내리고 그 본국을 식읍(食邑)으로 삼게 하는 등, 신라의 왕족에 준하는 대접을 했다고 한다. 김수로왕이 금관가야를 건국한 지 490년 만이다.

전설에 의하면, 구형왕은 신라에 저항하여 지리산 왕등재 일원에서 치열한 전투를 벌인다. 하지만 어차피 승산이 없는 싸움. 구형왕은 백성들의 희생을 막기 위해 깨끗이 항복한 뒤 왕산자락에 은둔한다.

왕릉을 돌로 쌓은 이유도 분명했다. 나라를 망하게 한 죄인이 무슨 염치로 편히 잠들겠느냐며 거친 돌로 무덤을 만들라고 유언했단다. 그 마음이 오죽 참담했을까. 그렇게 남긴 한(恨) 때문인지 왕의 돌무덤에는 늘 신령스러운 기운이 감돌고 있어서 칡덩굴도 돌담을 넘지 못했고 까마귀도 무덤 위로는 날지 않았다고 전한다.

구형왕을 마지막으로 가야는 멸망하지만 같이 항복한 왕자들의 운명은 어떻게 되었을까? 신라의 장군이 된 왕자 무력은 백제의 성왕을 죽여 그 이름을 떨쳤고, 무력의 아들 김서현은 고구려의 낭비성을 함락시키는 등 혁혁한 전공을 세운다. 그 김서현의 아들, 즉 구형왕의 증손자가 불세출의 영웅 김유신이다. 왕손의 피는 덧없이 사라진 것이 아니었다.

삼국통일 후 김유신은 초법적 지위인 태대각간의 자리에 올랐으며, 78세로 세상을 떠난 뒤에는 대왕(흥무)에 추증된다. 여기에서는 김유신의 사랑 이야기 하나만 듣고 가자.

천관녀는 기생이었다(일설에는 무당 또는 여사제). 오랫동안 천관녀와 정분을 나누어오던 김유신은 "대장부가 나라를 위한 큰일은 버려두고 여자의 꽁무니만 따라 다닌다."는 어머니의 질책을 받자 다시는 그녀를 만나지 않겠다고 약속했다. 어느 날 친구들과의 술자리에서 거나하게 취한 김유신은 말에 올랐고, 주인의 통제에서 벗어난 말은 평소의 습관대로 천관녀의 집으로 갔다. 김유신이 정신을 차려보니 천관녀의 집 앞이고 천관녀가 반색을 하며 뛰어 나온다. 화들짝 놀란 김유신, 두 번 생각할 것도 없이 단칼에 애마의 목을 잘라버렸다.

얼마나 그리워하던 임인가. 그런데도 유신은 반가움으로 눈물을 글썽이는 그녀에게는 눈길 한 번 주지 않고 매정하게 떠났다. 천관녀에게 있어 그 일은 충격이었다. 그녀는 「천관원사(天官怨詞)」 한 곡을 남긴 뒤 머리를 깎고 여승이 되어 방랑길에 오른다. 훗날 고려의 국상(國相) 이공승(李公升)은 그 날의 정경을 이렇게 노래했다.

절 이름이 어이하여 천관사인가.
유래를 들어보니 한결 처연하구나.
여흥에 취한 공자는 꽃 아래서 놀고
애원하는 미인은 말 앞에서 우네.
홍렵(김유신의 말)은 정이 남아 옛길을 따라왔는데
노복은 부질없이 죄 없는 말만 매질하네.
그녀가 남긴 노래 슬프고도 아름다워
달빛을 받으면서 만고에 전해오네.

왕릉에서 되돌아 나와 다리를 건넌 뒤 왼쪽 산길로 들어선다. 곧이어 갈림길이 나오지만 직진한다. 10여 분이면 임도에 닿고 임도를 따라 오른쪽으로 다시 10여 분 올라가면 류의태약수터 안내판. 임도를 벗어나 약수터를 찾는다.

약수터에서 목을 축이고 망경대를 향해 길을 재촉한다. 펜스 옆길로 들어서서 산허리를 돌아 20여 분 오르면 능선 갈림길. 여기서 가파른 오르막을 12분쯤 올라 망경대에 선다. 붉은 글씨로 망경대(望京臺)라고 새긴 바위 옆에는 고려 우왕 때 예의판서를 지냈던 농은(農隱) 민안부(閔安富) 선생을 기리는 비석이 세워져 있다.

이성계가 조선을 건국하자 민안부 신우 조의생 맹호성 등 고려 조정의 72 충신들은 이성계에게 협력하기를 거부하고 개경을 떠난다. 그들은 경기도 개풍군 광덕산의 서쪽 골짜기에 있는 두문동으로 들어가 고려에 대한 지조를 지키면서 일체 바깥출입을 하지 않았다. 그래서 생긴 사자성어가 두문불출(杜門不出)이다.

이성계로서는 그들의 협조가 필요했다. 그래서 몇 번이나 사람을 보내어 회유하지만 끝내 거절하자 마을에 불을 질러 모두 태워 죽인다. 학살이 자행되기 얼마 전, 몇 사람의 선비가 두문동을 떠났다. 다른 곳에 은신

하기 위해서였다.

그 중의 한 사람이 민안부였고 그는 산청군 생초면으로 내려와서 농사를 지어 연명한다. 그리고 때때로 망경대에 올라와서 개경 쪽을 바라보며 고려에 대한 그리움으로 눈물지었다. 자녀들에게는 "조선을 위해서는 벼슬하지 말라."는 유언을 남겼고 자식들은 유언을 지켰다. 그가 선택한 충신의 길이었다.

망경대를 지나면 길은 한층 더 가팔라진다. 15분 후 전망대에 선다. 전망바위 아래쪽의 왼쪽 갈림길은 한방단지로 내려가는 길이다. 거짓말처럼 평탄한 길이 이어진다. 906봉을 지나 제멋에 겨워 춤을 추고 있는 억새 능선을 따라가면 어느새 정상이다. 뾰족한 필봉이 어서 오라 손짓하고, 지리산 천왕봉에서 뻗어나간 능선이 물결치듯 내달리고 있다.

필봉산으로 가기 위해 왼쪽 능선을 따라간다. 20여 분 내려가면 여우재. 한방단지로 가는 갈림길을 무시하고 직진하여 필봉산(848미터) 정상에 선다. 산청은 예로부터 선비의 고향이다. 선비들은 필봉의 형상을 보고 붓끝 같다 하여 필봉이라 했고, 한량들은 유방봉 또는 유두봉이라고 불렀다.

하산은 강구폭포 쪽이다. 이정표가 길을 안내하고 있다. 잠시 뒤 갈림길이 나오면 왼쪽으로 방향을 잡는다. 정상에서 20여 분 내려오면 다시 갈림길. 여기서는 리본이 많이 붙어 있는 왼쪽 길을 따라 특리로 내려간다. 강구계곡의 시원한 물소리를 들으며 30분 정도 내려오면 현수교. 현수교를 건넌 뒤 특리교에서 4시간 30분의 산행을 끝낸다.

☑ 현지 교통

산청터미널→구형왕릉: 08:20 10:00 등 7회 운행. (산청교통 055-973-5191)

명의와 역사가

전설적인 명의(名醫) 편작이 중국인이라면 우리에게는 허준이 있고, 중국에 『사기(史記)』를 쓴 사마천이 있었다면 우리 역사에는 『삼국유사』를 쓴 일연(一然)이 있다. 명의와 역사가 두 거목을 만나기 위해 운문산(1,188미터)으로 산행을 떠난다.

산행 들머리는 밀양 원서리의 석골사다. 석골사 입구에서 버스를 내려 25분 남짓 걸으면 석골폭포와 석골사를 만난다. 석골사는 신라 혜공왕 9년 법조선사가 창건한 천년 고찰이다. 절집 오른쪽 길을 따라간다. 두 번 갈림길이 나오지만 모두 직진한다. 왼쪽으로 나 있는 길은 억산 범봉 딱발재로 가는 길이다. 대비골계곡과 상운암계곡을 건너 계속 오르면 둥근 바위 앞에 서게 된다. 옛날 마고할미가 정구지를 치마에 담아 가다가 이 바위에 올라 잠시 쉴 때 정구지를 흘렸다고 해서 정구지바위란다.

여기서 직진하면 상운암을 거쳐 정상에 오를 수 있지만 바위에 페인트로 쓴 허준이라는 표시를 따라 오른쪽으로 방향을 바꾼다. 크고 작은 바위 사이에 서너 개의 굴이 보인다. 한 여름에도 차고 흰 김이 서린다는 얼음굴이다. 그 중 가장 넓은 굴이 허준이 스승 유의태의 시신을 해부한 곳으로 전해오고 있다.

양반의 자식으로 태어났지만 허준은 서출이었다. 과거조차 볼 수 없어 자포자기에 빠졌던 그는 유의태라는 명의를 만나면서 의술(醫術)이라는 새로운 세계에 눈을 뜬다. 허준의 재능을 높이 평가한 유의태는 자신의

모든 지식과, 불치의 병에 걸린 자신의 시신까지 해부용으로 제공하여 허준으로 하여금 이 나라 제일의 명의가 되게 했다. 만약 허준이 유의태를 만나지 못했다면 그의 일생은 파락호신세에서 벗어나지 못했을지도 모른다.

석가모니는 "사람이 누릴 수 있는 복 중에서 제일은 인연복."이라며 인연의 소중함을 설파했다. 비범한 스승과 영민한 제자였던 유의태와 허준이 맺은 인연이야말로 최상의 축복이었다.

또 다른 사료에 의하면, 허준은 선조 때 사람이고 유의태는 숙종 치하에서 『마진편』이라는 홍역치료서를 저술한 산청의 의원이라고 하니 두 사람 사이에는 무려 100년이라는 시차가 생긴다. 그렇다면 이 자리에 누워 있던 시신의 임자는 누구였을까. 아마도 그는 우리가 모르고 있는 또 한 사람의 참 스승이었을 것이다. 그러나 역사가 밝힌 시간에 너무 얽매이지는 말자. 아름다운 인연은 시공을 초월할 수도 있으니까.

얼음굴을 나와 바위지대를 통과하면 된비알의 연속이다. 그러나 잇달아 나타나는 전망대에서 빼어난 경치를 감상하며 지친 몸을 달랜다. 네 갈래 길이 나온다. 오른쪽은 남명리 하양마을, 왼쪽은 상운암 가는 길이다. 직진하여 옅은 구름을 삿갓처럼 쓰고 있는 운문산 정상에 선다.

운문산(雲門山), 구름문을 열고 올라가야 하는 산이다. 그러나 문이 운문산에만 있을까. 문의 종류는 또 얼마나 많은가. 열리는 문이 있는가 하면 열리지 않는 문도 있다. 보이는 문도 있고 보이지 않는 문도 있다.

세상의 문은 단순하지만 마음의 문은 복잡 미묘하다. 문을 만든 것은 사람의 마음이다. 그 문이 우리들을 너와 나, 너희와 우리, 우리와 우리로 갈라놓았다. 그래서 벽이 생겼고 벽을 따라 욕심과 분쟁, 미움과 증오가 싹텄다. 사람들이 마음의 문을 열고 벽이 없었던 시절로 돌아갈 수 있다면 좀 좋을까. 문이 없는 세상이 우리를 자유롭게 하니까. 인간이 추구하는 이상향은 문이 없는 세상이다.

구름은 모든 것을 가려주고 포용하지만 언제 비밀의 장막을 걷어 버릴지 알 수 없어 믿을 수가 없다. 하지만 구름 속의 산정은 얼마나 평화롭고 감미로운가. 산객은 팔을 벌려 심호흡을 한다. 구름과 바람이 내 안의 속진을 씻어내는 것 같아

『명심보감』의 금언을 되살리며 잠시 잠깐 신선이 된다.

一日淸閑 一日仙 하루 동안 마음이 깨끗하고 한가로우면 하루 동안은 신선이니라.

운문사로 내려가기 위해 딱발재를 목표로 산행을 계속한다. 이정표가 서 있는 딱발재에서는 오른쪽 길을 따른 뒤, 맑고 깨끗한 천문지 계곡을 건너 운문사에서 7시간의 산행을 마친다.

화랑도의 '세속오계'를 제정한 원광국사가 중창한 운문사는 만세루 삼층석탑 등, 많은 국보급 유물을 간직하고 있지만 또 한 사람의 비범한 인물을 만날 수 있어 즐겁다.

고려 희종 때 경산에서 태어난 일연(一然)은, 일찍 아버지를 여의고 어머니의 손에 이끌려 아홉 살 때 광주 무량사에서 공부를 시작한 뒤 22세에 승과에 급제한다. 72살의 노령에 운문사로 내려온 일연은 5년의 주지 생활 동안 불후의 명작 『삼국유사』를 집필하기 시작하여 훗날 인각사에서 탈고했다.

그리스 역사의 아버지라고 불리는 헤라도토스는 그의 저서 『역사』에서 "기억을 위해 역사를 쓴다."고 했다. 일단의 학자들은 『삼국사기』에 비해 『삼국유사』가 역사서라기보다는 야사집에 가깝다고 폄하하지만, 일연은 『삼국유사』를 통하여 자칫 망각의 심연에서 잃어버렸을지도 모를 수많은 역사적 사실과 설화를 건져내었다.

일연은 효자였다. 국사(國師)의 지위에 있으면서 충렬왕의 절대적인 신

임을 받고 있었지만 95세의 연로한 어머니를 모시기 위해 경북 군위의 인각사로 자리를 옮긴다. 평지에 있는 인각사에 어머니를 모셔야 거동이 수월할 것이라는 생각에서였다.

1년 후 어머니가 사망하자 일연은 인각사 근처에 어머니를 모셨고, 당신이 85세로 세상을 떠날 때는 자신의 탑비를 어머니의 산소가 보이는 곳에 세우라고 유언했다. 그 효심 때문일까. 아침 해가 떠올라 일연의 탑비를 비추면 그 햇살이 반사되어 어머니의 묘를 비추었다고 한다.

호거산이라는 또 하나의 이름을 가지고 있는 운문산의 봉우리는 높고 골은 깊다. 그래서 임진왜란 때는 왜적의 약탈을 피해 몰려든 백성들의 피난처였고, 고려 무신정권 시절에는 폭정과 수탈을 못이긴 농민들이 '신라 부흥' 의 기치를 들고 일어난 두 차례 민란의 본거지였다.

경주 김해 합천 태백 등지에서 일어난 민란은 명종 때는 김사미, 신종 시절에는 패좌의 지휘 아래 운문산에 산채를 구축하고 관군과 싸우지만 산하를 피로 물들인 채 패배하고 만다. 피는 피를 부르고 피는 피로 씻는 법, 농민들을 잔인하게 짓밟은 무신정권의 이의민은 최충헌에게 살해당하고 최충헌 역시 권력다툼 끝에 친동생의 피를 칼에 묻힌다.

그래서일까. 《법구경》의 한 구절이 새삼 마음에 와 닿는다.

"승리는 원한을 가져오고 패자는 슬픔에 산다. 승리와 패배를 모두 버린 자는 행복하게 산다."

V 현지 교통

밀양→석골사 입구: 40분 간격으로 운행. (밀성여객 055-354-2320)

운문사→청도: 40~1시간 간격 운행. (운문사매표소 054-373-8070)

오어 신화(吾魚神話)

신라 진평왕 시절에 자장율사가 창건한 뒤, 원효 혜공 의상 등 불교계를 대표하는 고승들이 수도한 오어사를 품에 안고 있는 포항의 운제산(481미터)을 찾았다. 오래 전 처음 오어사를 찾았을 때의 풍광은 유구한 역사를 지닌 고찰답게 너무나 고요하여 절은 마치 잠든 듯이 보였고, 청아한 풍경 소리만 적막을 깨고 있어서 불자가 아니더라도 저절로 삶과 죽음에 대해 명상에 잠기게끔 했다.

오어사에서 받은 인상도 감명 깊었지만 오어지(池) 입구에서 오어사까지 흙냄새 풍기는 호반 길을 걷는 낭만도 대단했다. 만추의 하늘보다 더 맑고 푸른 오어지에는 산과 하늘과 구름이 잠겨 있었고, 그 넓고 깊은 품은 뭇 중생들의 속진(俗塵)을 씻어줄 만큼 넉넉했다. 그래서 방랑하는 구도자 마냥 한적한 그 길을 10여 분 걸으면서 인생에 대해 생각하는 시간을 가질 수 있었다. 하지만 다시 찾은 호숫가의 좁은 길은 포장되어 빈번하게 자동차가 드나들고, 꿈꾸기 좋았던 산문 앞의 작은 공터는 주차장으로 변했다.

하필이면 이름이 오어일까. 오어(吾魚)? 간단히 말해 '내 고기' 다. 절 이름치고는 엉뚱하여 무슨 선문답의 화두 같다.

숲 속에서 매미가 요란하게 울고 만상이 졸고 있던 천 년 전 어느 날 오후, 수도 중에 짬을 내어 머리를 식히려고 냇가로 내려온 원효와 혜공이 법력을 겨루었단다. 물고기를 잡아먹고 물 위에 똥을 눈 뒤, 누구의 똥이

고기로 변하여 더 많이 살아나는가 하는 경쟁이었다. 두 사람은 살아난 고기를 보고 서로 자기 고기라고 우겼고, 그래서 절 이름이 오어사가 되었단다.

저절로 웃음이 나온다. 그토록 도력(道力) 높은 고승들에게도 자신을 과시하며 우쭐대고 싶어 하는 치기가 남아 있다는 것이 신기할 정도다. 아마 그런 마음이 인간의 본성이고 그 정도 감정의 사치는 웃으며 받아주어야 할 애교쯤으로 보아도 좋을 것 같다. 오어사 앞 주차장 오른쪽 산길로 들어서면서 산행을 시작한다. 10여 분 땀을 흘리면 자장암. 아찔한 벼랑 위 손바닥만 한 좁은 터에 절묘하게 들어선 법당은 진신사리 탑과 노송(老松)의 배치가 조화롭다. 그러나 이 높은 곳까지 조성된 차도를 달려 암자로 가는 승용차의 소음과 매연이 눈살을 찌푸리게 한다.

승려가 짚고 다니는 석장(錫杖)에는 고리가 달려있다. 짚을 때마다 청아하게 울리는 소리를 듣고 미물들이 스스로 피하게 하여 살생을 막기 위함이다. 그러나 오늘의 승려는 석장 대신 승용차의 경적으로 이를 대신한다. 승려라고 해서 언제까지나 편리함을 외면하라고 요구할 수는 없다. 하지만 깨끗한 승복에 하얀 장갑 낀 손으로 운전대를 잡고 있는 승려의 모습에서 친밀감을 느낄 수 없는 이유는, 땀에 젖어 후줄근해진 장삼을 걸치고 산을 오르는 노승의 모습이 누대에 걸쳐 한국인의 마음속에 아로새겨져 있는 까닭일 게다.

길 찾기는 쉽다. 자장암을 나서면 비포장 차도가 나온다. 차도를 따라 200여 미터 가면 삼거리. 여기서 오른쪽 능선을 따라가면 산불감시초소를 만난다. 산불감시초소 오른쪽 숲길로 들어서면 줄곧 능선길이 이어진다. 두어 번의 갈림길이 나오지만 직진한다.

오어사가 고승들이 펼치는 천진난만한 동화 같은 나라라면 신라 남해왕비 운제부인의 성모단이 있었다는 운제산은 신화의 세계다. 그 신화를 이어받았음인지 지금도 그곳에는 "한 번 해병은 영원한 해병"이라는 신조를 앞세운 해병교육훈련단이 피와 땀과 투혼으로 뭉쳐진 젊음의 신화를 만들어 가고 있다. 정상 바로 아래에도 갈림길이 나온다. 오른쪽 길은 영일만온천으로 가는 길이다. 갈림길 옆에 세워진 입간판의 격언이 이채롭다.

"누구나 해병이 될 수 있다면 나는 결코 해병대를 선택하지 않았을 것이다."

요즘처럼 선택의 기회를 박탈당한 시대에 자신이 원하는 일을 하며 사는 사람은 소수에 불과하다. 따라서 자기가 하고 싶은 일을 할 수 있다는 것은 대단한 행운이 아닐 수 없다. 그렇다면 자신의 일에 언제나 최선을 다함이 옳다. 누구나 해병이 될 수 없는 것처럼 아무나 성직자가 되고 정치가며 경제인이 되는 것은 아니다. 그러나 구원(救援)의 길잡이로서의 성스러운 본분을 망각한 성직자. 시정잡배와 다를 바 없는 행동을 서슴지 않는 정치가나 사리사욕으로 전신을 무장한 경영인들이 더러 있어 우리를 분노하게 한다. 어쩌면 그들이 정도를 벗어나 오욕의 나락에 빠진 이유가, 눈앞에 보이는 온갖 세속적인 탐욕을 모두 오어(吾魚)라고 착각한 탓인지도 모르겠다.

산불감시초소 출발 50분 만에 정상에 오르지만 운무에 쌓여 아무 것도 보이지 않는다. 하지만 안개 걷히고 해가 빛나면 풍광명미한 산하가 제 모습을 드러내겠지. 그러나 나날이 어두워져 가는 인간의 심성은 어떻게 해야 밝아질 수 있을까? 그 해답은 우리가 창조해야 할 또 다른 신화 속에서 찾아야만 할 것 같다. 세상이 어지러울수록 정화(淨化)를 위한 신화는 필요한 것이고 진정한 의미에서의 신화는 진통과 해산의 아픔 없이는 창조되지 않는다.

산행 후의 피로를 온천으로 풀기 위해 온천장으로 하산한다. 하산길 역시 단순하다. 정상 직전의 갈림길로 되돌아 내려와 온천장으로 향한다. 워낙 등산객의 왕래가 많은 탓에 길은 넓고 편하다.

정상 출발 35분 후 헬기장이 있는 362봉에 도착한다. 다시 북동쪽의 급한 경사 길을 타고 20분 정도 내려오면 철탑. 이어지는 소나무 숲길을 기분 좋게 걸은 후, 대각지로 가는 갈림길과 만나는 대골 다리에서 3시간 30분의 산행을 마친다. 여기서 영일만 온천까지는 10분 거리다.

대각마을에는 오어사와 자장암을 창건한 자장율사의 일화가 전해오고 있다. 자장율사의 수행시절이다. 탁발을 마치고 자장암으로 돌아가던 율사가 주린 배를 움켜쥐고 마을 입구에 도착하니 주막이 보였다. 주막에 들어가서 요기할 것을 청하지만 이 집에는 개고기밖에는 없단다. 죽을지언정 불계를 깰 수 없다며 다시 길을 떠난 율사는 기진하여 쓰러져 잠들었다. 이때 꿈속에 나타난 도인이 일갈했다.

"자장, 참으로 어리석구나. 도를 닦는 것도 네 몸이 성해야 함을 왜 모르느냐."

크게 느낀 율사는 다시 주막으로 돌아가서 개고기를 먹고 기운을 차린 후 자장암으로 돌아갔단다. 율사가 깨달음을 얻은 마을이라고 해서 마을 이름도 대각동(大覺洞)이다.

원효대사는 해골바가지에 담긴 물을 마시고 깨달음을 얻는다. 해골바가지에 고인 물이 감로수가 되듯이 개고기도 때로는 깨달음에 이르는 도구가 된다. 모두가 인식의 차이니까. 그러나 얼마나 많은 사람들이 '인식의 차이'를 빙자하여 자기 자신의 그릇된 행동을 합리화하여 세상을 어지럽히고 있는가.

Ⅴ 현지 교통

포항시외버스터미널 건너편→오천: 시내버스 12분 간격 운행.

오천~오어사: 30분~1시간 간격 운행.

영일만 온천에서는 2시간 간격으로 운행하는 셔틀버스 이용.

버들잎을 물에 띄운 이유

금호지(池)에서 바라보는 진주 월아산(482미터)의 산세는 송곳니 두 개가 나란히 솟은 것처럼 뾰족한가 하면, 봉긋하게 부풀어 오른 여인의 젖가슴을 닮았다. 월아(月牙), 달의 어금니라는 뜻이다.

임진왜란이 일어나자 의병장 김덕룡 장군은 월아산의 산정에 목책으로 성을 쌓고 왜적과 싸웠다. 그래서 월아산은 장군대산이란 또 하나의 이름을 가지고 있다. 아(牙)라는 글자에는 이빨 외에도 대장기라는 뜻도 포함하고 있기 때문이다.

진주시외버스터미널 앞에서 속사리 행 버스를 타고 청곡사 입구인 신기마을에서 내린다. 커다란 입간판의 안내를 받아 청곡사로 가는 차도를 따라간다. 청곡사주차장에 도착하면 주차장 맞은편에 매점이 보인다. 산행은 매점과 청곡사사적비 사이의 오른쪽 비포장 길로 들어서면서부터 시작된다. 곧이어 청곡소류지를 거쳐 일주문을 지나면 청곡사다.

도선국사가 청건한 청곡사에서 들러 국보 제302호 영산회패불탱 등, 유물을 둘러본 후 되돌아 나와 산길로 접어든다. 돌계단의 연속이다. 10분 후면 갈림길이 있는 체육공원, 두방사를 거쳐 정상에 오르기 위해 '두빙사 930미터' 이정표를 따라 오른쪽 좁은 길로 들어선다. 두방사 가는 길은 봉우리를 에돌아가는 부드러운 오솔길이다.

두방사의 이끼 낀 13층 다층석탑은 점판암으로 만든 검은색 탑이다. 그래서 청석탑이라고 부른다. 또한 두방사는 만병에 효험이 있다는 약수로

도 유명하다. 무량수전과 남명선원을 지나 임도 건너편 좁은 산길로 들어선다. 이정표가 있는 능선 갈림길에 도착하면 왼쪽으로 방향을 잡아 주능선 삼거리에 도착한다. 왼쪽은 국사봉 가는 길이다. 오른쪽으로 50미터 정도 떨어진 월아산의 정상에 선다. 산행 1시간 50분 만이다.

방송탑이 세워져 있는 정상은 금산 문산 등지의 주민들이 기우제를 지내던 곳이다. 남해고속도로가 내려다보이고 청곡사 아랫마을 갈전리 앞 들판도 보인다. 650여 년 전, 그 갈전리에서 또 하나의 역사가 시작되었다.

청곡사에 내려오는 전설에 의하면, 전라도 운봉에서 아지발도가 이끄는 2,000명의 왜구를 섬멸한 이성계는 무학대사와 함께 청곡사로 발길을 돌렸다. 계속된 행군 끝에 지치고 목마른 인마의 목을 축이기 위해 걸음을 멈춘 곳이 갈전리. 이성계 일행은 마을로 들어갔다.

이성계는 우물에서 물을 긷고 있는 처녀에게 물을 청했다. 처녀는 물 한 바가지를 떠서 버들 한 잎을 띄어준다. 이를 불쾌하게 여긴 이성계가 물을 쏟고 다시 청하지만 처녀는 같은 행동을 되풀이했다. 의아하게 여긴 이성계가 이유를 묻자,

"급하게 물을 마시면 체할까 하여 나뭇잎을 띄웠으니 불어가며 천천히 마시세요."

이성계는 그녀의 뛰어난 미모와 지혜로움에 감탄하여 아내로 맞이하니 그녀가 곧 신덕왕후 강 씨란다. 그날 이후, 사람들은 그 우물을 갈마정(渴馬井)이라고 불렀고 후일 왕비가 된 그녀는 국보급 '은입사 향로'를 주조하여 청곡사의 법당에 안치함으로써 부처님의 은혜에 보답했단다.

고려의 권문세도가였던 판삼사사(判三司事) 강윤성의 딸로 태어난 신덕왕후는 방번과 방석 두 아들과 경순공주를 낳아 왕의 총애를 한 몸에 받는다. 게다가 이성계를 설득하여 강력한 왕위계승자였던 방원을 제치고 당신이 낳은 방석을 세자로 삼게 했다. "더 이상 부러울 것이 없는 여

인" 그것이 생전의 신덕왕후였다.

그녀의 무덤은 정릉이다. 이성계는 사랑하는 아내를 위하여 호화롭게 묘역을 단장했지만 신덕왕후가 사망한 지 2년 후, 그녀의 소생 방석과 방번 형제는 '제1차 왕자의 난' 때 이복 형 방원의 손에 참혹하게 살해당한다.

정종의 뒤를 이어 왕위에 오른 방원(태종)은 철저하게 그녀를 짓밟았다. 태종은 지금의 성북구에 있는 정릉으로 신덕왕후의 묘를 이장하면서 왕후의 예를 갖추지 않고 서모 수준으로 강등하여 허술하게 처리했다.

또 무덤을 장식하고 있던 석물(石物)을 모두 거두어 청계천의 허물어진 다리 광릉교를 개축하는 데 사용한다. 그래서 시정의 거지며 무지렁이, 오사리잡놈 할 것 없이 모두 그 석물을 밟고 지나가게 하는가 하면 무덤을 방치하여 폐허처럼 만들어 맺힌 한을 푼다. 태종이 그토록 그녀를 증오한 까닭은 무엇이었을까?

이성계의 첫째 부인이자 태종의 생모인 신의왕후 한 씨는 한미한 집안 출신이었다. 그녀는 열다섯 살에 이성계와 결혼하여 6남 2녀를 낳는다. 이성계가 북쪽의 원나라와 여진족, 남쪽의 왜구와 싸우며 전쟁터를 누빌 때 그녀는 가정을 지키며 집안의 대소사를 현명하게 처리하여 이성계를 내조하지만 조선 개국 1년 전에 위장병으로 55세를 일기로 사망했다.

태종의 눈에 비친 신덕왕후는, 친어머니가 앉아야 할 자리에 대신 들어앉은 못마땅한 여인이었다. 자신의 한미한 외갓집과는 달리 막강한 영향력으로 이성계를 조종하는 왕후의 친정 사람들도 미웠다. 더구나 마땅히 자신의 몫이라고 여겼던 세자 자리까지 빼앗아간 것은 절대 용서할 수 없는 일이었다. 미움이 증오로 바뀐 것이다.

그로부터 200년 후, 현종에 의해 그녀의 무덤은 왕비의 예로 복구되지만 백골마저 진토 되어버린 그녀에게 복권이란 게 무슨 의미가 있을까? 신덕왕후 강 씨, 그녀는 살아서는 누구 못지않은 영화를 누렸지만 죽음과

더불어 가장 불행했던 왕비의 한 사람이었다.

국사봉으로 가기 위해 올라온 길을 되돌아 내려온다. 두방사 길을 외면하고 직진한다. 헬기장을 지나면 갈림길. 왼쪽 하산로는 성은암을 경유하여 청곡사로 하산하는 길이다. 평탄한 오솔길이 한동안 이어지다가 능선 끝자락에서 다시 갈라진다. 왼쪽 길은 청곡사소류지로 바로 내려가는 길이다. 직진하여 몇 걸음만 걸으면 커다란 돌탑과 나무 벤치가 쉬어가라고 권한다.

달음고개로 내려가는 길은 경사가 매우 급하다. 10여 분 후 임도에 도착하면 길을 건넌다. 산길 입구에 질매재라고 새긴 입석이 서 있다. 장군대와 국사봉 사이의 앙가슴 같은 질매재에서 떠오르는 달이 금호지에 비치는 황홀한 광경을, 산이 달을 토하는 것 같다며 선인들은 아산토월(牙山吐月)이라고 묘사했다.

30여 분 진땀을 흘린 뒤 국사봉 정상에 오른다. 하산은 산불감시초소를 지나 돌탑 왼쪽으로 내려간다. 억새가 가을 나그네를 환송하듯 흔들거리고, 전망대에 설 때마다 남강의 푸른 물줄기가 눈을 시리게 한다. 국사봉을 출발한 지 1시간 만에 도착한 계양재 주차장에서 4시간 40분간의 산행을 마친다.

Ⅴ 현지 교통

진주시외버스터미널 앞에서 속사리 행 버스 이용. 신기마을 하차:

08:05 09:00 10:10 등 17회 운행. (부산교통 055-745-8115)

새가 부르는 노래

부산의 장산(634미터) 산행을 위해 지하철 2호선 동백역 2번 출구로 나온다. 해운대 방향으로 5분쯤 걸어가서 '7번가피자'와 'GS조은하루주유소' 사이 길로 들어서서 철길을 건너면 이정표가 기다리고 있다. 이정표 앞에서 오른쪽 장산 방향으로 길을 잡아 간비오산 봉수대에 오른다. 봉수대는 해운대 앞바다로 침입하던 왜적을 감시하던 곳이다.

봉수대에서 내려오면 갈림길. 두 길 모두 체육공원으로 가는 길이다. 체육공원 이정표 앞에서는 '장산 등산로'라고 표시되어 있는 가운데 길을 따라가면 군부대 철조망. 이후 산길은 철조망과 유격훈련장 사이로 이어진다.

봉수대에서 1시간 정도 걸으면 갈림길. 오른쪽 비탈길은 옥녀봉을 거쳐 중봉으로 가는 길이다. 어느 길이건 중봉 아래 안부에서 만난다. 간이 체육시설이 있는 안부에 도착한 후 가파른 능선을 타고 중봉에 선다. 군부대가 있는 정상이 손에 잡힐 듯이 가깝다. 중봉에서 내려와 정상을 향해 직진한다. 정상은 철조망으로 둘러싸여 있지만 조망은 나무랄 데가 없다.

오륙도가 보이고 동백섬에서 기장으로 이어지는 해안선은 완만한 포물선을 그리고 있다. 그 기장 죽성리의 황학대는 정철과 더불어 가사문학의 쌍벽을 이루는 고산 윤선도가 20년간의 유배 생활 중 7년을 보낸 곳이다.

국사를 전횡하던 이이첨을 비롯한 집권세력의 횡포를 보다 못한 윤선도가 탄핵 상소를 올렸지만 광해군은 오히려 그를 기장으로 유배 보낸다.

고산은 30여 그루의 해송이 바닷바람을 막아주는 작은 언덕 황학대에서, 밤새도록 울어대는 부엉산의 부엉이 소리를 들으며 「견희요」 「우유요」 등의 주옥같은 명시를 남겼다.

슬프나 즐거오나 옳다하나 외다하나(그러다하나)
내 몸의 해올 일만 닦을지언정
그 밧긔 여남은 일이야 분별할 줄 이시랴.
–하략–

이렇게 시작되는 「견희요」에는 귀양살이 하는 고산의 심회가 그대로 담겨 있다.

돌아서면 황령산 금정산 천성산 등등 웬만한 부산의 산은 다 보이고 산 아래로는 푸른 수영강물이 바다를 향해 흐르고 있다. 그리고 그 물결 따라 아름다운 고려 가요 한 수도 같이 흐른다.

고려 17대 인종의 비 공예태후는, 맏아들인 현보다는 둘째아들인 경으로 하여금 보위를 잇게 하고 싶었다. 그러나 인종이 현에게 왕위를 물려주니 그가 곧 의종이다. 평소, 처형인 태후와 뜻을 같이하여 경을 지지하고 있던 정서(鄭敍)는 주연을 베풀어 경을 위로했다. 그러나 이 단순한 위로의 자리는 정서와 앙숙이었던 환관 정함의 모함으로 경을 추대하는 역모의 장소로 둔갑하고 말았다.

반대파의 탄핵을 못 이긴 의종은 정서를 장산자락 남촌(수영)으로 귀양보낸다. 그래도 명색이 이모부 아닌가. 의종은 떠나는 정서에게 여론이 잠잠해지면 다시 부르겠노라 약속했다. 정서는 수영강 어귀(망미동)에 자신의 성과 호를 합친 정과정(鄭瓜亭)을 짓고 왕의 부름을 기다렸지만 왕은 끝내 그를 버렸다.

기다림에 지친 정서는 강 옆 망산(望山)에 올라 피가 맺히도록 울고 있는 접동새 소리를 들으며 충신연주지사(忠臣戀主之詞)의 효시로 알려진 「정과정곡(鄭瓜亭曲)」을 부른다. 특히 「정과정곡」은 우리말로 전하는 고려 가요 가운데 작가가 알려진 유일한 작품이다.

내 임이 그리워 우는 것이
山접동새와 비슷하나이다.
나를 헐뜯는 말이 허황된 것임은, 아아
잔월효성(殘月曉星)도 아시옵니다.
넋이라도 임과 함께 하고 싶습니다. 아아
잘못도 허물도 전혀 없습니다.
진정 못 믿을 말씀이었군요.
아아 슬픕니다. 임이 나를 벌써 잊으셨나이까.
마소서 임이시여, 다시 들으셔서 사랑해 주옵소서.

정서는 이 노래를 통하여 죄 없이 쫓겨난 자신의 신세를 한탄하며 예전처럼 다시 사랑해 달라고 하소연하고 있다. 그러나 그는 정중부가 주도한 무신의 난으로 의종이 거제도로 쫓겨나고 명종이 즉위한 뒤에야 20년간의 귀양살이에서 풀려날 수 있었다.

철조망 앞에서 길은 좌우로 갈라진다. 오른쪽은 억새밭으로 바로 가는 길이다. 안적사로 가기 위해 왼쪽 길로 들어선다. 길은 정상을 돌아가는 철조망을 따라 이어져 있다. 철조망을 다 돌아가면 임도. 왼쪽으로 몸을 돌려 임도를 따라간다.

장산마을과 기장 가는 길이 갈라지는 임도 고갯마루에는 인공위성사진으로 만든 산행안내도가 세워져 있다. 왼쪽 기장 방면으로 향한다. 헬기장을 지나 산책로같이 편안한 길을 기분 좋게 내려가면 돌탑이 쌓여 있는 고개 사거리. 직진하면 기장, 왼쪽은 반송 가는 길이다. 안적사는 오른쪽

포장임도를 따라 내려가야 한다. 임도를 따라 계속 내려가도 되지만, 잠시 뒤에 보이는 오른쪽 산길을 따른다. 산길 입구에 안적사라는 작은 표지판이 세워져 있다.

신라 문무왕 원년(661)에 세워진 안적사의 창건설화에도 새는 등장한다. 원효와 의상대사의 수행시절, 두 사람이 장산기슭을 지날 때 숲속에서 수많은 꾀꼬리가 나타나서 어깨와 팔에 앉아 노래를 부른다. 이곳이 상서로운 곳이라고 여긴 두 사람은 근처의 토굴에서 공부를 시작하면서 먼저 오도(悟道)에 든 사람이 연락하여 만나기로 약속했다.

어느 날부터인가. 의상 앞에 천녀(天女)가 나타나 천공(天供)을 올렸다. 천공은 하늘이 내리는 공양이다. "천녀도 내 편, 이제는 되었구나." 의상은 무릎을 치며 쾌재를 불렀다. 자랑하고 싶은 마음에서 원효를 초청했지만 아무리 기다려도 천녀는 나타나지 않는다. 기다리다 지친 원효가 돌아가자 그제야 나타난 천녀가 늦은 이유를 설명했다. 굴 주위에 화광이 충천하여 들어올 수가 없었단다.

이는 의상의 교만한 마음을 안 원효가 금강삼매화(金剛三昧火)를 놓아 천녀의 출입을 막은 것이다. 크게 뉘우친 의상은 자신보다 도력이 높은 원효를 사형으로 모시게 되었고 원효는 이 자리에 안적사를 지었다.

장산은, 새가 닫힌 문을 연 새들의 산이었다. 그래서 앵림산(鶯林山)이라 부르기도 한다. 부엉이와 접동새가 윤선도와 정서의 문학적 감성의 문을 열었다면, 꾀꼬리는 원효와 의상대사에게 깨달음의 문을 열어주었다. 4시간 30여 분이 소요된 장산 산행은 안적사에서 끝나지만 부산 시내버스가 다니는 내동까지는 1시간 가까이 임도를 따라 더 걸어야 한다.

V 현지 교통

부산지하철 2호선 동백역 하차.

죽림칠현, 홍길동을 만나다

경북 문경의 주흘산(1,106미터)은 새재와 조령천을 가운데 두고 조령산과 마주보고 있다. 문경의 옛 이름은 문희(聞喜). 즉 '기쁜 소식' 이란 뜻이다. 그래선지 많은 영남의 선비들은 과거를 볼 때, 죽령이나 추풍령을 외면하고 문경새재를 넘어 한양으로 들어갔다. '등과(登科)' 라는 기쁜 소식을 전하고 싶은 마음에서였다.

산행 들머리를 제1관문인 주흘관으로 잡는다. 관문을 통과하자마자 오른쪽 산길로 들어선다. '주흘산 3.8킬로미터' 라고 적힌 이정표가 세워져 있다. 여성의 성기를 닮았다는 여궁(女宮)폭포를 감상한 뒤, 물길을 가로지르는 다리를 건너 길을 재촉하면 작은 폭포와 소가 연이어 나타난다. 40분 뒤 혜국사 갈림길. 오른쪽으로 길을 잡아 공민왕이 홍건적을 피해 몽진할 때 행궁을 세웠다는 대궐 터를 지난다. 가파른 길을 1시간 남짓 힘겹게 오르면 뛰어난 조망을 자랑하는 1,075봉. 정상은 아직도 40분 남짓 더 걸어야한다.

정상 30미터쯤 못 미쳐서 이정표가 세워져 있는 갈림길이 나온다. 내려가야 할 2관문은 왼쪽이다. 정상을 밟은 후 되돌아 내려와서 1시간 거리인 2관문으로 하산한다. 40분가량 내려오면 주흘산의 또 다른 명물인 꽃밭서덜(진달래와 돌탑의 너덜겅)이 기다리고 있다. 이 후 몇 차례 개울을 더 건너 2관문인 조곡관에서 산행을 끝낸다. 여기서부터 1관문까지는 40여 분을 걸어야 하는 새재길. 산객은 역사 속으로 들어간다.

1613년 광해군 치세하의 조선. 문경새재에서 지나가는 상인을 살해하고 수백 냥을 강탈한 강도 살인사건이 일어났고, 죽은 상인의 노비가 살인범의 뒤를 미행하여 근거지를 고발함으로 범인들은 일망타진되었다.

놀라운 것은 범인들의 신분이었다. 영의정을 지낸 박순의 아들 박응서, 심전의 아들 심우영, 목사 서익의 아들 서양갑, 평난공신 박충갑의 아들 박치의 등등, 당대를 주름잡던 명문대가의 아들 일곱 사람이다. 그리고 이들의 공통점은 서출(庶出)이라는 점이었다.

그들은 아버지를 아버지라 부를 수 없었고 형을 형이라고 부를 수도 없었다. 아무리 똑똑해도 대과에 응시조차 할 수 없었다. 양반의 자식으로 태어났지만 결코 양반이 될 수 없었고, 상민들조차 양반의 씨라고 배척한 반 토막짜리 인생이 서출이었다.

광해군이 등극하자 서자들은 희망을 가졌다. 광해군 역시 선조의 후궁 공빈 김 씨의 몸에서 태어난 서자였기 때문이다. 그러나 광해군은 적서(嫡庶)의 차별을 없애달라는 서자들의 청원을 거절했다.

절망한 일곱 서출은 그들만의 당을 조직한 후, 남한강변에 윤리가 필요 없다는 뜻의 무륜당(無倫堂)을 짓고 스스로를 죽림칠현(竹林七賢) 또는 강변칠우(江邊七友)라고 불렀다. 그리고 적서의 차별이 없는 새로운 나라를 세우겠다고 맹세했다. 문경새재의 강탈 사건도 거사자금을 마련하기 위한 계획의 일환이었다. '칠서의 옥'이라고 불린 이 사건은 일파만파로 번져 피바람을 몰고 왔다.

당대의 실력자였던 대북파의 이이첨은 이 사건을 확대 포장하여 반대파를 숙청하는 도구로 활용했다. 혹독한 고문으로 거사에 성공하면 광해군을 몰아내고 영창대군을 옹립하려 했다는 계산된 자백을 받아낸 뒤 선조의 유일한 적자(嫡子)였던 일곱 살 어린 영창대군을 죽였고, 영창의 어머니 인목대비를 폐비로 만들어 서궁에 유폐시켰다.

이 사건은 후일 인조반정의 빌미를 제공하게 된다. 그런데 이들의 취조

과정에서 엉뚱한 곳으로 불똥이 튀었다. 『홍길동전』을 지은 허균(許筠)이 죽림칠현의 배후인물로 지목된 것이다.

황진이가 사모한 유일한 남자인 화담 서경덕의 제자였던 허엽을 아버지로 둔 허균은 어렸을 때부터 서얼들을 동정했고 이들을 돕는 일이라면 주저하지 않았다. 실제로 공주목사 시절에는 서얼과 가까이한다는 죄목으로 파직되기도 했다. 허균이 비록 서출은 아니었지만 둘 째 부인의 몸에서 태어난 까닭으로 이복형제들로부터 많은 서러움을 받았기 때문이다. 그런 연유로 죽림칠현과도 가까운 사이였다.

신변의 위협을 느낀 허균은 이이첨과 정인홍이 주도하는 대북파에 가담했다. 그리고 인목대비 폐비론을 적극 주장하여 광해군으로부터 "그대의 충성은 해와 달처럼 빛난다."는 최상의 찬사를 들었다. 그러나 그는 어쩔 수 없는 이단아였다.

허균은 신분의 차별 없는 평등한 세상을 꿈꾸었다. 일신의 영달만을 꾀하는 붕당정치를 타파하여 새 나라를 만들고 싶었지만 세상은 그의 뜻대로 움직여주지 않았다. 혁명이 필요했다. 허균은 동조자를 포섭하며 은밀히 거사를 준비한다.

그는 북쪽의 여진족과 남쪽의 왜적이 대규모로 침공하여 한성 점령이 멀지 않았다는 유언비어를 퍼트리기로 했다. 도성이 혼란에 빠지면 그 틈을 타서 조정을 뒤엎을 계획이었다. 그러나 만반의 준비가 끝났다고 생각했을 때 계획은 생각지도 않은 곳에서 들통이 났다. 부하 현응민이 도성을 출입하다가 불심검문에 걸려 거사계획을 발설한 것이다.

이이첨은 군사를 이끌고 허균의 집을 습격하여 반란의 핵심인물을 모두 체포했다. 그리하여 허균은, 자신이 『홍길동전』에서 그렸던 율도국같이 이상적인 나라를 세우고 싶다는 꿈을 접고 능지처참, 사지가 찢어진 채 참혹하게 최후를 맞는다. 그때 그의 나이 50세였다.

허균의 어머니 강릉김씨는, 허균과 조선 제일의 여류시인으로 칭송받

는 허난설헌을 낳았지만 남매는 모두 불행했다. 난설헌은 바람둥이 남편의 무관심과 시어머니의 냉대로 세 자식을 모두 잃는 아픔을 겪은 후 27살 젊은 나이에 요절했고, 허균의 운명 또한 그러했다.

후대의 사람들은 허균에 대하여, 총명하고 영리하여 능히 시(詩)를 아는 사람이라는 칭찬을 아끼지 않았지만 "남녀의 정욕은 본능이고 예법에 따라 행하는 것은 성인이다. 나는 본능을 쫓을 뿐 성인을 따르지는 않을 것이다."라는 파격적인 언행과 황해도도사 시절, 서울의 기생을 끌어들여 동거하다가 탄핵을 받아 파직된 예를 들며, 인륜도덕을 어지럽히고 이단을 좋아하며 행실을 더럽혔다는 부정적인 평가도 내린다. 그렇다면 그의 참모습은 어떤 것이었을까. 이상주의자였을까. 혁명가였을까. 아니면 자유주의자였을까.

산객의 궁금증을 풀어주기라도 하듯이 조령천의 맑은 물소리가 시 한 수를 들려준다. 삼척부사 시절, 부처를 섬긴다는 이유로 파직되자 허균은 자신의 심경을 이렇게 읊었다.

오랫동안 불경을 읽어 온 것은 내 마음 둘 데 없음이라
아내를 여태 버리지 못했거늘 고기를 금하기는 더욱 어렵구나.
벼슬과의 인연 이미 멀어졌는데 파면장이 왔다고 어찌 근심하랴.
인생은 천명대로 사는 법. 돌아가서 부처 섬길 꿈이나 꾸리.

Ⅴ 현지 교통

문경시→문경읍: 20분 간격. 문경읍→새재: 12회 운행. (054-553-2231)

김종직의 『유두류록』

지리산 천왕봉(1,915미터)에 오르는 대표적인 산행로는 중산리에서 법계사를 거치는 코스다. 중산리 매표소에서 도로를 따라 법계교를 지난다. 법계교를 건너 계속 오르면 왼쪽에 '우천 허만수'의 추모비가 세워져 있다. 법계사로 오르는 산길은 추모비에서 시작된다.

장터목산장과 법계사 갈림길이 있는 칼바위까지는 완만한 산길이 이어진다. 칼바위의 화장실이 보이는 왼쪽 길은 장터목 가는 길이다. 오른쪽 쇠사다리를 올라 법계사로로 방향을 잡은 후 산행 3시간 만에 로터리산장에서 배낭을 푼다.

이른 새벽에 일어나서 신라 진흥왕 때 연기조사가 창건한 법계사의 희미한 그림자를 보며 천왕봉으로 길을 재촉한다. 법계사는 영은군 향한의 부인 이 씨가 천일기도를 드린 후 암행어사 박문수를 잉태했다는 설화를 간직한 절집이다.

법계사에서 천왕봉까지는 3킬로미터 남짓한 짧은 거리지만 산길은 가파르다. 개선문 이정표에 이어 천왕샘에 오른다. 천왕샘에서 정상까지는 비지땀을 흘려야 하는 된비알. 로터리산장 출발 1시간 30분 만에 천왕봉에 선다. 거대한 암괴 위의 정상석에 새겨진 "한국인의 기상 여기서 발원되다."라는 문구가 감동을 안겨준다.

천왕봉에서 바라보는 일출은 지리 10경 중 제1경으로 꼽힌다. 그러나 그 황홀한 해돋이는 3대에 걸쳐 공덕을 쌓아야만 볼 수 있단다. 15개의

지능선과 15개의 계곡, 3개 도, 5개 군, 15개 면을 아우르는 지리산은 금강 한라와 더불어 삼신산으로 불린다. 산객은 장대하게 뻗어나간 산릉을 보며 영원한 지리산인(智異山人) 남명(南冥) 조식(曺植) 선생의 지리산 예찬을 떠올린다.

천 섬 크기의 큰 종을 보라
크게 치지 않으면 소리도 나지 않는다네.
그러나 하늘이 울어도 울지 않는 두류산만 하겠는가.

그렇게 지리산은 웅장했다. 중봉과 하봉을 거쳐 추성동으로 하산한다. 특히 이 길은 530여 년 전, 함양군수 김종직이 함양 엄천마을 관영 차밭에서 출발하여 천왕봉에 오른 후 제석봉과 영신암을 거쳐 함양으로 내려간 역사의 길이다. 그는 이 길을 걸은 후 『유듀류록(遊頭流綠)』이라는 명기행문을 탄생시켰다.

김종직이 함양군수로 부임해보니 차나무 한 그루 없는 함양에서 해마다 차를 진상하고 있었다. 물론 이웃 전라도에서 구매한 것이다. 전임 군수와는 달리 이 어처구니없는 조세정책에 대한 그의 해결책은 간단했다. 『유듀류록』의 출발점인 엄천에 관영 차밭을 조성한 것이다.

밀양에서 태어난 김종직(金宗直)은 함양군수 도승지 형조판서 중추부지사 등을 역임한 조선 성종 때의 인물로 영남학파의 종조(宗祖)가 된 사람이다. 그는 예의범절과 대의명분을 중요시한 유학자였으며 권력을 장악하기 위해 수단과 방법을 가리지 않는 패도와 불의를 미워했다. 그러나 김종직 하면 가장 먼저 떠오르는 것이 유자광과의 악연이다.

남이 장군을 모함하여 죽게 했다는 이유로 유자광을 멸시하고 있던 김종직은 유자광의 시가 함양 학사루에 걸려 있는 것을 보고는 편액을 떼어 불태워버린다. 이 소식을 들은 유자광은 은밀하게 복수의 칼을 갈기 시작했다.

흥미로운 것은 유자광이란 인물이다. 그는 감사 유규의 아들이었지만 첩의 소생이었다. 과거조차 볼 수 없어 건춘문을 지키는 갑사(甲士) 노릇을 하고 있던 중에 이시애의 난이 일어나자 자진하여 참전한 후 공을 세운다. 그런 연유로 세조에게 발탁되어 출세가도를 달리게 된다.

김종직은 세조가 단종을 죽이고 왕위에 오른 것을 못마땅하게 여기고 있었다. 그래서 중국 진나라의 항우가 초나라의 의제를 폐위한 것을 빗대어 은근이 세조를 비난하는 「조의제문(弔義帝文)」을 짓자, 사관(史官)으로 있던 제자 김일손이 이 글을 사초(史草)에 올린다. 정보를 입수한 유자광은 이를 폭로하여 무오사화를 일으켰다. 그 결과, 김종직은 시체를 꺼내어 목을 자르는 부관참시(剖棺斬屍)를 당하고 김일손을 비롯한 많은 제자들이 죽임을 당했다.

인과응보라고 했던가. 연산군 치세에서 그렇게 기세등등하던 유자광은 엉뚱하게도 연산군을 쫓아낸 중종반정에 참가하여 일등공신이 된다. 그러나 거듭된 탄핵으로 다음 해에 경상도로 유배되어 눈마저 먼 채 비참하게 살다가 사망했다.

『어우야담(於于野談)』에 실려 있는 유자광의 인간성에 대한 풍자는 쓴웃음을 짓게 한다. 자신의 잘못을 알고 있던 유자광은, 자기 역시 부관참시의 극형을 받을지 모른다는 우려 끝에 묘수를 짜냈다. 자신을 닮은 사람을 구하여 노복으로 삼고는 후하게 대접함은 물론 노복이 죽자 호화로운 분묘까지 만들어 준다.

임종이 가까워오자 유자광은 가족을 불러 유언했다. "내 무덤에 석물은커녕 봉분도 만들지 말라. 만약 조정에서 묻거든 노비의 무덤을 내 무덤이라고 알려주어라." 과연 유자광이 죽은 뒤 조정에서는 그의 죄를 물어 부관참시의 형을 내렸지만, 의금부 관리들은 가족이 가르쳐준 노비의 무덤을 파헤쳐 목을 잘랐단다.

지리산에서 두 번째 높은 중봉과 써리봉을 넘으면 중봉 이정표가 있는 갈림길. 여기서 치밭목산장을 경유하여 대원사로 가는 길과 하봉 가는 길이 갈라진다. 김종직의 발자취를 찾으려면 하봉으로 가야한다.

하봉 위에는 소년대(少年臺)라는 높은 바위가 있다. 소년대는 화랑의 우두머리 영랑이 삼천 명의 화랑을 이끌고 이곳에 올랐다고 해서 붙어진 이름이다. 길이 험해진다. 이 길이 얼마나 험하고 힘들었든지 김종직은 『유두류록』에 이렇게 기록했다.

"길은 가파르고 험준하여 뒷사람은 앞사람의 신발 바닥을 보며 걷고, 앞사람은 뒷사람의 머리만 보며 걷는데 나뭇가지와 뿌리에 매달려 가느라고 위아래를 쳐다볼 겨를조차 없었다."

그 험한 길을 그는 올라왔고 산객은 내려가고 있다. 하봉을 지나면 사거리. 국골 새재 하봉 두류봉의 이정표가 세워져 있다. 그대로 내쳐달려 쑥밭재에 닿는다. 쑥밭재에서 능선을 타고 독바위와 왕등재 방향으로 1분 정도 가면 왼쪽으로 얼음터와 광점동을 지나 추성동으로 하산하는 길이 열린다.

한 시대를 풍미한 학자였고 정치가였던 김종직을 만나겠다며 지리산에 올랐지만 그가 걸은 길의 절반 밖에는 걷지 못했다.

어리석은 사람도 지리산에 머물면 지혜로운 사람이 된다고 한다. 한나절 반, 10시간 남짓 걸린 지리산 산행에서 산객은 얼마만큼이나 지혜로워졌을까.

☑ 현지 교통

진주→중산리: 1시간 간격으로 16회 운행. (진주터미널 055-741-6039)

추성리→함양: 1시간 간격 운행. (함양터미널 055-963-3281)

억새의 노래

경남 양산의 천성산(922.2미터)을 오르기 위해 지프네계곡을 들머리로 삼는다. 부산에서 언양 행 버스를 타고 석계 한성아파트 정류장에서 내린 뒤, 버스 진행 방향으로 200여 미터 가면 오경농장이 있다. 용주사 가는 길은 농장 앞 고속도로 아래로 나 있다. 용주사 입구 등산안내판 앞에서 왼쪽 임도를 따라가면 길을 막는 철조망. 철조망의 쪽문을 지나면 체육공원과 약수터가 나온다.

산길은 체육공원 뒤 개울 건너편으로 열려 있다. 맑은 물은 끊어질 듯 이어지고, 끊어졌는가 하여 단념할 즈음이면 숨은 듯이 흐르던 물줄기 아래로 아름다운 소와 담이 거짓말처럼 펼쳐진다. 계곡 옆 넓은 너덜겅에는 수백기의 돌탑이 세워져 있어서 원효대사의 일화로 가득한 이 산을 더욱 부처의 세계답게 꾸며 주고 있다

제대로 된 석탑과는 달리 너덜겅의 탑 모양은 다양하다. 넓은 돌밭에서 필요한 생김새의 돌을 골라 그런대로 기단과 탑신의 모양을 흉내 내어 제법 탑다운 탑을 쌓은 것이 있는가 하면, 적당히 흉내만 낸 엉성한 것도 있고 돌무덤처럼 그냥 둥그렇게 쌓은 것도 많다. 하지만 탑을 쌓는 마음은 하나같았을 게다. 사랑과 연민, 꿈과 희망, 기쁨과 서러움 등 온갖 감정들을 탑 속에 묻어두었을 테니까.

너덜겅을 지나서 만나는 두 번의 임도를 가로지르면 산길과 이어진다. 세 번째 임도에서는 임도를 따라 걷는다. 잠시 뒤, 임도가 두 가닥으로 크

게 갈라지는 곳에 이르면 왼쪽으로 방향을 잡은 다음에 오른쪽 산길로 접어든다. 곧 이어 능선 위의 용소폭포 갈림길. 직진하면 내원사, 왼쪽은 용소폭포 가는 길이다.

화엄벌로 가기 위해 오른쪽 능선을 탄다. 길은 차츰 가팔라진다. 또 다시 임도, 임도 건너편 산길로 들어서서 산행 2시간 10분 만에 화엄벌에 도착한다.

억새밭 저쪽에 군부대가 들어앉은 정상이 보이고 왼쪽 능선을 따라 눈을 돌리면 천성산 2봉이 우뚝하다. 화엄벌은 해발 800미터 고지에 펼쳐진 넓은 습지대다. 능선은 온통 억새로 뒤덮여 있고 억새 사이로 철쭉이 고개를 내밀고 있다.

화엄벌에는 원효대사와 중국 운제사에 얽힌 전설이 전해오고 있다. 잠시 후면 산사태로 절간이 파묻혀 몰살당할 위기에 처했지만 아무 것도 모르는 운제사의 승려들은 아침 공양 준비에 바쁘다. 그 위기를 감지한 원효대사는 대운산 척판암에서 '해동원효 척판구중(海東元曉拓板救衆)' 이라 쓴 소반을 운제사로 날려 보냈다.

도량 상공에 떠 있는 소반을 보고 놀란 사람들이 밖으로 나오는 순간, 절은 무너지고 승려들은 참사를 면했다. 이에 감격한 운제사의 승려와 신자 천 명이 대사를 찾아 천성산으로 몰려왔고, 대사는 이곳 화엄벌에서 《화엄경》을 설법하여 모두 성불시켰단다. 그래서 산 이름도 천 사람의 성인이 나온 천성산(千聖山)이다.

누가 나에게 자루 없는 도끼를 주겠는가.
내 하늘을 받칠 자루를 깎으리라

천 년 전, 원효대사가 저잣거리를 돌아다니며 부른 노래다. 아무도 노래의 뜻을 몰랐으나 태종무열왕은 그 뜻을 알고 무릎을 쳤다. "자루 없는 도끼는 구멍만 있으니 여인이고, 자루가 없으니 과부 아니겠는가. 대사도 이젠 장가들고 싶은 모양이구나." 왕은 홀로되어 궁에 머물고 있던 누이 요석공주를 대사와 혼인시켜 아들을 낳으니 그가 신라 10현(賢) 중의 한 사람인 설총이다.

첫새벽이라는 뜻의 서동이란 아명으로 태어난 원효대사는 이름처럼 이 나라 불교의 새벽과 같은 존재였다. 전도유망한 화랑이었던 원효는 인생에 대한 회의로 불문에 귀의한다. 그런가 하면 파문의 위협을 무릅쓰고 요석공주와 결혼한, 사랑을 아는 남자이기도 했다.

결혼으로 파문당한 그는 소성거사(小成居士)라 칭하며 스스로를 낮추어 참된 불법을 찾아 헤맨다. "삼계(三界)가 오직 마음이요 모두가 인식일 뿐이니 마음밖에 법이 없는데 어찌 따로 구할 것이 있겠는가." 설법하며 한국 불교의 찬란한 지평을 열어간 원효. 그는 가난하고 소외된 무지렁이 필부들의 마음속에 잠자고 있는 불심을 일깨운 선각자였다.

늪지대를 보호하기 위해 설치한 목책을 따라 정상 쪽으로 50미터 남짓 가면 오른쪽으로 하산길이 보인다. 홍룡사로 바로 내려가는 길이다. 원효암을 둘러보기 위해 목책을 따라 억새밭을 걷는다. 10분이면 도착하는 대형 입간판 뒤에 '군사시설보호구역' 이라고 적힌 작은 나무기둥이 서 있고 여기서 길이 갈라진다.

2봉을 거쳐 내원사계곡의 멋진 풍광을 감상하려면 왼쪽으로 가야 하지만 원효암은 오른쪽 길이다. 원효암으로 향한다. 길은 제법 거칠다. 억새밭을 지나 산죽과 굴참나무 무성한 돌길을 오르락내리락 하기를 40여분, 원효암에 도착한다. 여기까지 두 번의 갈림길을 만났지만 모두 직진했다.

관음바위와 거북바위가 병풍처럼 둘러싸고 있는 원효암에는 유별난 일화가 있다. 1991년 7월 20일이란다. 절 옆 바위에 벼락이 떨어졌고 벼락 맞은 바위에는 부처의 형상이 새겨졌다. 이 놀라운 이적을 보기 위해 전

국에서 불자들이 몰려들었고 유명세를 탄 원효암은 일시에 부유한 암자로 탈바꿈한다. 벼락도 벼락 나름, 이런 벼락이라면 맞을수록 좋지 않겠는가.

홍룡사 가는 길은 단순하다. 온 길을 5분쯤 되돌아 나와 처음 만나는 갈림길에서 왼쪽 하산로를 택하면 된다. 50분 정도 외길을 내려오면 홍룡사에 도착하고 여기서 4시간 30분간의 산행을 끝낸다.

신라 문무왕 13년에 원효대사가 낙수사(落水寺)라는 이름으로 창건한 홍룡사의 수정문을 지나 돌계단을 올라가면 홍룡폭포가 나온다. 아기자기한 폭포와 짙은 소, 연못 옆의 작은 법당과 석불, 홍룡폭포는 원효와 의상대사가 관세음보살을 친견한 곳이란다.

대웅전 아래쪽 패널에 적힌 인도의 잠언시집 『수바시따』의 몇 구절이 새로운 느낌으로 다가온다. 그 옛날, 원효대사의 마음이 바로 이렇지 않았을까?

박식한 사람의 귀는 보석 귀고리가 없어도 빛나고
베푸는 이의 손은 팔찌 없어도 아름다운 법이니
그대에게서 풍기는 향기는 몸에 바른 전단향 때문이 아니라
그대에게는 그대 아닌 사람을
아름답게 바라볼 줄 아는 눈이 있기 때문이라네.

홍룡사에서 버스가 다니는 대성마을까지는 40분 거리다.

Ⅴ 현지 교통

부산 명륜동지하철역에서 언양 행 버스 이용, 한성아파트 하차. (10분 간격)

연꽃 속에서

"밖에서 보면 멧부리 두어 송이뿐이나 골짜기 안에 들어가면 사면이 석벽으로 둘러있고, 모두가 만 길이나 높고 험하며 기이한 것이 이루 형용할 수가 없다."

『택리지』를 쓴 이중환의 청량산(870.4미터) 예찬이다.

퇴계 이황의 이상향, 명필 김생과 최치원의 영재학교였으며 원효와 의상대사의 법당인가 하면 공민왕과 노국공주의 피난처였던 경북 봉화의 청량산은 무수한 설화의 박물관이다.

청량산매표소를 지나서 15분 남짓 가면 커다란 입석이 나타나고 그 앞에 세워진 등산로 표지판을 따르면서 산행은 시작된다. 청량사로 가는 포장도로는 생각보다 가파르다. 20여 분 오르면 갈림길, 왼쪽으로 돌아가는 차도는 청량사 가는 길이다. 오른쪽 산길로 들어서서 '산꾼들의 집' 을 지나 응진전으로 향한다. 길은 산책로같이 부드럽다.

햇빛을 받으면 봉우리 전체가 금빛으로 빛난다는 금탑봉의 단애를 등받이처럼 두르고 있는 응진전(외청량사)은 홍건적의 난을 피해 안동으로 몽진한 공민왕과 노국공주가 16나한을 모시면서 소원을 빌었다는 작은 절집이다.

원나라의 왕족 위왕(魏王)의 딸로 태어난 노국공주는, 말이 다르고 풍습도 다른 이국의 왕과 정략적 혼인을 하게 된다. 설상가상으로 남편 공민왕은 공주의 친정인 원나라의 지배에서 벗어나 고려의 국권을 되찾으

려고 와신상담하고 있었다. 조국과 사랑 사이에서 겪어야 했던 공주의 갈등은 어떠했을까. 일점혈육조차 없어 더욱 외로웠던 공주가 16나한에게 빌고 빈 소원은 무엇이었을까.

홍건적이 철수한 뒤 환궁한 노국공주는 그토록 소망하던 첫 아이를 잉태한다. 그러나 인생이란 얼마나 얄궂은 것인가. 잠깐 동안의 행복 뒤에 공주를 찾아온 것은 난산으로 인한 그녀의 죽음이었다.

응진전에서 되돌아 나오면 큰 바위 아래쪽에 고여 있는 총명수를 볼 수 있다. 신라의 대문장가 최치원이 어렸을 적에 이 물을 마신 뒤, 신동이 되었다는 신기한 샘이다. 그러나 신이 내려준 지혜의 샘물도 어느 때부터인가 더러워지기 시작하더니 지금은 마실 수도 없을 정도로 오염되어 천재가 되고 싶은 둔재들의 마음을 안타깝게 하고 있다.

잠시 뒤에 도착하는 어풍대에서 바라보는 조망은 탁월하다. 연화봉, 자란봉, 연적봉, 탁필봉, 자소봉이 연꽃잎처럼 벌어져 있고 그 한가운데 자리 잡은 청량사는 조촐한 공양을 받고 있는 산의 정령 같다.

김생굴을 찾아간다. 김생굴은 중국 최고의 서예가인 왕희지를 능가한다는 신라의 김생이 10년 동안 칩거하며 오로지 글쓰기에만 전념하였다는 공부방이란다. 공부를 시작한 지 9년이 지난 뒤, 이만하면 되었다는 자부심으로 하산 준비를 하고 있는 김생 앞에 묘령의 여인이 나타나서 김생의 글씨와 자신의 길쌈 솜씨를 겨루어 보자고 도전했다. 캄캄한 동굴 속의 대회전(大會戰), 결과는 김생의 참담한 패배로 끝났다. 그 동안 갈고 닦았다는 실력이 겨우 이 정도냐는 여인의 비웃음에 분발한 김생이 10년을 채운 후 비로소 명필이 될 수 있었다는 설화의 진원지다.

김생이 그랬고 한석봉이 그랬다. 글씨에 인생을 건 두 젊은 주인공은 처녀와 어머니라는 조연과, 길쌈과 떡이라는 소도구를 사용하여 어둠이라는 무대에서 펼치는 연기의 대결을 통해 자신의 능력을 시험한다. 김생에게 있어 10년이라는 시간상의 개념은 자만하지 말라는 경고였고 어둠은 시련의 무대였다. 시련의 아픔을 이겨냄으로써 김생과 한석봉은 명필 수준을 벗어나서 서예(藝)의 경지로 승화시킬 수 있었다.

김생굴을 떠나 경일봉으로 길을 잡는다. 10여 분 비탈길을 오르면 주능선. 왼쪽으로 길을 잡아 경일봉(750미터)에 오른다. 이어 오르락내리락 하는 능선을 따라 걷는다. 위험한 곳마다 철계단이 설치되어 산행을 돕고 있다.

내청량산의 사실상의 주봉인 자소봉(보살봉 840미터)에 오른다. 의상봉 선학봉 연화봉 향로봉 등등, 불국(佛國)의 냄새 짙게 풍기는 암봉들이 화엄신장(華嚴神將)처럼 사나운 눈을 부라리며 감시하고 있다. 산하는 온통 초록의 바다고 6 · 6봉은 그 초록 바다를 지키는 기암성(奇巖城)이었다. 산객은 자소봉에서 사위를 둘러보며 감탄한다. 그것은 '참 좋다' 라는 단 한마디였다.

청량산 육육봉을 아는 이 나와 백구(白鷗)
백구야 훤사(喧辭)하랴 못 믿을 손 도화(桃花)로다
도화야 뜨지 마라 어주자(魚舟子) 알까 하노라

퇴계의 청량산 예찬이다. 퇴계에게 있어 청량산은, 아무에게도 보여주고 싶지 않은 '비밀의 정원' 같은 곳이었다.

산행을 계속하여 탁필봉과 연적봉을 오른 후 가파른 내리막길을 내려오면 뒷실고개. 직진하면 정상인 의상봉에 오른 후 두들마로 하산하는 길이 열려 있지만 대부분의 산꾼들은 청량사를 보기 위해 왼쪽 길로 하산한다.

산행 4시간 30분 만에 도착한 청량사의 창건은 원효대사 창건설과 의상대사 창건설로 나누어져 흥미를 더한다. 원효와 의상은 같은 길을 걸어온 도반(道伴)이었다.

중국 유학을 포기한 원효는 대중과 함께 술 마시고 노래한다. 밑바닥에

서 뒹굴고 허우적거리며 인간의 구체적 실존을 규명하려 했다. 그러나 해외유학파인 의상은 달랐다. 세상 잡사에 초연했으며 엄격하게 자신을 경계했다. 이질성을 띨 수밖에 없는 두 사람이 청량사 창건이라는 역사의 수수께끼 앞에 마주 선 것이다.

여기에서 청량사는 절묘한 타협점을 찾아냈다. 즉 "일체 제법의 사리가 골고루 조화를 이루어, 하나가 모두고 모두가 하나 되는" 원융(圓融)의 정신을 살려 원효와 의상, 두 사람이 함께 창건한 것으로 결론을 내린다. 그 원융의 정신을 어찌 청량사만 필요로 할까. 이 땅에 살고 있는 모든 사람들이 "하나가 모두고 모두가 하나"라는 생각으로 타협하고 화합한다면 얼마나 멋진 세상이 될까.

청량사 유리보전의 약사여래불은 우리나라에서 유일하게 종이로 만든 지불(紙佛)이다. 종이로 만든 불상, 지극히 초라하지만 지극히 고귀하다. 낮은 것 같으면서도 높다. 보잘것없어 보이지만 빈자(貧者)의 일등(一燈)처럼 빛난다. 그 때문인지 종이 위에 입힌 번쩍이는 금박이 오히려 부자연스럽다. 석가는 부와 명예와 왕자의 신분까지 버리고 스스로 가난의 길로 들어서지 않았는가. 가난의 색은 금색이 아니다.

청량사 앞에는 줄기가 셋으로 나누어진 소나무가 자라고 있다. 청량사를 지을 때 뿔 세 개 달린 소가 들어와서, 마치 절을 짓기 위해 태어난 듯이 일하다가 절이 완공되자 죽는다. 그 소를 묻은 자리에서 소뿔처럼 솟아났다는 삼각우총이다. 소가 불성을 타고 났다면 그 소를 묻은 자리에서 싹튼 소나무도 불성을 지니고 있을까? 청량사가 던진 새로운 화두다.

V 현지 교통

봉화→청량사: 06:20 09:20 등 4회 운행. (봉화터미널 054-673-4400)

안동→청량사: 67번 버스 08:50 등 5회. (청량산매표소 054-672-4994)

망부석

충신의 대명사격인 박제상과 열녀를 대표하는 그의 부인 김 씨의 영혼이 쉬고 있는 치술령(765미터) 산행에 나선다. 경주와 울산의 경계선을 긋고 있는 치술령의 등산로는 여러 곳에서 열리지만 망부석의 전설을 제대로 이해하려면 국수봉을 거쳐 치술령에 오른 후 박제상의 유적지가 있는 칠조마을로 하산하는 것이 좋다.

비조마을 버스정류장에 내리면 마을회관이 보인다. 회관 옆길을 따라 마을로 들어선 뒤 오른쪽으로 돌면 맑은 물이 흐르는 계류. 다리를 건너 왼쪽으로 꺾은 뒤 포장된 임도를 따라 줄곧 오른다. 임도를 걷는 게 조금은 단조롭고 지루하지만, 여기 저기 기웃거리며 길 찾아다니는 수고를 덜 수 있어 좋다. 40분 후, 임도 고갯마루에 도착하면 길은 좌우로 갈라진다. 왼쪽은 치술령, 오른쪽은 국수봉 가는 길이다.

국수봉(600미터)으로 향한다. 20여 분 바쁘게 오르면 국수봉 정상. 정상에서 직진하면 율림마을로 내려가는 하산길이다. 올라간 길을 10미터 정도 되돌아가면 갈림길. 이번에는 오른쪽 가파른 내리막길로 들어선다. 은을암 가는 길이다.

은을암(庵)에는 은을암(岩)이 있다. 은을암은 돌아오지 않는 남편 박제상을 기다리다가 망부석이 된 부인의 영혼이 새가 되어 깃들어있다는 동굴이다. 산객은 은을암 앞에 서서 나뭇잎을 스치는 바람 속에서 그 옛날 부인이 부른 절절한 그리움의 노래를 듣는다. 숨죽이고 우는 서러운 흐느

낌 소리도 듣는다. 그리고 가슴 메어지는 장탄식을 들으며 부부라는 것, 사랑이라는 것을 생각하며 새삼스럽게 감상에 젖는다. 물맛이 좋기로 소문난 은을암의 약수를 한 모금 마신 뒤 다시 산행에 나선다. 은을암에서 계단을 내려오면 임도. 왼쪽으로 길을 잡는다. 10여 분 임도를 따라 오르면 국수봉과 치술령 갈림길이 있는 고갯마루에 다시 선다.

치술령 가는 길은 '두동, 만화 1.8킬로미터' 라고 새겨진 이정표 옆으로 열려 있다. 완만한 능선과 된비알이 반복된다. 가족 납골당이 보이고 길은 납골당 옆으로 이어진다. 척파리와 녹동으로 가는 오른쪽 길을 무시하고 능선을 따라 계속 가면 헬기장이 나오고 곧 이어 정상에 서게 된다. 국수봉과 치술령 갈림길에서 2시간 걸렸다. 마당같이 넓은 정상에는 박제상의 부인을 기리는 '신묘사지' 비석이 세워져 있다.

정상 이쪽저쪽에는 두 개의 망부석(望夫石)이 있다. 신묘사지에서 대여섯 걸음 걸어가서 왼쪽 좁은 내리막길을 30미터 정도 내려가면 바다가 보이는 전망대 같은 바위가 있다. 그 바위가 경주 망부석이다. 다시 정상으로 올라와서 왼쪽 능선을 따라 울산 망부석으로 향한다. 정상에서 300미터 가량 순탄한 길을 내려오면 망부석의 위치를 알려주는 이정표가 세워져 있다. 그 이정표 표시를 따라 몇 걸음 들어가면 또 하나의 망부석이 나온다. 울산 망부석이다.

경주 망부석이 서 있다면 울산 망부석은 엎드려 있는 형상이다. 경주에서는 자기 땅 망부석이 설화의 무대라고 고집하고, 울산은 울산대로 제쪽 망부석이 진짜라고 우긴다. 경주면 어떻고 울산이면 어떤가. 어차피 설화고 둘 다 같은 산에 있는 것을. 마치 땅따먹기 하는 어린애 같은 발상이 우습다.

산객은 망부석의 시선을 따라 일본이 있는 동쪽을 바라보며 천년이라는 세월의 강을 건너 박제상과 그 부인을 만나려 간다.

박혁거세의 후손으로 신라 눌지왕의 충신이었던 박제상은, 고구려와 일본에 볼모로 끌려간 두 동생을 그리워하는 눌지왕을 보다 못해 고구려로 들어간다. 장수왕을 만난 박제상은 끈질기게 왕을 설득하여 왕제(王弟) 복호를 구출했다. 복호를 구출하여 신라로 돌아온 박제상은 처자식도 만나보지 않고 일본으로 가는 배에 곧장 올랐다. 소식을 듣고 배가 떠나는 율포 포구까지 달려와 오열하는 아내에게는 그저 손만 흔들어 주었을 뿐이다.

일본에 잠입한 박제상은 우여곡절 끝에 왕제 미사흔을 구출하여 귀국시키지만 자신은 사로잡힌다. 그의 충절을 높이 평가한 일본국왕이 부귀영화를 보장하며 박제상을 회유하지만 "살아도 신라의 신하요 죽어서도 신라의 신하" "계림의 개돼지가 될지언정 왜국의 신하는 되지 않겠다."며 완강하게 거부하자 격분한 왜왕은 박제상을 불에 태워 죽인다.

치술령에 올라 먼 바다를 바라보며 돌아오지 않는 남편을 기다리던 부인의 몸과 마음은 나날이 초췌해지고 그런 어머니를 지켜보는 세 딸도 같이 여위어 간다. 기다리다 지친 부인이 마침내 숨을 거두자 세 딸 중, 첫 딸 아기와 셋째 아경은 어머니를 따라 자진하고 둘째 아영은 어린 동생 문량을 보살피기 위해 살아남는다. 문량은 훗날 거문고의 명인 백결 선생이 되고 아영은 미사흔의 아내가 되었다.

그리고…… 그렇게 이승을 떠난 부인의 몸은 돌이 되고 영혼은 새가 되어 은을암에 깃든다. 부인의 영혼이 물고기가 되어 바다를 건너가거나, 파도가 되어 밀려가도 그리운 남편을 만날 수 있었을 텐데 하필이면 새가 되었을까? 새는 자유고 비상(飛翔)이다. 그렇기 때문에 부인은 아무런 제약이나 구속이 없는 무구한 하늘에서 깃털같이 가벼운 마음으로 남편을 만나고 싶어서 새가 되지 않았을까.

치술령 마루에서 일본을 바라보니
하늘에 닿은 물결 가이없구나

손만 흔들고 떠난 남편은
살았는지 죽었는지 소식조차 없네.
기나긴 이별에 생사가 갈라졌으니
어찌해야 서로 만나볼 수 있으랴
하늘보고 울부짖다 망부석이 되었으니
열녀의 기개 천년세월 창공을 찌르네.

김종직이 영남에서 관직을 지낼 때, 박제상 부인의 정절을 듣고 감동하여 지은 시다.

망부석 이정표로 되돌아와서 하산한다. 잘 손질된 나무계단 길을 30분 남짓 부지런히 내려오면 법왕사에 도착하고, 다시 시멘트 임도를 따라 충효사가 있는 웃밭마을을 지나 박제상유적지가 있는 칠조마을에서 5시간 30분의 산행을 마친다.

박제상 유적지에는 '신라만고충신' 이라고 새겨진 현판이 붙어있고, 홍살문과 사당을 세워 박제상의 단심(丹心)을 기리고 있다. 박제상에게 있어 왕과 국가에 대한 봉사는 죽음을 능가하는 최상의 가치였고 도덕률이었다.

부인의 영혼이 은을암에 있다면 저 사당 어딘가에는 박제상의 넋이 머물고 있을 게다. 은을암과 사당은 치술령을 가운데 두고 떨어져 있다. 이승에서는 바다가. 저승에서는 산이 두 사람을 갈라놓고 있는 것이다. 하지만 바람처럼 가벼운 영혼이니 오며 가며 서로 만나 쌓인 정한(情恨)을 풀고 있지 않을까.

Ⅴ 현지 교통

언양→비조마을: 은편 · 칠조 행 318번 버스. 07:00부터 2시간 간격 운행.

행복의 기준

경북 안동과 예천 사이에 솟아오른 학가산(鶴駕山, 882미터)은 사람이 학을 타고 노는 것 같다하여 얻은 이름이지만, 안동에서 보면 울퉁불퉁 문둥이봉이고, 영주 사람들은 평평하고 의젓하게 보인다고해서 선비봉, 예천에서는 수려한 산세를 들어 인물봉이라고 부른다. 그래서일까 안동을 빛낸 선비들의 면면도 학가산의 별칭처럼 다양하다.

좌안동우함양(左安東右咸陽), 조선을 대표하는 선비고을 안동과 함양을 지칭하는 말이다. 그 만큼 걸출한 인물들을 많이 배출했다는 뜻일 게다. 한국적 주자학을 집대성한 유림의 거목 퇴계 이황. 무명의 이순신과 권율을 발탁하여 임진왜란을 승리로 이끈 명재상 유성룡이 안동을 빛냈다.

또 병자호란을 당하여 굴욕적인 항복보다는 끝까지 싸울 것을 주장하다가 중국 심양으로 끌려간 김상헌. 왕족들을 시종(侍從)하여 강화도에서 난을 피하고 있던 중에, 성이 함락되었다는 소식을 듣고는 화약고에 불을 질러 자폭한 김상헌의 백씨(伯氏) 김상용 또한 안동의 선비정신을 대표한다.

퇴계 유성룡 김상헌 등이 과거의 선비들이라면 근대사에 우뚝한 안동의 선비로는 광야의 시인 이육사를 들 수 있겠다. 퇴계의 14대 손(孫)으로, 조선과 중국을 넘나들며 독립운동을 하던 이육사는 17번이나 투옥과 석방이라는 형극의 길을 걷는다. 본명인 원록 대신에 수인번호 264를 즐겨 사용한 이육사, 그는 광복을 1년 앞두고 베이징의 감옥에서 순국했다.

산행 들머리는 창풍마을의 광흥사 입구다. 시리도록 푸른 하늘을 배경으로 흰 눈을 뒤집어 쓴 학가산의 일자로 뻗은 바위 능선이 저만치 보인다. 광흥사를 향하여 포장도로를 따라가면 찻길 끝에 광흥사 일주문이 기다리고 있다. 일주문을 지나 경내로 들어가면 400년을 살아왔다는 은행나무가 나이만큼이나 상처 입은 몸으로 산객을 맞는다. 광흥사는 의상대사가 창건한 고찰이다.

산길은 광흥사 현판이 걸려있는 절집의 오른쪽 등산 안내판이 세워져 있는 해우소 옆으로 열려 있다. 해우소를 지나 하늘 아래 첫 동네라는 천주마을까지는 40분 거리. 콧노래라도 부르고 싶을 만큼 깨끗하고 완만한 길이다. '애련암' 이라고 적혀 있는 팻말을 따라간다. 산자락을 돌아가면 천주마을이 보인다. 작은 개울을 건너면 무덤. 오른쪽 길을 택해 마을 끝에 도착하면 이정표가 세워져 있다.

넓고 평탄한 마당바위를 지나면서부터 길은 서서히 가팔라지기 시작한다. 천주마을 출발 30여 분 후, 무너진 성벽의 일부분처럼 보이는 축대 위에 서면 길은 다시 좌우로 갈라진다. 오른쪽으로 방향을 잡는다. 길은 흉물스럽게 솟아 있는 통신탑을 피하여 왼쪽으로 에돌아 나 있다. 느닷없이 길을 막는 철조망, SK송신소다. 철조망을 잡고 왼쪽으로 가면 이번에는 산 위에까지 파고든 차도. 차도를 건너 마주보이는 MBC 방송탑을 향하여 길을 잡는다.

지금까지는 육산이었지만 정상부위는 기암괴석과 소나무가 조화를 이룬 분재 같이 아기자기한 바위길이다. 밧줄에 매달리고 쇠사다리를 오르내리며 2시간 20분 만에 정상에 선다.

정상에서 바라보는 조망은 한마디로 시원하다. 북쪽 저 멀리 소백, 도솔, 대야산으로 이어지는 백두대간이 물결치듯 내달리고, 발아래로는 고만고만한 산들이 조는 듯이 엎드려 있다. 산객은 그 산하를 내려다보며, 물질보다는 정신적인 풍요를 즐기며 학가산의 품속에서 백설처럼 깨끗하게 살다간 선인들을 생각한다.

"현실도 알지 못하면서 오는 세상을 어찌 알까. 근심 속에서도 즐거움이 있고 즐거움 속에도 근심은 있는 법. 자연 그대로 살다가 돌아갈 것이지 또 무엇을 구하랴." 이런 생활철학으로 일생을 보내다가 임종을 맞은 퇴계는 "나의 무덤 앞에는 비석을 세우지 말고 그저 '퇴도만은진성이공지묘(退陶晩隱眞城李公之墓)' 라고 새긴 작은 돌 하나만 두라!"고 유언한다. 그 퇴계 선생의 무덤이 있다는 건지산의 정상은 저 작은 봉우리 중 어느 것일까.

"신(臣)에게는 성도에 뽕나무 팔백그루와 박전(薄田) 15경(頃)이 있어서 사손늘의 의식주는 걱정되지 않습니다. 다만 그밖에는 따로 모아둔 것이 없어서 신이 죽는 날 폐하의 심려를 끼쳐드릴 것 같아 송구스럽습니다."

유비를 도와 군웅이 할거하던 중국의 광활한 대지에 촉한(蜀漢)을 건설하여 천하를 삼분(三分)한 제갈공명이 오장원에서 최후를 맞이하기 전, 황제 유선에게 올린 유표(遺表)의 일부다. 그 오랜 세월을 승상으로 지냈건만 제갈량의 재산은 초라하기 그지없다.

안동의 물돌이동(하회마을)에서 출생하여 도승지 대사헌 예조판서 우의정을 거쳐 일인지하만인지상이라는 영의정을 지낸 유성룡이 벼슬을 버리고 향리인 안동으로 돌아왔을 때, 그에게 남은 것은 초가삼간뿐이었다. 한동안 물돌이동에 머물던 선생은 학가산자락 서미동의 농환재(弄丸齋)로 거처를 옮겨 독서와 집필로 여생을 보낸다. 유성룡이 얼마나 청백리였는가는 그의 문하였던 정경세가 남긴 시로 미루어 짐작할 수 있다.

낙동강변의 유서 깊은 집에는 책만 가득할 뿐
아이들에게 채소죽도 제대로 못주는구나.
장상(將相) 십년 동안 어찌하여
제갈량처럼 뽕나무 팔백그루도 마련하지 못했을까.

수년 전, 부자(富者)란 23억 정도의 재산을 가진 사람들을 말한다는 여론조사가 발표되었다. 부자의 기준이 그렇다면 행복의 기준은 무엇일까? 아무도 퇴계나 유성룡, 제갈량을 두고 부자가 아니라서 불행했다고는 말하지 않는다.

이육사가 꿈꾸었던 행복도 거창한 것이 아니었다. 그의 시 「청포도」에서 노래했듯이 해방 된 내 나라 내 땅에서 포도나무를 가꾸고, 가끔 고달픈 몸으로 찾아오는 손님을 맞아 두 손이 흠뻑 젖도록 포도를 따먹으면서 정담을 나눌 수 있다면……. 그것이 육사가 바라는 행복이었다. 그렇다면 행복은 소유의 문제가 아니라 인식의 문제다.

이제는 하산이다. 정상에서 직진하여 얼어붙은 능선을 조심스럽게 내려오면 산불감시용 무선중계시설이 있는 갈림길. 직진하면 절벽바위를 거쳐 감나무골과 느르치로 갈 수 있다. 왼쪽 당재 가는 길로 내려선다. 사암봉 갈림길이 나오면 다시 왼쪽 길을 택한다. 30분가량 정신없이 내려오면 무덤 2기. 길은 여기서부터 넓고 평탄해진다.

당재에 도착하면 임도 왼쪽으로 간다. 학가산농원을 지나면 다시 갈림길. 왼쪽 산자락을 따라가면 천주마을. 여기서부터 올라온 길을 되짚고 내려가 들머리인 광흥사 입구에서 4시간 20분의 산행을 마친다.

☑ 현지 교통

안동터미널→창풍: 06:00 08:35 등 4회 운행. 광풍사 입구 하차.

창풍→안동터미널: 15:00 18:40 등 4회 운행.

자유로 가는 비상구

남해도의 호구산(626.7미터) 산행은 용소마을 버스정류장에서 시작된다. 마을회관 맞은편 골목으로 접어들어 성남교회와 당산나무가 서 있는 저수지를 지나 임도를 따라 간다.

산중턱에 조성된 공동묘지를 지나 이정표가 있는 엥강 고갯마루에 선다. 용소마을에서 40분 걸렸다. 이정표가 가리키는 대로 왼쪽 산길을 따라 정상으로 향한다. 헬기장을 지나면서부터 땀깨나 흘려야 하는 된비알의 연속, 위험한 벼랑에는 로프가 매여 있어 산행을 돕는다. 첫 번째 봉우리에 오른다. 힘은 들었지만 조망은 탁월하다.

호수같이 잔잔한 엥강만이 내려다보이고, 능선을 따라 시선을 돌리면 바위로 만든 투구를 쓴 호구산의 정상이 햇빛을 받아 반짝이고 있다. 길은 산성을 따라 이어진다. 두어 개의 작은 봉우리를 넘어 40여 분 걸어가면 이정표가 있는 갈림길. 왼쪽 길은 염불암으로 하산하는 길이다. 정상까지는 5분 거리. 산행을 시작한 지 2시간 15분 만에 정상에 선다.

정상은 넓고 평평한 마당바위다. 정상석에 새겨진 이름은 납(猿)산. 정상석 뒷면에 호구산이라고 조그맣게 새겨 놓았다. 일반적으로 호랑이가 누워 있는 언덕을 닮았다고 해서 호구산(虎丘山)이라 부르지만 등산객을 안내하는 이정표에는 원숭이를 의미하는 원산이라고 적혀 있었다.

정상 오른쪽에는 호쾌한 암릉과 암수바위로 유명한 설흘산이 바다로 빠져들고, 정면으로는 숙종시대의 정치가이자 문장가였던 김만중이 최

후를 맞은 노도가 엥강만을 가로막고 있다.

숙종 치세하의 조선. 인현왕후가 아이를 낳지 못하자, 왕은 태어난 지 두 달밖에 안 된 장희빈의 아들 균을 원자로 책봉하겠다고 발표했다. 그러자 송시열을 비롯한 서인들은 인현왕후가 아직 젊다는 점을 내세우며 강열하게 반대한다. 격노한 숙종은 송시열에게 사약을 내리고 서인들을 대거 숙청했다. 이 와중에서 송시열의 제자였던 김만중도 멀고먼 남해의 손바닥만 한 작은 섬 노도에 유배되었다.

김만중의 귀양은, 신하들의 권력다툼을 적절이 활용하여 왕권을 강화하려는 숙종의 정치적인 저의가 그 밑바닥에 깔려 있었다. 아무튼 그로 인해 예조판서 병조판서 우참찬 판의금부사 등의 요직을 두루 거친 김만중은 몰락의 길을 걷기 시작한다.

김만중은 출생부터가 기구했다. 저물어가는 명나라와 자웅을 겨루고 있던 청나라에서 한양으로 사신이 왔다. 지금까지 섬겼던 명나라를 버리고 자기들과 우호조약을 맺자는 것이었다. 김만중의 아버지 충정공 김익겸은 청나라 사신을 죽이라고 상소를 올릴 만큼 강직했다.

병자호란이 일어나자 김익겸은 왕족과 어머니를 모시고 강화도로 피난을 떠난다. 그러나 성이 함락되자 성루에서 분신자살했고 아들의 사망 소식을 들은 어머니 서 씨도 자살했다.

남편의 사망 소식을 듣지 못한 김익겸의 부인 윤 씨는 큰아들 만기와 함께 만삭의 몸으로 병선을 타고 피난을 떠났다. 그리고 극도로 혼란한 배 위에서 유복자를 낳으니 그가 바로 김만중이다. 14살에 시집와서 17살에 큰아들 만기를 낳은 윤 씨는, 21살 젊은 나이에 남편을 잃은 대신 둘째아들을 얻은 것이다.

두 아들을 데리고 가난한 친정으로 들어간 부인은 길쌈이며 삯바느질로 연명하면서도 자식들의 교육에 최선을 다했다. 한없이 자상한 어머니였지만 공부를 게을리 하면 사정없이 회초리를 드는 엄한 어머니이기도 했다. 그 어머니와 아버지를 닮았음일까. 김만중의 성품은 청렴 강직했다.

노도에 갇힌 김만중은 옹달샘의 물을 마시고 피죽을 먹으면서 글을 쓰고 책을 읽으며 세월을 보낸다. 그러나 사태는 그 정도로 끝나지 않았다. 그가 남해로 유배되자 사위 이이명은 경북 영해로 귀양 가고 숙부 김익훈은 매를 맞고 죽는다. 큰조카 작은조카 할 것 없이 모두가 제주도로, 거제도로, 또 진도로 유배되어 가문은 멸문의 위기에 처했고 충격을 받은 어머니마저 사망했다. 남인들의 보복이 시작된 것이다.

오늘 아침 어머니가 그립나는 말을 쓰려고 하니
글자도 되기 전에 눈물부터 앞을 가리네.
몇 번이나 붓을 적셨다가 다시 던져버렸는고
문집에서 남해 시(詩)는 아예 빼어 버리리.

어머니의 생일날 아침에 멀리 계신 어머니를 그리워하며 김만중이 노도에서 쓴 시다. 김만중은 남다른 효자였다. 그의 대표작으로 평가받는 소설 『구운몽』도 어머니를 위해 지은 작품이다.

노도에서 어머니의 부음을 들은 김만중의 호곡 소리가 너무나 구슬퍼서 사람들은 차마 발길을 옮기지 못했고 지나가는 바람도 같이 울었다고 한다. 노도에 유배된 지 3년, 몸과 마음이 병든 김만중은 일가 형벌되는 사람에게 통한의 편지를 보낸 다음 56세를 일기로 숨을 거둔다. 그 편지 내용 중의 한부분이다.

"그 많던 사람들, 어디론가 모두 가고 없습니다. 참으로 인생은 한바탕 꿈인가봅니다."

산객은 3백 년 전의 꿈에서 깨어나 현실로 돌아온다. 노도는 지금이라도 뱃머리를 돌려 난바다로 나가려는 듯이 돛을 높이 세우고 있는 형상이

다. 그 바다에 자유로 가는 비상구가 있었다. 그래서 늘 탈출을 꿈꾸었지만 섬도, 고독한 유형자도 더는 갈 곳이 없었다. 그가 택할 수 있는 유일한 비상구는 오로지 문학뿐이었다. 그래서 사시장철 마음의 문을 두드리는 파도소리에 영감을 받으며, 자신을 귀양 보낸 숙종과 장희빈을 풍자한 『사씨남정기』와 『서포만필』을 쓴다.

그는 글 속에서 자유를 얻을 수 있었다. 김만중은 호구산과 원산이라는 산 이름처럼, 사납고 살벌한 당쟁이라는 호랑이 등에 올라 탄 원숭이인지도 모른다. 그러다가 힘이 부친 원숭이가 떨어져 밟힌 것은 아닐까. 엉뚱한 생각이다.

노도(櫓島), 배의 노를 많이 만들었다고 해서 노도라고 부른다. 노는 앞으로 나아갈 때만 사용하는 것이 아니라 돌아가거나 물러갈 때도 사용한다. 어쩌면 김만중의 비극은, 소신을 위해서는 목숨까지 두려워하지 않는 직선적인 성격이 나아감과 물러남의 조화를 이루지 못한 탓일 수도 있다. 조화를 이룬다는 것은 예나 지금이나 변하지 않는 덕목이고 그 덕목이 향기로운 인생을 만든다.

하산은 올라온 길을 되돌아 내려와 삼거리에서 염불암 가는 길로 방향을 잡는다. 잠시 후 갈림길이 나오면 오른쪽 좁은 길을 버리고 왼쪽 내리막길을 택한다. 정상에서 30분 정도 내려가면 염불암. 곧이어 백련사와 남해에서 가장 큰 사찰인 용문사를 만난다. 3시간 30분간의 산행은 용문사에서 끝나지만 버스정류장이 있는 용소마을까지는 반시간 남짓 차도를 따라 더 걸어야 한다.

☑ 현지 교통

남해터미널→용소: 09:30 10:55 등. (남흥여객 055-863-3507)

불과 물

경남 창녕의 화왕산 등반은 화왕산(756.6미터)과 관룡산(740미터)을 하나로 묶는 종주산행이 일반적이다.

자하곡매표소에서 산행을 시작하여 화왕산장과 체육공원을 지나 화왕산성으로 곧장 길을 잡는다. 진땀을 흘리며 오르기를 1시간여, 억새밭이 한눈에 들어오는 서문에 서면 왼쪽의 뾰족한 정상과 오른쪽으로 보이는 배바우, 그리고 마주 보이는 화왕산성 사이의 함지박같이 오목한 수만 평의 분지를 덮고 있는 억새의 초록 물결이 하늘 저편에서 바람을 불러와 흐르는 땀을 씻어준다.

서문에서 왼쪽 가파른 산길을 택해 화왕산 정상에 선다. 눈을 시원하게 하는 억새밭의 풍광과는 달리 겹겹이 주름진 산사면의 단애가 아찔하다. 그리고 봄이면 이 산비탈에는 진달래가 무리지어 피어 화왕산의 또 다른 볼거리가 된다.

'큰불뫼' 화왕산의 순수한 우리 이름이다. 정상에 서서 그 옛날 화산의 분화구였던 억새밭과 산성, 그리고 진달래 군락지를 내려다보며 왜 이 산이 불의 산이라고 불리게 되었는지 나름대로 유추해 본다. 분화구와 불의 상징적인 의미는 무시하자. 하지만 가야시대에서 지금까지 이 화왕산성에서는 허다한 전투가 벌어졌고 그 중심에 곽재우가 있었다.

불처럼 붉은 옷을 입고 백마를 탄 홍의장군 곽재우는, 17명의 장령과 수천 명의 의병을 지휘하여 기강 정남진 현풍 진주성 등지에서 왜적을 격

파하여 혁혁한 전공을 세웠고, 정유재란이 일어나자 999명의 의병을 이끌고 화왕산성을 보루로 삼아 가토 기요마사가 이끄는 왜적을 일주일간의 대치 끝에 물리쳤다. 그러나 경상좌도절도사 때 허가 없이 사직하고 임지를 떠났다는 죄로 영암에 유배된다. 2년 후, 귀양에서 풀려난 그는 낙동강변에 망우정(忘憂亭)을 짓고 은둔했다.

아래로는 긴 강, 위에는 산.
그 사이에 망우정이 있네.
시름 잊은 신선이 시름 잊고 누워서
청풍명월 마주하니 마냥 한가롭다네.

곽재우가 남긴 시처럼, 그는 불의 옷을 벗고 물의 세계로 들어간 것이다.

화왕산 정상의 억새밭은 3년에 한 번씩 불을 질러 태운다. 화왕산을 더욱 불뫼답게 만드는 '억새 태우기'는 풍농을 기원하고 재앙을 물리치려는 소박한 염원뿐만 아니라 이 산성에서 죽어간 무수한 원혼을 달래려는 진혼제의 성격도 띄고 있을 것이다.

관룡산 가는 길은 산성 동문에서 시작된다. 동문을 지나 임도를 따라 드라마 '허준' 세트장을 지나면 옥천 삼거리에 닿는다. '번지 없는 주막' 왼쪽 길로 들어서서 20분 정도 오르면 다시 삼거리. 왼쪽은 병풍바위를 경유하여 관룡사로 내려가는 길이다. 오른쪽으로 방향을 돌려 헬기장이 조성된 정상에 선다.

하산은 용선대 방향. 헬기장을 가로질러 나무계단을 밟고 25분가량 내려오면 보물 제 295호 석조석가여래좌상이 있는 용선대다. 불가(佛家)에서 용선이란 극락으로 가는 사람들을 태우는 배를 의미한다.

해맞이 장소로 유명한 용선대에 앉아 천년의 세월을 침묵하고 있는 석불을 본다. 석불의 표정은 온화하고 은근하다. 천년, 그 긴 세월 동안 인간 세상을 지켜본 석불이 우리에게 들려주고 싶은 이야기는 과연 무엇일까. 여래좌상 안내판에서 내려와 대나무 숲을 지나면 관룡사다.

관룡사는 신라 진평왕의 지시로 증법국사가 창건한 고찰이다. 국사의 백일기도가 끝나는 날, 화왕산정에 있는 월영삼지(月影三池)에서 아홉 마리의 용이 등천하는 것을 보았다고 해서 관룡사(觀龍寺)란다. 용의 등천은 오색영롱한 빛과 구름을 동반한다. 비와 물이 필수적인 무대장치가 된다.

불의 산인 화왕산정에 물이 가득 찬 용지(龍池)라는 큰 못이 있었다거나, 아홉 개의 샘과 세 개의 못이 있었다는 구천삼지(九泉三池)의 설화는 왕성한 불에 대한 견제로 물을 준비한 선인들의 지혜가 돋보이는 대목이자 부드러움과 억셈, 나아감과 물러남, 욕망과 절제의 참된 조화를 일러주는 교훈이다.

보물로 지정된 대웅전과 고색창연한 약사전에서 흘러간 세월을 돌아보는 것으로 4시간의 산행은 끝나지만 무심히 지나칠 수 없는 곳이 또 있다. 관룡사와 옥천마을 사이, 도로 옆에 있는 옥천사지(玉泉寺址)가 바로 그 곳이다. 지금은 이끼 낀 돌담과 주춧돌만 남아 있지만 산객은 여기서 또 한 사람의 기인(奇人)을 만날 수 있었다.

'요승' 또는 '개혁의 기수'라는 극과 극의 평판 속에서 파란만장한 일생을 살다 간 풍운아 신돈은 옥천사 여종의 몸에서 태어났다. 비천한 노비의 자식에서 한 나라를 쥐고 흔든 실권자가 되기까지의 인생여정이 얼마나 고달프고 치열했을까. 그 뼈아픈 경험이 그로 하여금 모든 백성들이 하나같이 잘사는 나라로 만들겠다는 꿈을 꾸게 했다.

원나라의 지배에서 벗어나기 위해 절치부심하고 있던 공민왕과 신돈의 만남은 고려사의 큰 획을 긋는다. 왕이 변발과 호복 등 몽고 풍습을 폐지하고 민족자존을 외치자, 신돈은 귀족들이 불법으로 탈취한 토지를 몰수하여 원소유자에게 돌려주고, 억울하게 노비가 된 사람들을 해방시키며 부조리에 대한 대대적인 개혁에 나섰다.

권문세족들은 '나라를 망치는 중놈' 으로 배척했고 가난한 백성들로부터는 '성인' 으로 칭송 받은 신돈과 영특한 임금 공민왕은 손발이 척척 들어맞는 개혁의 동지였다. 그러나 홍건적의 침략으로 국토가 초토화되고, 사랑하는 아내 노국공주마저 산고 끝에 세상을 떠나자 절망에 빠진 공민왕은 신돈에게 정사를 맡기고 자신은 불사에만 전념한다.

사리사욕 없이 국사를 돌보던 신돈도 결국은 허약한 인간에 불과했다. 많은 처첩, 그 몸에서 태어난 수많은 자식들, 더 큰 권력에의 집착, 힘이 그를 교만하게 했고 넘치는 권력이 그를 타락시켜 개혁의 꿈까지 접게 했다.

명나라의 주원장이 보낸 친서에서 공민왕은 고려국왕, 신돈을 상국으로 호칭하자 위기감을 느낀 공민왕은 어제의 동지였던 신돈을 역적으로 몰아 처형했다. 신돈이 권력을 잡은 지 6년 만이었고 수많은 신도들로 북적거리던 옥천사도 그 때 폐사되고 만다. 사람과 부처가 함께 시선을 돌린 것이다. 신돈을 처형한 후, 자포자기하여 황음(荒淫)의 늪에서 허우적거리던 공민왕도 심복 홍륜에게 피살당하여 고려의 멸망을 앞당긴다.

한 인간의 '야망과 좌절' 불타(佛陀)의 '축복과 거둠' 을 보면 용선대의 석불이 묵언으로 설법하고 있는 것은 바로 '지나침' 에 대한 경고인지도 모르겠다.

☑ 현지 교통

창녕시내버스터미널→자하곡매표소(남창교): 시내버스 수시 운행.

옥천→창녕: 14:40 16:20 등 (영신버스 055-533-4221).

제2장

중부지방의 산

장재화

山수필

「제망매가」와 오뉘탑

신라의 오악(五嶽) 중, 서악으로 불리며 해마다 국태민안을 비는 제를 올릴 만큼 신령스러운 산으로 대접 받았던 국립공원 계룡산의 면모는 다양하다. 동학사의 봄 벚꽃, 갑사의 가을 단풍은 계룡산의 두 얼굴로 자리매김한 지 오래고, 십승지 중의 으뜸이라는 지세와 닭의 볏이 머리에 돋은 용을 닮았다는 산세 역시 계룡산의 신비를 더한다.

조선을 건국한 태조 이성계는 새로운 도읍지를 물색했다. 그 후보지 중의 한곳이 계룡산 일대의 신도안이다. 무학대사는 지형을 둘러본 후, 계룡산은 황금 닭이 알을 품고 있는 '금계포란형(金鷄抱卵形)' 이며 용이 날아서 하늘에 오르는 '비룡승천형(飛龍昇天形)' 이라 이곳에 도읍을 정하면 태평성대가 지속될 것이라고 추천하면서 산 이름도 금계의 계(鷄)와 비룡의 룡(龍)을 따서 계룡산이라 부르자고 제안한다.

그러나 왕의 신임을 받고 있던 하륜은, 계룡산 일대는 '수파장생쇠패입지(水破長生衰敗立地)' 의 땅이라서 흘러나가는 물이 땅의 기운을 약화시켜 나라가 망할 흉한 땅이라고 적극 반대했다. 결과는 하륜의 판정승. 그런 연유로 해서 계룡산은 조선의 수도를 지키는 진산이 될 기회를 놓치고 영험한 곳을 찾아다니는 무속인의 메카로 얼굴이 바뀐다.

산행을 시작하기 전, 동학사 직전 범종루 옆에 세워진 동계사에서는 신라 충신 박제상을, 삼은각에서는 고려의 정몽주 이색 길재를, 숙모전에서는 단종을 위시한 충신들을 만나 충성과 효도에 대해 가르침을 받는다.

동학사의 홍살문 앞에서 길이 갈라진다. 오른쪽 길은 남매탑을 거쳐 삼불봉으로 가는 길이다. 직진하여 관음봉 가는 길로 들어선다. 30분 후면 쌀개봉안내판. 30미터 정도 더 오르면 신선들이 숨어서 비경을 즐겼다는 은선폭포 전망대. 이어 낙석주의지대와 관음고개를 지나 관음봉(816미터)에 선다. 관음봉 정상석 뒤쪽으로 문필봉과 연천봉이 보이고 반대편 전망대에 서면 삼불봉이 손짓하고 있다. 삼불봉으로 가기 위해 철계단을 밟고 내려와 공룡의 등줄기 같은 자연성릉을 걷는다. 관음봉에서 삼불봉까지 한 시간 남짓 소요되는 자연성릉을 걷는 것은 계룡산 산행의 백미로 꼽힌다. 어느 곳은 공룡의 등뼈같이 날카롭고, 때로는 아기자기한 길이 이어지고, 가끔은 얼어붙은 바윗길이 위태위태하다. 세 부처의 형상을 닮았다는 삼불봉을 지나면 삼불봉고개.

삼불봉고개에서 동학사와 갑사로 가는 길이 갈라진다. 어느 곳으로 하산하던 간에 잠시 짬을 내어 둘러보아야 할 곳이 있다. 청량사지 쌍탑이 그곳이다. 동학사로 내려가는 급경사 길을 5분 정도 내려가면 보물로 지정된 쌍탑을 만날 수 있다. 7층탑은 오빠, 5층탑은 동생 탑이다. 산객은 청량사지 남매탑 앞에서 사색에 잠긴다. 한국인에게 오누이란 어떤 존재일까?

천 년 전, 경주 사천왕사의 스님인 월명(月明)은 어린 나이에 세상을 떠난 누이동생의 죽음을 애처로워하며 노래를 불렀다. 향가 「제망매가(祭亡妹歌)」다.

생사의 길이 여기 있으니
두려워하며 나는 걷는다.
말도 못다 이르고 가야 하는가.
어느 가을 이른 아침에
여기 저기 떨어지는 나뭇잎처럼

한 가지에 나고서도 가는 곳을 모르는구나.
아아 미타찰(彌陀刹)에서 만날 나는
도 닦아 기다리련다.

도를 닦는 스님에게도 죽음은 슬펐다. 나누고 싶은 이야기가 아직 많이 남았는데, 떨어져 뒹구는 낙엽처럼 가는 곳도 알리지 않고 훌쩍 떠나버린 어린 누이동생. 한 가지에서 태어났기에 그 슬픔은 더욱 진할 수밖에 없다. 그러나 그 이별의 끝은 비탄과 절망이 아닌 희망이었다. 지금은 비록 헤어졌지만 열심이 도를 닦노라면 언젠가는 극락에서 다시 만날 수 있다는 믿음 때문이다.

월명사의 「제망매가」가 이별의 노래라면 계룡산 청량사지의 남매탑이 전하는 오누이의 전설은 만남의 이야기다.

신라 성덕왕 때, 상원조사(上原祖師)가 청량사지에 움막을 짓고 도를 닦고 있을 때였다. 어느 날 호랑이 한 마리가 조사 앞에 나타나 괴로워했다. 조사가 호랑이의 입 속을 들려다보니 목에 비녀가 걸려 있다. 비녀를 뽑아주며 사람을 잡아먹어서는 안 된다고 꾸짖자 호랑이는 알아들었다는 듯이 고개를 꺼덕이고 사라졌다. 다음 날 다시 나타난 호랑이, 엉뚱하게도 정신을 잃은 처녀를 암자 앞에 내려놓고 돌아간다. 좁은 움막에 혼자 살면서 노상 염불만 외고 있는 꾀죄죄한 사내의 모습이 호랑이의 눈에도 참 딱해 보였던 모양이다.

정신을 차린 처녀는 상주에 사는 김화공의 딸이라고 자신의 신분을 밝히면서, 혼인 전날 밤 잠시 집 밖으로 나왔다가 호랑이를 만나 정신을 잃었다고 했다. 때는 폭설로 길이 막힌 한겨울, 어쩔 수 없이 두 사람은 겨울을 함께 보내게 된다. 그러나 단칸방에서 과년한 처자와 살면서도 조사는 조금도 흔들리지 않고 수도에 정진한다.

봄이 되어 집으로 돌아간 처녀에게 자초지종을 들은 그녀의 부모는, 암

자 자리에 청량사를 지어주며 기이한 인연이니 부부가 되어 함께 살라고 권했다. 두 사람은 청량사에 함께 머물며 정진 또 정진하여 마침내 깨달음을 얻어 한날한시에 열반한다. 훗날, 상원조사의 제자 회의화상이 그 인연을 기념하여 이 자리에 탑 두개를 세우자 사람들은 '오뉘탑' 이라고 불렀단다.

불가에서는 "복 중에서 제일가는 복은 인연 복"이라고 했다. 수많은 인연의 끈에 얽매여 사는 것이 사람이다. 따라서 인연의 끈을 어떻게 맺고 풀어나가느냐에 따라 인생의 궤적도 달라진다.

두 사람은 부부 아닌 부부였고 남매 아닌 남매였다. 함께 살되 서로 범접치 않았고 도반처럼 지냈다. 남과 여의 원초적 본능은 정(情)과 색(色)이다. 두 사람인들 서로의 육체를 탐하는 마음이 왜 없었겠는가. 그러나 그 욕정을 억제할 정도로 치열했던 구도정신이 성불에 이르게 했다. 《법구경(法句經)》의 가르침 그대로다.

바른 법 밖 욕정 속에 던져지면, 물 밖으로 던져진 물고기처럼 그 마음 마왕에게 사로잡혀 아무리 퍼덕거려도 벗어나기 어렵다. 그러나 욕정 속에서 뛰어나와 청정한 법 안으로 들어온다면 그 마음 자유를 얻게 되리라. 마왕의 굴레에서 벗어나리라.

다시 삼불봉고개로 올라와 금잔디고개로 향한다. 이름은 금잔디지만 무성한 억새가 잔디를 대신하고 있다. 고개에서 갑사까지는 완만한 내리막길. 날머리인 갑사까지는 50분 남짓 걸린다.

Ⅴ 현지 교통

공주 시내버스 시간 안내. (041-854-3161~3162)

온달과 평강공주

대부분의 등산객들은 단양의 계명산(865미터) 산행을 구인사 가는 길목인 보발재에서 시작한다. 우선 고갯마루의 높이가 해발 540미터라서 산 높이의 절반 이상을 자동차로 이동할 수 있다는 이점과 그만큼 짧은 시간에 정상을 밟을 수 있기 때문이다.

보발재 입간판 뒤로 나있는 산길은 처음부터 가파르다. 결코 만만하게 볼 산이 아니라는 것을 과시하듯 깔딱고개를 연상시키는 된비알이 연이어 나타난다. 정상까지는 외길이라 길 찾는 수고를 하지 않아서 좋다. 그 옛날, 바보의 탈을 벗고 장군이 된 온달도 병사들을 독려하며 이 길을 걸었으리라.

산행 시작 1시간이 채 되지 않아 정상에 선다. 북으로는 태화산 마대산 형제봉을, 남동으로는 신선봉 국망봉 비로봉 등 기운차게 달리는 소백연봉을 볼 수 있는 명당이라지만 시야를 가리는 잡목 때문에 조망이 가린다.

하산은 오른쪽 북동릉을 타야한다. 10여 분 동안 완만한 능선을 기분 좋게 달리다보면 길은 두 갈래로 나누어진다. 왼쪽은 남한강 수력발전소 방향이다. 오른쪽 길을 택한다. 쏟아질 듯 위태로운 비탈길을 조심조심 내려와서 연이어 나타나는 무덤을 지나면 군간나루에서 최가동으로 가는 차도가 나온다.

차도 건너 맞은편에는 좁은 산길과 임도가 열려 있다. 오솔길 같은 임

도로 들어선지 7분 정도 지나면 이정표. 여기에서는 임도를 버리고 '온달성 800미터' 팻말이 가리키는 오른쪽 산길로 접어든다.

작은 봉우리 위에 허물어진 옛 성벽의 잔해가 나타난다. 성산(427미터, 일명 아차산)이다. 이어 말끔하게 복원된 온달성이 산객을 맞는다. 길이 972미터 높이 3미터의 반월형의 산성 안에는 삼국시대의 유물과 우물의 흔적이 아직도 남아 있단다.

성벽 위에서 바라보는 경관은 절경이라는 수식어에 조금도 모자람이 없었다. 마주보이는 소백산의 높고 낮은 연봉은 그대로 꽃봉오리가 되었고, 청자 빛 하늘에서 쏟아지는 햇살로 몸을 단장한 산릉은 대자연이 만든 거대한 꽃밭이었다.

펼쳐진 봉우리는 천연의 성채였고, 제갈공명이 만들었다는 석병팔진(石兵八陣)을 닮은 난공불락의 요새 같다. 이른바 구봉팔문이다. 불가(佛家)에서 구봉은 극치(極致)를 뜻한다. 그리고 성벽 저 아래로는 짙푸른 남한강물이 유장하게 흐르고 있다.

산객은 성 위에 서서 천 년 전에 울려 퍼진 호국(護國)의 함성과 아름다운 사랑 이야기에 귀를 기울인다.

고구려의 평원왕 시절, 왕은 걸핏하면 울어대는 평강공주를 달래기 위해서 "뚝! 빨리 그치지 않으면 바보온달에게 시집보낸다." 하고 위협했다.

열여섯 살이 된 평강공주는 아버지가 권유하는 당대의 명문인 상부 고씨 집 자제와의 혼인을 거부하고, 어릴 때부터 귀에 못이 박히도록 들어온 바보온달을 찾아 궁궐을 떠난다. 그리고 공주는 가난하고 무식하지만 착하고 용기 있는 온달을 낭군으로 맞았다.

요즘의 기준으로 보면 어처구니없는 선택이다. 어쩌면 진짜 바보는 온달이 아니고 공주 아니었을까? 그러나 공주는 자신의 선택에 책임을 질 줄 알았다. 그날부터 울보 아닌 공주는 바보 아닌 온달을 나라의 동량으로 만들기 위한 프로젝트를 실행에 옮겼기 때문이다.

후주(後周)의 무제(武帝)가 요동을 침공하자 평원왕은 배산의 들판에서 적을 맞아 전투를 벌인다. 그러나 중과부적(衆寡不敵), 고구려군이 패배 일보직전에 있을 때 바람처럼 나타난 일단의 민병들이 왕을 도와 고구려를 승리로 이끈다. 무리의 대장은 온달이었고 크게 기뻐한 왕은 비로소 온달을 사위로 인정하고 대형(大兄)이라는 벼슬을 내렸다.

온달은 신라에게 빼앗긴 한수 이북 땅을 수복하기 위해 신라의 접경지대로 떠났다. 승리하지 않으면 결코 돌아오지 않으리라 맹세하면서……. 그러나 말이 씨가 되었음일까? 아단성(온달성) 밑에서 적군과 조우한 온달은 뺏고 빼앗기는 대접전 끝에 신라군의 화살에 맞아 장열하게 전사했다.

전투가 끝난 후, 장례를 치루기 위하여 온달의 관을 운구하려고 하지만 아무리 애를 쓰도 관은 움직이지 않는다. 그러나 평강공주가 관을 쓰다듬으며 "생사가 이미 달라졌으니 이승의 원과 한을 모두 풀고 먼저 가세요, 이별 없는 내세에서 우리 다시 만납시다." 속삭이듯 말하자 그제야 관이 움직였단다.

나의 황금비녀는
시집올 때 머리에 꽂았던 것
오늘, 떠나가는 임에게 드리오니
멀고 먼 그곳에서도 나를 잊지 마세요.

임을 보내는 여인의 심정을 읊은 난설헌 허 씨의 시조다. 평강공주도 나를 잊지 말라며 남편의 관 속에 무엇인가를 넣어주었을 것 같다. 잊고 싶어도 잊을 수 없는 그런 사랑의 정표, 그것이 비녀였을까 반지였을까. 아니면 자신의 마음이었을까.

능력 있는 여인을 만나 출세하는 남자를 비유하는 '온달콤플렉스' 라는 신조어를 탄생시킨 평강공주와 온달의 사랑은 운명적이었고 인간승리였

다. 두 사람의 사랑은 온달의 죽음으로 완전해진다. 온달에게 공주는, 고구려 자체였고 목숨을 걸고 지켜야 할 사랑이었기 때문이다.

산성을 나와 능선 끝자락에 세워진 사모정(思慕亭)으로 향한다. 누각에서 바라보는 남한강이 더욱 푸르고 정겹다. 곧이어 만나는 퇴락한 성황당을 지나 온달관광단지에서 산행을 끝낸다. 추운 날씨라 바쁜 걸음을 한 탓인지 4시간 예정의 산행은 3시간 20분 만에 끝났다.

2억4천만 년 전부터 형성되기 시작한 석회암의 온달동굴이며 온달관등, 온달관광단지의 또 다른 볼거리는 계명산 산행이 별도로 마련한 덤이 된다.

산객은 넘어온 산을 되돌아보며 짧지만 가치 있게 살다간 온달과 공주의 인생을 생각한다. 그들은 누구보다 자신의 인생을 사랑했다. 그렇기 때문에 온달과 공주의 기적 같은 삶도 있을 수 있었다. 사랑은 뜨겁다. 그러나 사람은 사랑하는 마음만큼만 뜨거운 인생을 산다.

V 현지 교통

단양→보발재: 시내버스 06:40 12:00 15:55 등 3회 운행.

온천관광지→단양: 직행, 시내버스 수시 운행.

(단양 시내버스 시간 안내 043-422-2866)

배론의 순교자

슬프도록 화려한 몸짓을 하던 단풍은 이미 자취를 감추었고, 잎을 떨어버린 앙상한 가지만 바람 따라 울고 있는 초겨울의 스산한 산길. 그러나 그 산길에는 낙엽이 있다. 원 없이 낙엽을 밟고 싶다면 강원도 원주에서 충북의 제천까지 도경계선을 가로지르는 구학산(983.4미터)과 주론산(903미터)의 종주 산행을 권하고 싶다.

구학산의 들머리는 원주시 신림면 사림마을이다. 사림마을 버스정류장에서 50미터 정도 떨어진 곳에 구학천을 건너는 다리가 보인다. 다리 앞에는 공장 이름을 나열한 입간판이 세워져 있고 '한국사' 라는 팻말도 붙어 있다.

다리를 건너 왼쪽으로 50미터 정도 걸으면 'JR 코프레이션' 공장이 보인다. 산길은 공장 정문 앞의 오른쪽 밭둑을 타고 열린다. 공장 철조망이 끝나는 지점에서 배수로를 건너가면 오른쪽으로 길이 보인다. 몹시 묵은 그 길은 왼쪽 산자락에서 끊어진다. 길 흔적은 희미하다. 그러나 10분이면 무덤이 있는 능선에 오르게 되고, 여기서 정상까지는 두어 군데의 갈림길을 제외하면 외길이다.

산행 시작 1시간 만에 담바위봉에 오른다. 구학산은 담바위봉에서 5미터 정도 되내려와 봉우리를 에도는 오른쪽 길을 따라가야 한다. 3개의 봉우리를 힘겹게 넘어 773봉에 오르면 오른쪽 주능선 길을 따라 간다. 이어서 '별 새 꽃들 과학관' 과 큰골로 하산하는 갈림길이 나오지만 직진한다.

통신탑이 세워져 있는 구학산 정상에 오르면 물비늘이 반짝이고 있는 백마저수지가 보이고, 십자봉 백운산 감악산 등, 산과 산이 물결을 이루고 있다.

주론산으로 가기 위해서는 왼쪽 능선을 타야 한다. 한동안 내리막이 계속되던 길은 완만한 능선을 따라 주론산으로 이어간다. '구학산-01' '주론산-01' 이라고 적힌 119표지판을 잇달아 지나 구학산 출발 1시간 만에 주론산 정상에 선다.

천주교인들에게 있어 주론산은 성스러운 산이다. 조백석골의 끝자락에 성지순례 1번지인 배론성지가 있기 때문이다. 배론이 성지가 되게 한 사람은 정순왕후다. 영조의 계비 정순왕후 김 씨는 15살 어린 나이에 66살의 영조와 혼인하여 왕비가 되었지만 회임조차 하지 못했다. 그래서일까. 사도세자를 미워하던 그녀는 세자를 모함하여 뒤주 속에 가두어 굶어죽게 하는 데 지대한 역할을 했다. 그녀는, 영조의 뒤를 이은 정조가 서거하자 어린 순조를 대신하여 수렴청정을 하면서 악명을 이어간다.

정순왕후가 왕비로 책봉될 때의 일화다. 마지막 간택의 자리에 나온 후보는 세 사람. 영조는 후보를 직접 시험했다. 먼저 처녀의 아버지 이름이 적힌 방석을 내어주며 앉으라고 권한다. 두 아가씨는 앉았지만 정순왕후는 앉지 않는다. 이유를 물으니 "자식이 어떻게 아버지의 함자를 깔고 앉겠습니까."

두 번째 시험문제는 "꽃 중에서 가장 예쁜 꽃은?"

정순왕후가 대답한다.

"목화입니다. 목화솜은 만백성을 따뜻하게 해주니까요."

연이어 세 번째 질문이 나왔다. "가장 넘기 힘든 고개는?"

"대관령" "아니 박달재입니다."

두 처자와는 달리 정순왕후가 다소곳하게 대답했다.

"보릿고개입니다."

그렇게 영민했던 그녀가 왜 어두운 길을 걸었는지는 의문이다. 어쩌면 그건 구중궁궐 속에서 느꼈을 지독한 고독 때문이었을지도 모른다. 할아버지보다 늙은 남편, 자신보다 나이가 많은 의붓아들과 며느리. 남편이 죽은 후에 자신이 느껴야 할 소외감과 위기의식. 이런 것들이 그녀로 하여금 권력에 탐닉하게 했을 것 같다.

아무튼 권력을 손에 쥔 정순왕후는 "인륜을 무시하는 사교의 뿌리를 뽑겠다."는 명분을 내세워 천주교도에 대한 대대적인 탄압을 시작했다. 그러나 그 이유는 핑계를 위한 핑계였을 뿐, 사도세자를 동정하는 시파를 제거하고 세자의 치죄를 당연시하는 노론 벽파를 도와 자신의 입지를 공고히 하려는 정치적인 계산이었다.

그 결과 천주교도가 많았던 시파는 치명적인 타격을 받는다. 정조의 이복동생 은원군 일가를 비롯한 이승훈 정약종 등은 처형당하고, 정약용 정약전 형제를 비롯한 많은 중신들이 귀양을 가야 했다. 그리고 300여 명의 신자들이 참혹하게 죽임을 당한다. 이른바 신유박해다.

신자들은 잡히지 않기 위해 배론 산골로 숨어들어 옹기장사로 연명했다. 그들 중의 한 사람인 황사영은 동굴 속에 숨어 당시의 박해사항과 신자들의 비참한 생활. 천주교 신도의 구원을 요청하는 백서를 집필한다. 하지만 이 일이 발각되어 스물일곱 젊은 나이에 서소문 밖에서 능지처참을 당했다. 종교란 순교라는 피의 제단에서 피어나는 꽃이다.

정상을 떠나 '박달재자연휴양림'으로 하산한다. 가파른 내리막길을 달리듯이 10여 분 내려오면 왼쪽으로 배론성지 가는 길이 나오지만 직진한다. 잠시 후 무덤을 만나고 길은 무덤 뒤 능선을 타고 이어진다. 배론성지 갈림길에서 18분 후, 능선을 벗어나 왼쪽 급경사 길로 내려간다. 가만히 서 있어도 엎어질 것 같이 가파른 길이다. 된비알이 끝나면 계류를 끼고 내려간다. 곧이어 경은사를 지나 박달재자연휴양림 주차장에서 5시간 10분의 산행을 끝낸다.

박달재, 고려의 김취려 장군이 거란의 대군을 물리친 승리의 고개이자 신라의 경순왕이 왕건에게 나라를 바치기 위해 넘어갔던 통곡의 고개다. 그러나 박달재 밑으로 터널이 뚫리면서 대부분의 등산객들은 박달재보다 교통이 편리한 휴양림으로 하산하고 있다. 하지만 박달과 금봉이가 만났다는 평동리가 휴양림 이웃 마을이니 여기서 박달재의 사연을 간추려 보는 것도 의미 있을 것 같다.

조선조 중엽, 경상도 젊은 선비 박달은 과거를 보기 위해 한양으로 가던 중 평동리에서 하룻밤을 묵게 된다. 산책을 나왔다가 우연히 만난 박달과 마을처녀 금봉은 한눈에 반했고 두 연인은 주위의 눈을 피해 사랑을 나눈다.

떠나는 날, 박달은 급제하여 반드시 찾아오겠다고 금봉에게 맹세했다. 그러나 과거에 낙방한 박달은 부끄러운 마음에 미적거리며 돌아가지 않는다. 그 동안 박달에 대한 그리움과 배신감으로 가슴앓이를 하던 금봉은 고갯마루에서 한을 품은 채 숨을 거두었다.

금봉이 죽은 지 3일 후에 평동리에 나타난 박달은 금봉의 죽음을 알고 통곡했다. 그 때 박달의 눈에 비치는 환영, 금봉이 너울너울 춤을 추며 고갯마루로 달려가는 게 아닌가. 뒤따라간 박달이 금봉의 환영을 껴안지만 그곳은 아찔한 벼랑 끝. 박달은 벼랑 아래로 떨어져 죽는다. 그로부터 사람들은 이 고개를 박달재라 불렀고, 박달재에 세워진 금봉이의 동상 밑에서 솟아나는 샘물을 금봉이의 눈물이라고 부른다.

Ⅴ 현지 교통

원주 장양리터미널→구학리(사림) 행: 22번 버스 08:20 12:00등 4회.

자연휴양림→제천: 백운출발 06:05 등 8회. (제천운수 043-646-2955)

송시열의 그림자

"청수(淸水)에 비친 산"이라고 부르는 충북 괴산의 낙영산(684미터)과 도명산(643미터)은 전설의 구름다리를 타고 올라가서 역사의 뒤안길을 따라 내려오는 의미 있는 산행로를 가지고 있다.

당나라 고조의 세숫물에 아름다운 산의 그림자가 비쳤다. 황제는 신하를 불러 그 산을 찾게 했다. 신하들이 넓은 중원천지를 헤매고 다녔지만 찾지를 못해 애를 태우고 있을 때, 홀연히 나타난 동자승이 신라 땅에 가서 찾아보라고 일러준다. 그 산이 낙영산(落影山)이다.

산행 들머리는 공림사 왼편에 있는 매표소다. 넓고 완만하던 산길은 개울을 건너면서 경사가 심해진다. 공림사 출발 35분 만에 미륵산성 안부에 도착한다. 왼쪽 길은 조봉산, 직진하면 도명산으로 바로 갈 수 있다. 안부 오른쪽 된비알을 타고 15분 정도 올라 낙영산 정상에 선다.

낙영산 정상에서 도명산 가는 길은 정상석 뒤로 나 있다. 그러나 직진한 뒤, 681봉 헬기장에서 도명산으로 가도 좋다. 도명산 정상 아래쪽 안부에서 정상까지는 돌로 만든 미끄럼대 같아서 네 발로 기어올라야 한다. 하지만 바위틈에 몸을 기대고 되돌아본 산세는 한 폭의 암벽하 그대로다. 선유동계곡과 화양계곡을 향하여 힘차게 뻗어 내리는 능선은 기기묘묘한 바위로 장식하고 있어 저절로 탄성을 지르게 한다.

산행 시작 2시간 10분 만에 도명산 정상에 선다. 속리산 연봉과 금단산, 그리고 화양천 건너편의 군자산이 산세를 뽐내고 있다.

하산은 능운대쪽이다. 서쪽의 바위 사이로 빠져나가 철사다리를 타고 15분 남짓 내려온 뒤 능선을 탄다. 10미터 정도 되는 바위가 길게 누워있는 끝봉에서 다시 철사다리를 타고 내려온다. 이후 길은 순탄하다. 30분 뒤 철조망이 쳐진 삼거리. 오른쪽 길을 택해 능운대휴게소 앞의 화양천에서 3시간 30분간의 산행을 끝낸다. 이제는 30여 분, 화양구곡의 절경을 감상하며 주차장으로 가는 일만 남았다.

큰 바위가 첩첩이 쌓여 그 위에서 별을 관측하였다는 첨성대바위, 효종이 승하하자 송시열이 새벽마다 올라가서 통곡하였다는 읍궁암 등의 명소를 차례로 둘러본다. 그중에서도 금싸라기같이 깨끗한 모래가 깔려 있는 금사담(金砂潭)의 넓은 암반 위에 자리 잡은 암서재(岩捿齋) 앞에서는 역사의 숨결마저 느끼게 된다.

우암(尤庵) 송시열(宋時烈). 최고의 찬사와 최악의 비판을 한 몸에 받은 사나이. 무려 삼천 번이나 조선왕조실록에 이름이 올라 그 방면의 기록을 보유한 사람. 주자학의 대가로 송자(宋子)라고 칭송받은 조선 후기 최고의 유학자. 그 권세가 임금을 능가했다는 노론의 영수 등으로 평가 받는 송시열의 생애는 영광과 좌절이 점철된 '파란만장' 바로 그것이었다.

병자호란으로 청나라에 볼모로 잡혀 간 봉림대군의 스승이었던 송시열은 봉림대군이 효종으로 등극하자 이조참판에 제수되면서 왕의 두터운 신임을 받는다. 효종이 승하하자 조정은 선왕(先王) 인조의 계비인 자의대비가 얼마동안 상복을 입어야 하는가 하는 예송문제로 치열한 다툼을 벌였다.

서인 송시열은 1년상을 주장했고 남인 허목은 3년상을 주장한다. 결국 허목의 주장이 채택되어 우암은 실각하지만 효종의 뒤를 이은 현종의 신임을 받아 중앙무대에 재등장했다. 허나 이 무슨 악연일까. 우암은 또 다시 효종비 인성왕후의 사망으로 인한 예송문제에 휘말려 귀양길에 오른다.

대비가 상복을 입는 기간이 1년이냐 3년이냐가 그렇게 중요했을까. 예송문제는 결국 효종을 인조의 장자로 보아야 하느냐 차남으로 대접해야 하는가 하는 명분의 문제였다. 그러나 그 논쟁은 단순한 예법의 차원을 벗어나서 질 수도 없고 져서도 안 되는 운명을 건 싸움판으로 변했다.

아무리 죽은 주자와 공자가 조선의 정신문화를 쥐락펴락하는 시대였지만, 그것이 장장 15년에 걸쳐 국력을 낭비할 만큼 대단한 문제는 아니잖은가.

덕천 웅천 거제 등지에서 유배생활을 하던 우암은 숙종의 부름을 받아 영중추부사가 되어 권력의 중심에 다시 서지만, 서인이 노론과 소론으로 분열하자 이곳 암서재로 낙향하여 학문을 연구하고 제자를 기른다. 그러나 숙종이 장희빈의 아들인 경종을 세자로 책봉하려고 하자 격렬한 반대 상소를 올려 제주도로 유배된다. 우암은 제주도로 가는 도중 보길도의 백도리 해안의 암벽에 자신의 심경을 새겨 놓았다.

팔십삼 세의 늙은이가 거칠고 먼 바닷길을 가노라
한마디 말이 큰 죄가 되어
세 번이나 쫓겨나니 신세가 궁하구나.
북녘 하늘 해를 바라보며
넓은 남쪽 바다 믿고 가노니 바람뿐이네.
초구(왕이 하사한 갖옷)에는 옛 은혜 서려있어
감격하여 외로운 눈물만 흘리네.

남인들에게 있어 송시열은 반드시 제거해야 할 숙적이었다. 그들은 음모를 꾸몄다. 죄인들의 수괴라는 죄목을 씌운 뒤, 국문을 받기 위해 한양으로 올라오던 우암에게 사약을 내려 정읍에서 죽게 한 것이다.

송시열의 최후에 대해서는 두 가지의 기록이 전해오고 있다. 김재구의

『조야회통』에 의하면, 죽기 전날 밤 흰 기운이 하늘까지 뻗쳤고 죽은 날 밤에는 유성이 땅에 떨어졌다고 했다. 그러나 나랑좌의 『명촌집록』의 기록은 또 다르다. 우암은 사약을 받자 마시기를 거부하며 효종의 어찰을 빌어 필부처럼 목숨을 구걸한다. 그러자 금부도사가 억지로 입을 벌려 약을 붓는 것으로 기록하고 있다.

아마 김재구는 우암의 학자적인 재능을 안타까워했고, 나랑좌는 우암의 생에 대한 애착과 인간적인 약점을 표현하지 않았을까. 아니면 죽음마저 당쟁에 이용된 것일까. 진상은 알 수 없으되 효종에서 숙종조까지 세 임금을 섬기며 일세를 풍미했던 83세의 거목은 그렇게 갔다.

되돌아본 산하는 그야말로 산자수명(山紫水明)하여 선비가 머물만한 곳이다. 당파싸움과 숙종의 정치적인 계산에 따라 유배와 복권이 반복되는 살벌한 정치판을 떠나 이곳에 은거한 우암이, 정치적인 집념을 모두 버리고 유유자적하며 학문에만 전념하였다면 그의 인생과 학문에 대한 역사의 평가는 달라졌을 것이다.

우암 송시열, 그는 그림자였다. 해가 머리 위에 있을 때는 넓고 짙은 그늘을 만들지만, 해가 비켜 가면 사라지는 그런 그림자. 그러나 비록 해는 저물었지만 그의 흔적은 아직도 진하게 남아 있다. 금사담의 맑은 물에 내 그림자가 일렁이고 있다. 나 또한 흔들리다 사라질 그림자 아닌가.

V 현지 교통

괴산군 청천→사담리(공림사): 시내버스 17회 운행. (아성교통 043-834-3351)

화양동→청주: 직행버스 1일 26회 운행.

석양의 나그네 원천석

"강원도 제일의 이름난 산은 치악산이라, 명랑한 빛도 없고 시커먼 산이 너무 우중충하게 되었더라. 중중첩첩하고 의외암암하야 웅장하기는 대단히 웅장한 산이라……. 금강산은 문명의 산이요 치악산은 야만의 산이라."

우리나라 신소설의 기원을 연 이인직이 고부간의 갈등을 그린 소설 「치악산」의 도입부다. 그런가 하면 이중환은 『택리지』에서, "산신이 영험이 많아 감히 짐승도 잡지 않는다."고 했다. 그들의 표현을 빌린다면 치악산은 신비하면서도 어두운 산이다. 그러나 엊그제 내린 눈에 덮여 순백의 화원으로 변한 치악산에 어두운 구석은 없었다.

치악산의 남쪽 끄트머리에 솟아오른 남대봉(1,181미터)을 오르기 위해 국형사주차장에서 산행을 시작한다. 주차장에서 계류를 끼고 50미터 정도 오르면 국형사다. 국형사는 조선 2대 임금 정종의 둘째 딸 희희공주가 폐병을 치료하기 위해 머문 절이다. 절 안내문에는, 그녀가 산신각 뒤의 약수를 마시면서 100일 기도를 올리자 감쪽같이 병이 나았다고 기록되어 있다. 그러나 정종의 가계도에 희희공주란 이름은 등장하지 않는다. 아마 정종의 여덟 딸 중 누군가의 아명인 모양이다.

국형사 앞 포장 임도를 따라 산행을 이어간다. 포장길은 보문사까지 계속된다. 20분 후에 도착한 보문사 앞에서는 계곡을 가로지르는 다리를 건너 산길로 들어선다. 30분 후, 이정표가 있는 능선에 올라서면 오른쪽

으로 방향을 돌려 향로봉으로 향한다. 여전히 된비알이 계속되지만 영롱하게 빛나는 상고대가 피로를 씻어준다.

비로봉 갈림길을 지나 향로봉에 선다. 향로봉에서 남대봉으로 이어가는 능선이 거대한 은빛 준마의 갈기처럼 빛나고 있다. 왼쪽 비탈길로 내려서면 헬기장. 헬기장을 지나 10여 개의 낮고 높은 봉우리를 오르내린다. 위험한 곳에는 밧줄이 걸렸고 움푹 꺼진 계곡에 놓인 철계단이 안전산행을 돕는다. 두어 번 갈림길이 나오지만 능선을 따라 직진한다.

향로봉을 떠난 지 1시간 30분. 요동치며 내달리던 능선이 급하게 끊어진 듯이 갑자기 텅 빈 하늘이 눈에 가득 찬다. 남대봉이다. 산불감시초소와 이정목, 그리고 헬기장처럼 너른 마당이 전부라서 치악산 제2봉 치고는 별다른 특징이 없다. 그러나 전설만은 아름답다.

달의 여신 항아가 하늘나라의 영약을 훔쳐 지상으로 내려온다. 별과 구름의 징검다리를 밟고 남대봉으로 내려온 항아는 달나라에서 자라는 월계수 씨앗 하나를 산 아래로 던지고 하늘로 올라갔다. 그 씨앗이 떨어진 곳이 지금의 상원사 자리였고 그 나무가 상원사의 월계수나무란다.

남대봉을 떠나 상원사로 하산한다. 이정표가 잘 정비되어 있어 길 찾기는 전혀 문제가 없다. 10분 후 영원사와 상원사 갈림길. 왼쪽 상원사 방향으로 내려온다. 나무계단을 밟고 내려오면 다시 갈림길. 왼쪽으로 돌아가면 상원사다.

해발 1,050미터의 고지에 자리 잡은 상원사는 치악산에서 가장 높은 곳에 위치한 절이다. 대웅전 앞에는 한 쌍의 돌탑이 세워져 있고 '보은의 종 유래비' 가 옛 이야기를 들려주고 있다.

과거를 보기 위해 한양으로 가던 선비의 귀에 어디선가 처절한 꿩 울음소리가 들렸다. 고개를 들어보니 구렁이가 입을 벌려 꿩을 삼키려는 순간이었다. 선비가 활을 쏘아 구렁이를 죽이자 꿩은 고맙다는 날갯짓을 하고 날아갔다.

그 날 밤, 깊은 산속 민가에서 잠을 자던 선비가 가슴이 답답하여 눈을 뜨니 커다란 구렁이가 몸을 칭칭 감고 금방이라도 삼킬 듯이 혀를 날름거리고 있는 게 아닌가. 놀라는 선비에게 뱀이 말했다.

"네가 오늘 죽인 구렁이는 내 남편이었다. 당장이라도 너를 죽여 복수하고 싶지만 날이 새기 전에 상원사의 종을 세 번만 울리게 하면 너를 살려주겠다."

뱀에게 감긴 몸으로서는 불가능한 주문이다. 선비는 절망하지만 어이된 일일까. 어디선가 세 번의 종소리가 울려온다. 그 소리를 듣는 순간 뱀은 스르르 몸을 풀고 승천했다. 이상하게 여긴 선비가 상원사에 올라가 보니 동종 아래에는 세 마리의 꿩이 머리가 부서진 채 죽어 있었다. 이때부터 적악산이었던 산 이름도 꿩 치(雉)를 넣어 치악산(雉岳山)으로 바뀌었다고 전한다. 꿩이 머리로 종을 받아 선비를 구했다는 상원사의 동종은 우리나라에서 가장 오래된 종으로 국보 36호로 지정되어 있다.

은혜를 갚는 동물의 이야기가 비단 치악산의 꿩 설화 뿐은 아니다. 산불이 난 줄도 모르는 주인은 술에 취해 풀밭에서 잠들었고 곁을 지키던 개는 어쩔 줄을 모른다. 개는 잠든 주인을 구하기 위하여 온몸에 물을 적셔 불길이 주인 옆으로 번지지 않게 막는다. 그렇게 해서 주인은 구하지만 자신은 불에 타서 숨졌다는 '오수의 개' 이야기는 실화다. 게다가 사납기 짝이 없는 호랑이며 늑대도 은혜 갚을 줄 안다. 그러나 사람들 사이에선 "물에 빠진 놈 건져주었더니 내 봇짐 내놓아라."한다는 속담이 나돌고 있다.

치악산에 아름다운 전설만 내려오는 것은 아니다. 산객은 종각 옆에 서서 세상명리 다 버리고 치악산에서 영원한 안식처를 찾은 원천석의 일생을 돌아본다.

고려 충숙왕 17년, 개경에서 태어난 운곡(耘谷) 원천석(元天錫)은 학문과 문장으로 이름을 날린 당대의 재사(才士)였다. 애초부터 벼슬에는 뜻

이 없었지만 군역을 면하기 위해 진사시험에 응시하여 이방원의 스승이 된다. 그러나 고려 말의 정치적인 혼란기가 시작되자 치악산자락으로 내려와서 다시는 정계에 나가지 않았다.

왕이 된 이방원은 스승을 그리워하여 수차례에 걸쳐 불렀지만 응하지 않는다. 기다리다 못한 태종이 직접 치악산으로 찾아 왔다. 그러나 그는 비로봉 아래에 있는 바위굴에 숨어 지내며 왕의 부름을 끝내 거절했다. 원천석에게 있어 충성을 바칠 나라는 고려뿐이었다. 그는 1,000여 수의 시조를 지었고 그 작품은 지금도 뜻있는 이들의 눈시울을 뜨겁게 한다.

흥망이 유수하니 만월대도 추초로다.
오백년 왕업이 목적에 부쳤으니
석양에 지나는 객이 눈물겨워 하노라.

『청구영언』에 실려 있는 그의 시조다. 석양의 나그네 같았던 원천석. 그는 영원한 치악산인으로 남아 국형사 아랫마을 행구동에 있는 모운제에 배향되었다.

상원사 산문을 나오면 정면으로 하산길이 열려 있다. 길은 샘터를 지나 계곡을 가로지르는 두 개의 다리를 건너 줄곧 이어간다. 상원사에서 주차장까지는 1시간 30분 거리. 상원사주차장에서 5시간 30분간의 산행을 끝내지만 시내버스가 다니는 성남리까지는 3킬로미터를 더 걸어야 한다.

☑ 현지 교통

원주 관설동→국형사: 08:10 09:30분 등 80분 간격 시내버스 운행.

성남→원주: 16:20 20:00 등 5회 운행. (성남매표소 033-762-5695)

물과 전설 속으로

가끔, 혼자서 산행에 나설 때가 있다. 홀로 떠나는 산행은 누구와도 나누고 싶지 않은 자유로움이자 왠지 모를 허전함과 고독과의 동행이다. 그렇다면, 언제나 마다 않고 산행의 동반자가 되어 그림자처럼 보조를 맞추던 아내를 두고 혼자 떠나는 오늘의 산행에서 나는 얼마만큼의 자유와 고독을 맛볼 것인가.

한번은 꼭 오르고 싶었지만 오르지 못한 산이 있다면 그건 아주 먼 곳에 숨어있는 산이다. 따라서 쉽게 접근할 수 없어 마음속에서만 살아있게 마련이다.

강원도 정선의 노추산(1,322미터)도 그랬다. 그리움과 한스러움이 구구절절 배어 있는 정선아리랑의 고향에 자리 잡은 까닭에, 남도 땅 부산에서 하룻길로 다녀오기에는 너무 벅차 늘 망설이고 있었기 때문이다.

우공이산(愚公移山)은 어리석은 사람이 산을 옮긴다는 장자(莊子)의 말이다. 조급해 하거나 잔꾀를 쓰지 않고 우직하게 맡은 바 책임을 다하는 사람이 큰일을 한다는 뜻이다. "겨자씨만한 믿음이 있어도 산을 옮긴다."는 성경 말씀도 있다. 믿음과 신념, 부단한 노력이 하나가 된다면 무엇이든 이룰 수 있다는 교훈이다. 이곳에 있는 산을 저쪽으로 옮겨야만 이산(移山)은 아니다. 산을 뚫어 터널을 만들고, 다리를 놓고 길을 넓혀 한나절 거리를 반나절로 줄인다면 그것도 이산이다. 하루 만에 다녀오는 노추산 산행, 그것은 현대판 우공(愚公)들이 있었기에 가능한 일이었다.

산행의 궁극적인 목표는 정상에 오르는 것이다. 그러나 긴 노정 동안 주마간산(走馬看山)하는 재미도 여간 아니다. 버스는 봉화 영주 단양을 지나 거침없이 달린다. 차창 밖으로는 낮고 부드러운 구릉이 끝없이 이어지고 구릉 위에는 띠구름이 낮게 깔려 있어 마치 구름을 밟으며 달리는 것 같은 환상에 빠져들게 한다.

길 옆, 따비밭에서 자라고 있는 옥수수와 콩이 붉고 푸른 머리카락을 휘날리며 우리를 따라 달리고, 산골짝 외딴집 마당의 접시꽃과 나리꽃도 함께 내닫자, 밭 가운데 혼자 외롭던 허수아비가 뒤틀린 팔을 휘저으며 잘 가라고 손짓한다. 문득 아내가 앉아 있어야 할 비어있는 옆자리를 의식하자 나 또한 외로운 허수아비가 되고 만다.

하늘만 빠끔히 올려다 보이는 첩첩산중을 지나 영월에서 평창으로 내려가는 고갯마루에 이르자 '김삿갓의 고향' 이라는 커다란 관광안내판이 흘러간 세월을 부르고 있다. 김삿갓, 홍경래의 난 때 선천부사이자 방어사의 신분으로 적에게 투항하여 반역죄로 사형당한 김익순을 두고 "너는 죽은 혼조차 황천에 못갈 놈이니 한 번은 고사하고 만 번 죽어도 마땅하다."는 글을 지어 장원급제한 행운아. 그러나 김익순이 자신의 친할아버지라는 것을 알고 만고의 패륜아가 되어버린 자신의 운명을 저주하는 사나이. 너무나 부끄러워서 삿갓으로 얼굴을 가리고 평생을 부초처럼 떠도는 김삿갓의 유랑인생은 영월 땅에서 그렇게 시작되었다.

김삿갓의 풍자문학이 태동한 영월을 지나면서 물의 나라가 눈앞에 전개되었다. 서강 동강 조양강물이 잇따라 흘러오고 흘러간다.

아우라지 뱃사공아 배 좀 건너 주게
싸리꽃 올동백이 다 떨어진다.
떨어진 동백은 낙엽에나 쌓이지
사시장철 임 그리워 나는 못 살겠네.

물이 불어나서 건너 올 수 없는 임을 애타게 부르는 산골 처녀의 슬픈 노래와 신행길에 배가 뒤집혀 새색시의 고운 자태 그대로 죽어간 아내를 부르는 신랑의 눈물이, 물안개가 되어 피어오르는 아우라지와 임계천, 송천이 굽이치며 흐른다.

정선 사람들은 아리랑을 '아라리' 라고 부른다. 산과 물에 갇힌 사람들의 "내 마음을 어찌 알리."라는 한탄사의 '알리' 가 '아라리' 로 바뀌었단다. 그래선지 물 건너 산이고 산 너머 물이다. 마치 산 뒤로 몰래 흐르는 물과, 물을 건너 달아나는 산과, 하늘에서 내려와 그림자로 변하여 물속에 숨어 있는 구름이 숨바꼭질을 하는 것 같다.

풍파에 놀라 배를 팔아 말을 산 사공처럼 구절양장 좁은 길을 가슴 졸이며 돌고 돈 뒤, 하늘에서 내려오는 선녀의 날개처럼 눈부시게 반짝이며 떨어지는 오장폭포를 지나 산행 들머리인 종양리에 도착한다.

종양상회 옆으로 나 있는 임도를 따라 산행을 시작한다. 45분 뒤 폐광터에 도착하면, 계류를 막은 수중보의 시멘트 물탱크 오른쪽 길로 들어선다. 쉼터광장과 진달래 군락지를 지나면 소나무쉼터, 여기서부터 가파른 길이 시작된다. 1시간 10분 뒤, 이정표가 세워져 있는 병풍바위 갈림길을 만나면 이성대로 가는 오른쪽 길을 버리고 직진하여 아기자기한 바위 능선인 서릉을 탄다. 산행 시작 2시간 30분이 지나서 아리랑산(1,342미터)에 도착한다. 여기서 노추산과 이성대 갈림길인 대기삼거리까지는 500미터. 갈림길에서 노추산 정상까지는 300미터에 불과하다. 노추산 정상에 서면 사달산 가리왕산 석병산 발왕산 등의 고산 준봉이 눈과 마음을 시원하게 씻어준다.

노추산은 신라의 설총이, 자신이 존경하던 공자와 맹자가 태어난 노나라의 노(魯)와 추나라의 추(鄒)를 합쳐 노추산이라고 명명했단다. 하지만 설총 이전의 우리나라에는 존경할만한 인물이 그리도 없었나 싶어 은근이 자존심이 상한다.

노추산과 어깨동무를 하고 있는 사달산은 도를 깨친 네 사람의 위인(偉人)을 키워낼 명산이라는 예언에 의하여 사달산(四達山)이라는 이름을 얻었다. 지금까지 설총 의상 율곡이 이 산에서 득도하였고 아직 한 사람은 태어나지 않았단다. 또 다른 설명도 있다. 사달이란 사단(四端)을 의미한단다. 사람의 본성에서 우러나는 네 가지 마음씨, 즉 인(仁)에서 우러나는 측은지심(惻隱之心), 의(義)의 수오지심羞惡之心), 예(禮)의 사양지심(辭讓之心), 지(智)의 시비지심(是非之心), 이 네 가지 인격을 모두 갖춘 성인이 탄생할 것이라는 해석이다.

아무쪼록 새로 나타날 그가, 이미 역사의 뒤안길로 사라진 세 사람을 능가하는 위대한 초인으로 태어나서 혼탁한 이 시대의 갈등을 잠재우고 밝은 미래를 열어준다면 좀 좋을까. 정상에서 대기삼거리로 되돌아 내려와서 이성대쪽으로 길을 잡는다. 300미터쯤 급경사 길을 내려오면 공자와 맹자 두 성인을 기리기 위해 세운 이성대(二聖臺)가 있다. 그러나 이름과는 달리 누각에는 공맹 대신 설총과 율곡의 위패를 모시고 있다. 마치 노추산의 마지막 자존심처럼.

평일이라서 그런지 한 사람의 참배객도 없는 이성대에는 노승 한 분이 모든 것을 비운 듯 맑은 눈빛으로 먼 곳을 바라보고 있었다. 산객은 짙은 바위 아래로 흘러내리는 차디찬 석간수로 목을 축이며 노승의 시선을 따라가 본다. 그러나 그 시선 끝에 공자와 맹자가 평생에 걸쳐 추구해온 이상향은 보이지 않았고 구름 낀 하늘만 아득할 뿐이었다.

이성대에서 너덜지대와 샘터를 지나 날머리인 구절리 중동에 닿기까지는 한 시간 남짓 걸린다.

Ⅴ 현지 교통

대중교통 연계가 복잡하여 안내등반 이용을 권한다.

동산

생명의 뿌리를 찾아서

저명한 목사 한 분이 "하나님이 인간을 창조할 때 가장 심혈을 기울인 부분이 생식기"라고 단언했다. 그러면서 덧붙이기를 인간의 생식기는 "생명과 사랑과 활동의 왕국"이라고 예찬했다. 정말 그럴까 하는 궁금증도 있고 해서 충북 제천의 동산(896미터)으로 산행을 떠난다. 그 산에 실물과 가장 닮은 남근석과 음부석이 있다는 소문 때문이었다.

산행 들머리는 제천에서 청풍 가는 길목인 성대리다. 버스정류소에서 내려 길을 건너면 영동기사식당. 산 속으로 파고드는 임도를 따라 선희휴게소 앞을 지나가면 '무암사' '작성산' 이정표가 길을 안내한다. 임도는 저수지를 지나 무암사까지 이어진다.

산행 시작 25분이면 첫 갈림길. 오른쪽 산길은 능선을 타고 동산으로 가는 길이다. 무암사와 남근석을 보기 위해 직진한다. 갈림길에서 15분 후, 무암사 표지석 앞에 도착한다.

의상대사가 무암사를 창건할 때 소 한 마리가 제 발로 걸어 들어와서 불사에 참여했다. 소의 노역 덕분에 공사는 예상보다 빨리 진척되었고, 절이 완공되자 소는 제 할 일을 다 했다는 듯이 목숨 줄을 놓는다. 소를 화장하자 사리가 나왔다. 그래서 절 이름을 우암사(牛巖寺)라고 부르다가 무암사로 바꾸었단다. 이 설화는 아무리 하찮은 미물이라고 불성을 타고 난다는 불교의 교리와 무관하지 않을 것 같다.

'무암사' 표지석 앞에서 오른쪽 산길을 택한다. 작은 개울을 건너면 갈

림길이 나온다. 왼쪽 넓은 길은 세목재 가는 길이고 직진에 가까운 좁은 길은 남근석으로 가는 길이다. 암릉으로 된 길은 코가 땅에 닿을 만큼 된비알이다. 25분 후 남근석 앞에 선다.

묘하다는 형용사가 있지만 동산의 남근석은 묘하다기보다는 사실적이다. 그러나 나이 탓일까? 사람 키보다 훨씬 큰 남근석의 피부는 여기저기 불그죽죽 변색되었고 세포는 찢어지고 갈라졌다. 그러나 비록 늙고 병든 몸이지만 마지막 자존심을 지키려는 노병(老兵)처럼 아직은 꼿꼿하게 서 있다.

인간의 생식기에 얽힌 신화를 읽어보면 재미있는 이야기가 참 많다. 고대 신화에서 하늘은 남성을 상징하고 땅이나 바다는 여자를 뜻했다. 고구려의 주몽이 아버지인 하늘과 바다인 어머니 사이에서 태어났다는 설화나, 우주의 역사가 시작될 무렵 하늘인 우라노스와 땅 가이아 사이에서 최초의 신족(神族)인 티탄 12명이 탄생했다는 그리스신화 역시 그렇다.

남편 우라노스와 사이가 틀어진 가이아는 아들 크로노스를 시켜 아버지의 생식기를 강철 낫으로 잘라 바다에 던지게 했다. 그 상처에서 흘러내린 피 속에서 복수의 여신 에리뉘우스가 태어나지만 바다에 던져진 우라노스의 생식기를 둘러싼 거품과 정액이 합쳐져 미의 여신 아프로디테가 탄생한다. 복수의 여신과 미의 여신이라……. 도무지 어울리지 않는 자매 아닌가. 아마 그리스인들은 복수와 사랑을 같은 반열에 올려놓았던 모양이다.

그리스 신화에서 군신(軍神) 아테나는 창과 방패를 손에 들고 아버지 제우스의 머리를 뚫고 나왔으며 술과 도취의 신 디오니소스도 제우스의 허벅지에서 태어났다는 이야기는 제우스의 머리나 허벅지, 아니 제우스 자체가 거대한 생식기를 상징한다는 견해에 설득력을 더한다.

여행자의 수호신 헤르메스와 아프로디테 사이에서 태어난 테르마프로디트는 남성이었다. 나이 열다섯이 되자 그를 키우던 요정은 인간 세계를 수업시키기 위해 땅으로 내려 보낸다. 그는 남쪽으로 여행하여 카리아의 살마키스 연못가에 도착했다. 아프로디테의 아들이었으니 좀 미남이었을까. 그에게 반한 요정이 사랑을 고백하지만 그는 냉정하게 거절했다.

테르마프로디트가 무더위와 여행의 피로를 풀기 위해 연못에서 목욕을 하고 있을 때, 몰래 다가온 요정이 필사적으로 껴안고 다시는 떨어지지 않게 해 달라고 기도하자 신은 그를 남녀 양성을 가진 존재로 변하게 했다.

머리와 허벅지로 자식을 낳은 제우스, 남녀 양성의 테르마프로디트의 신화는 마냥 허무맹랑한 옛 이야기에 불과할까. 아니면 우리가 모르는 깊은 뜻이 숨겨져 있을까.

남근석을 떠나 산행을 계속한다. 갈수록 험해지는 바윗길을 허우적거리며 올라 능선에 선다. 오른쪽은 장군바위와 낙타바위를 거쳐 하산 하는 길이다. 왼쪽으로 몸을 돌려 산행 2시간 만에 성봉에 도착한다. 동산 정상에 오르기 위해서는 직진해야 하지만 음부석을 보기 위해 오른쪽 하산로를 택해 '작은 동산' 으로 향한다.

5분 뒤 이정표가 있는 갈림길, 오른쪽은 무암사로 내려가는 길이다. 왼쪽 학현 아름마을 가는 길을 따른다. 곧이어 나타나는 전망대에서는 무소바위를 왼쪽으로 에돌아 내려간다. 미끄러운 슬랩지대가 이어지지만 위험할 때 마다 밧줄이 하산을 돕는다. 성봉에서 30분이면 삼거리. 왼쪽은 아름마을, 오른쪽 모래재로 향한다. 작은 동산은 모래재에서 오른쪽으로 열려 있다.

커다란 바위가 버티고 있는 작은 동산의 오른쪽 길은 제1전망대를 거쳐 계속 능선을 타는 길이다. 정상에서 진행방향 왼쪽 하산로로 접어든다. 길은 점차 희미해지지만 계곡을 향해 내려간다는 기분으로 길 흔적을 더듬어 30분 정도 내려오면 불근대교가 있는 학현리에 도착한다. 차도 옆에 까리봉 산행 이정표가 세워져 있다.

차도에서 오른쪽으로 방향을 돌려 금수산가든을 지나면 학현1교, '음바위길' 표지판이 길을 안내한다. 다리를 건너기 전에 오른쪽으로 방향을 잡아 개울 상류 쪽으로 올라가면 음부석이 기다리고 있다. 산행 4시간 만이다. 그러나 남근석에 비해 음부석은 기대에 못 미친다.

음부 하면 먼저 연상되는 것이 마고할미의 설화다. 천신의 딸 마고할미가 하늘을 떠받치자 해와 달과 별이 생겼다. 먹다가 토한 음식은 산과 산맥이 되었고 할미가 눈 오줌 줄기는 강이 된다. 그리고 찢어진 치마 구멍으로 튀어나온 돌들은 바다에 떨어져서 섬이 되었다.

지리산 반야봉에서 도를 닦고 있던 반야와 결혼한 마고할미가 딸 여덟을 낳아 팔도 무당의 시조가 되게 했다는 우리의 신화는, 종족의 번식을 최우선으로 여기던 고대 모계사회가 만들어낸 전설일 테지만 마고할미 자체가 거대한 음부임을 상징하고 있다.

동산의 남근석과 음부석은 산을 가운데 두고 서로 떨어져 있다. 너무 멀다. 그렇다면 둘 사이의 간격은 어느 정도가 적당할까? 그에 대한 해답은 '불가근불가원(不可近不可遠)' 이라는 한문숙어에서 찾을 수 있을 것 같다. 가깝지도 멀지도 않는 거리. 그런 의미에서 우리 조상들은 현명했다. 사랑방과 안방이라는 별개의 공간에 거주하지만 생각나면 언제나 가까이 할 수 있는 그런 지혜 말이다.

V 현지 교통

제천→성대리: 청평 행 버스 이용. 30~40분 간격 운행.

학현리→제천: 막차 15:00. (제천운수 043-646-2955)

두 여인

고려 고종 18년, 몽고군의 원수 살레탑이 대군을 몰고 압록강을 건너 침공해 왔다. 놀란 조정에서는 강화 요청과 동시에 많은 공물을 바쳐 몽고군을 철수하게 하지만 이 공격은 침략의 서막이었을 뿐이다. 당시 무신정권의 실세였던 최이는 몽고군이 수전에 약하다는 점에 착안하여 수도를 개경에서 강화로 옮긴다. 그러나 집권세력에게는 강화도가 피난처였지만 7차례 28년에 걸친 몽고군의 침략으로 전 국토는 아수라장으로 변한다.

결국 몽고의 강요를 견디다 못한 원종은 수도를 개경으로 다시 옮긴다. 그즈음 천문을 관장하는 태사국 안방열이 길흉을 점쳤다. 개경으로 돌아가면 고려군사의 반은 죽고 반은 살아남는다는 불길한 점괘와 함께 남쪽 해상으로 가서 새 왕을 옹립하고 새 수도를 정하면 크게 길하다는 예언도 나왔다. 점괘에 고무된 삼별초의 배종손과 야별초의 노영희는 반란을 일으켰다. 그들은 승화후 왕온을 새로운 왕으로 옹립한 후 대몽 항쟁을 계속한다. 이른바 삼별초의 난이다.

몽고군과 관군이 합세하여 강화도를 공격하자 반란군은 보다 방어가 유리한 진도로 근거지를 옮겨 전라도 일대와 경상도 남해안을 장악하여 기세를 올렸다. 그러나 여몽 연합군의 대대적인 공격으로 배종순과 승화후 온이 전사하자 다시 제주도로 옮겨가지만, 난을 일으킨 지 3년 만에 섬멸되어 역사의 그늘로 사라졌다. 비록 그들의 반란이 몽고군의 숙청을

피해 살아남기 위한 수단이었다고는 하지만 외세에 굴복하지 않겠다는 자주정신만은 높이 평가해야 할 것 같다.

조선조에 들어와서도 수난은 계속되었다. 1627년 후금의 장수 아민이 3만 군사를 이끌고 파죽지세로 몰려오자 인조는 강화도로 피신한다. 정묘호란이다. 그로부터 10년 뒤, 병자호란으로 강화도는 또 한 번 쑥대밭이 되었다.

대원군의 집권기인 1866년 병인년, 강화읍을 점령한 프랑스군은 정족산에 보관하고 있던 역사적인 유물과 사고의 서류를 약탈했다. 1871년에는 미국의 군사적인 시위로 야기된 신미양요가 일어났고 1875년에는 일본군함 운양호가 섬에 접근하여 조선 수병과 전투를 벌인다. 강화도의 일기는 그렇게 어수선했다.

마니산(469.4미터)의 산행 들머리를 화도국민관광단지로 잡는다. 관리사무소에서 야외무대와 야영장을 지나 10분 남짓 가면 기도원과 단군로 갈림길이 나온다. 오른쪽 개울을 건너 매점 앞에서 왼쪽 산길을 따라가면 주능선에 올라서게 된다. 이 길이 단군로다. 완만한 능선을 따라 30여 분 오르면 쉼터. 여기서부터 314봉까지는 된비알이다. 314봉 직전의 갈림길에서는 왼쪽 참성단 가는 길로 들어선다.

사실상의 정상 노릇을 하는 참성단(塹星壇)은 단군이 홍익인간의 이념으로 나라를 세운 후 국태민안을 빌며 천신에게 제사를 올린 성스러운 곳이다. 마니산의 옛 이름은 "겨레의 머리가 되는 성스러운 산"이라는 뜻의 '마리산' 이었다. 그러나 조선 중기, 참성단을 승병을 동원하여 중수한 다음부터 불교 용어로 여의주를 뜻하는 마니산으로 바뀐다.

참성단 옆 헬기장에서 사방으로 열린 바다를 본다. 강화도에 얽힌 역사의 소용돌이는 아랑곳없이 바다 저쪽에서 소금기 머금은 바람이 불어와 옷깃을 흔들고, 그 바람을 타고 목은(牧隱) 이색(李穡)의 마니산 예찬이 들려온다.

단군 자취 옛 단에 머물러 있으니
세월 따라 선경에 온 것이 분명하구나.
호탕한 바람과 안개 속에 갈매기만 나는데
천지야 끝이 있으랴 사람만 늙어가는 게지
이내몸 몇 번이나 다시 찾아올 수 있을까.

정상은 참성단보다 불과 4.4미터 더 높지만 갈치의 등지느러미 위를 걷는 것처럼 아슬아슬한 암릉의 연속으로 이 길을 걷는 것은 마니산 산행의 백미로 꼽힌다. 바위 길은 솟아올랐다가 내려가기를 반복한다. 때로는 밧줄에 매달리고 때로는 우회한다. 정상까지는 30분 남짓 걸린다.

정상에서 나무계단을 밟고 하산하면 이내 길이 갈라진다. 왼쪽은 함허동천 능선길이고 오른쪽은 정수사로 가는 길이다. 두 길은 매표소에서 다시 만난다. 정수사 쪽으로 길을 잡으면 40여 분만에 신라 선덕여왕 8년에 회정선사가 창건한 정수사에 도착한다. 정수사는 조선 세종조의 고승 함허대사와 깊은 인연을 맺고 있는 고찰이다.

잠시 공부하고 돌아오겠다며 집을 떠난 함허가 소식을 끊자, 이제나저제나 남편 돌아오기만을 기다리던 아내는 정수사로 남편을 찾아간다. 그러나 이미 불문에 귀의한 대사는 매정했다. 동자승을 시켜 편지 한 통만 전했을 뿐 아무리 애원해도 만나기조차 거부한다.

"태어난 자 반드시 죽고, 만나면 반드시 이별하는 것이 세상 이치니 부인은 나를 잊고 돌아가시오." 절망한 부인이 죽어서라도 남편 곁에 있겠다며 강화 앞바다에 몸을 던지자 소용돌이치던 바다에서 커다란 바위가 솟아올랐단다.

훗날 함허대사가 정수사에서 입적(入寂)하자 사람들은 마을 이름을 '함허동'으로 바꾸었고 그가 수도하던 계곡은 '함허동천', 대사 부인의 넋이 머물고 있다는 그 바위를 '각시바위'라고 불렀다.

또 다른 여인의 이야기는 전등사에서 들을 수 있다. 전등사의 대웅보전 네 귀에는 추녀를 떠받치고 있는 벌거벗은 여인이 조각되어 있다. 신성한 법당과 벌거벗은 여인, 어울리기는커녕 어쩐지 불경스러워 보인다.

광해군 시절, 화재로 불타버린 전등사를 새로 짓고 있을 때란다. 공사를 맡은 도편수는 끔찍이도 아내를 사랑했다. 하지만 이게 어디 보통일인가. 부처님의 집을 짓는 신성한 불사다. 목공은 아내를 남겨두고 혼자 들어와서 몸과 마음을 정갈히 하고 절 짓는 일에 혼신의 힘을 다한다. 그러나 아내는 달랐다. 외로움을 견디다 못한 여인이 외간남자와 눈이 맞아 도망을 친 것이다.

아내의 배신 앞에 망연자실하여 괴로워하던 목수는, 대웅전 처마 밑에 벌거벗은 몸으로 쪼그리고 앉아 지붕을 받치고 있는 아내의 모습을 조각하기 시작했다. 그것이 아내에 대한 목수의 복수였다. 목수는 그의 아내가, 사시장철 법당에서 울려 퍼지는 목탁소리와 염불소리를 들으면서 자신이 지은 죄를 괴로워하고 벌거벗은 몸을 부끄러워하기를 원했다.

강화도와 불교를 배경으로 한 전설 속의 두 여인은 사랑의 깊이도 달랐고 선택도 달랐다. 요즘의 아내들이라면 어떤 선택을 할까? 3시간 20분간의 산행이 던진 새로운 의문이다.

Ⅴ 현지 교통

강화터미널→화도관광단지: 군내버스 1시간 간격으로 운행.

함허동→강화터미널: 13:40 16:10 18:15 등. (선진버스 032-933-6801)

김삿갓의 떠도는 배

명산의 반열에 오르지 못한 산이라고 해서 폄하해서는 안 된다. 그런 산은 우선 호젓해서 좋다. 산길을 걸으며 자연과 인생에 대해 두루 사색할 수 있기 때문이다. 게다가 잊혀져가는 역사의 흔적이라도 찾을 수 있다면 더욱 좋다. 강원도 영월의 마대산(1,052미터)이 그런 산이다.

산행 들머리는 방랑시인 김삿갓으로 통하는 김병연의 묘가 있는 와석골 노루목이다. '시선 난고 병연지묘' 라고 새겨진 묘비가 가버린 날들을 그리워하고 있다. 마지막 장승이 서 있는 제당 앞에서 왼쪽 길로 가면 '김삿갓 생가 터' 라는 안내판이 나온다.

곡동천의 맑은 물, 울창한 숲, 밤이면 반딧불이가 날아다니며 별빛을 대신할 것 같은 청정지역. 홀로 유유자적하고 싶은 은자(隱者)나 도망자들이 숨어 살기에는 다할 나위 없이 좋은 곳이다. 김삿갓이 세상을 떠난 지 150여 년, 그 자리에서 시인의 체취는 맡을 수 없었지만 마당의 들풀이 옛 이야기를 들려주고 있었다.

생가를 떠나 숲 속으로 나 있는 길로 들어서서 20분쯤 오르면 삼거리. 왼쪽 길을 따라가다 계곡이 끝나는 곳에서는 오른쪽 지능선으로 올라붙는다. 무덤을 지나 된비알을 힘겹게 오르면 주능선 삼거리. 여기서 왼쪽으로 방향을 틀어 7분 정도 오르면 정상이다. 태화산 응봉산 형제봉 등, 봉우리와 능선이 하늘금을 긋고 멀리 동강의 물줄기가 멋은 듯 흐르고 있다. 생가에서 정상까지 한 시간 반이 채 안 걸렸다. 젊은 날의 김병연도

수시로 이 산정에 올라와서 산과 골짜기, 구름 너머 먼 하늘을 보며 시심을 키웠으리라.

향시(鄕試)를 보는 동헌마당. 홍경래의 난 때 장열하게 전사한 가산군수 정공의 충성심을 찬양하고, 선천부사이자 방어사의 막중한 책임을 지고도 적에게 항복하여 대역죄로 사형당한 김익순의 죄를 문책하라는 시제 앞에서 병연은 망설일 것이 없었다.

"너는 죽은 혼조차 황천에 못 갈 놈이니……. 한 번은 고사하고 만 번 죽어도 마땅하다."

시험 결과는 병연의 장원급제. 의기양양하게 돌아온 그를 기다리고 있는 것은 그렇게 능멸했던 김익순이 자신의 친할아버지란 청천벽력과 같은 사실이었다. 병연은 자신의 운명을 저주했다. 자신의 재능을 미워했다. 부끄러워 고개를 들 수 없었다. 견디다 못한 병연은 어머니와 처자식을 버리고 집을 떠나면서 하늘 보기가 민망하여 삿갓을 쓴다. 김병연이 김삿갓으로 다시 태어나는 순간이었다.

둥둥 떠돌아다니는 내 삿갓은 가벼운 배와 같으니
우연히 한 번 쓴 것이 사십 평생을 함께 하였도다.

그에게 있어 삿갓은, 나그네 길의 반려(伴侶)였고 하늘과 사람들의 시선으로부터 숨을 수 있는 피난처였다. 그는 삿갓 그늘 아래에서만 바람처럼 자유로울 수 있었다.

스무(二十) 나무 아래의 설은(三十) 객에게
망할(四十) 동네에서는 쉰(五十) 밥을 주는구나.
이런(七十) 놈의 인심이 어디 있을까
나를 기다리는 고향집의 설은 (三十) 밥이 그립네.

김삿갓의 유명한 시 「이십수하삼십객(二十樹下三十客)」의 시구 그대로 유리걸식하며 정처 없이 떠도는 그의 방랑 인생은 그렇게 해서 노루목에서 시작되었다.

네 다리 소나무 소반 위의 멀건 죽 한 그릇
푸른 하늘과 흰 구름이 함께 떠도네.
주인이여 미안해 마오.
나는 물에 비치는 청산을 사랑한다오.

김삿갓이 좌절에서 벗어날 수 있는 유일한 방법은 자연을 벗삼아 떠돌면서 시(詩)를 짓는 것이었다. 시가 그를 죄인으로 만들었고 시가 그를 구원했다. 그래서일까 그의 시는 해학과 풍자가 넘치면서도 한(恨)이 서려 있다. 한을 풍자로 바꾸면서 자신을 지탱한 것이다.

따지고 보면 병연의 잘못은 할아버지를 몰랐다는 것뿐이었다. 할아버지의 전력을 알았다면 그런 시를 짓지도 않았을 것이다. 그것은 할아버지의 죄였지 병연의 죄는 아니었다. 하지만 할아버지를 원망하기보다는 그런 시를 쓴 자신을 학대한다. 그날의 시제가 다른 것이었다면 그의 인생은 어떻게 달라졌을까. 그는 또 어떤 시를 세상에 남기고 갔을까. 모르긴 하되 그의 운명은 이미 그렇게 결정되어 있었는지도 모른다.

세상만사 모두 정해진 운명이 있는데
허공에 뜬 내 인생은 헛되이 헤매고 있구나.

삿갓이 남긴 이 시 한 수가 그의 마음을 대변해 주고 있다. 그렇게 떠돌던 시인은 전라도 동북에서 57세를 일기로 세상을 떠났고, 둘째아들 익균은 아버지를 이곳에 모셨다.

길을 재촉한다. 정상아래 삼거리로 되돌아 내려와 북동쪽 주능선을 타고 처녀봉으로 향한다. 10분 정도 가면 두 그루의 소나무가 서있는 삼거리. 하산길은 선낙골을 거쳐 들머리인 노루목으로 바로 내려가는 길이다. 계속 주능선을 탄다.

1,030봉의 전망대에 서면 선낙골과 노루목 일대가 내려다보이고 가야 할 처녀봉이 눈앞에서 손짓하고 있다. 전망대에서 내려가는 길은 경사가 급하다. 다시 삼거리, 옥동리 산제망터에서 올라오는 길과 만나는 곳이다. 여기서 동쪽 오르막길로 10분만 오르면 노송이 군락을 이루고 있는 처녀봉 정상이다. 정상에서 남동릉을 타고 50여 분 내려오면 선낙골. 계곡 길을 걸어 날머리인 노루목으로 내려와 5시간의 산행을 끝낸다.

노루목 주차장 입구 삿갓주점에서 한 잔의 술로 목을 축이며 다시 김삿갓을 생각한다. 어쩌면 김삿갓은 운명적으로 역마살이나 방랑벽을 타고 났는지도 모른다. 그래서 죄의식과 보헤미안적인 기질이 맞물려 떠도는 인생을 살았는지도 모를 일이다. 그렇다고는 해도 인륜이며 도덕이 바닥까지 떨어졌다고 개탄하는 오늘의 세태와 비교하면 그의 방랑은 차라리 아름답다.

그는 지금 무덤 속에서 무엇을 생각하고 있을까. 누구를 그리워하고 있을까. 떠도는 길목에서 만났던 숱한 사람들……. 그의 시에 반하여 몸과 마음의 문을 열어준 기생이며 풍월을 아는 탁발승. 가난하지만 마음 착한 촌부. 그리고 가식에 가득 찬 선비들과 문전박대만을 능사로 아는 졸부들. 지금쯤 김삿갓은 그들을 모두 불러 모은 채 또 한 편의 풍자시를 읊고 있을지도 모른다. 한잔 술에 취해.

V 현지 교통

영월터미널→생가 입구: 08:30 등 5회 운행. (영월교통 033-373-2373)

눈물의 성분

경기도 포천의 명성산(923미터)은 바위산이다. 그러나 푸른 산정호수와 아름다운 계곡, 웅장한 폭포와 넓은 억새밭이 유산객을 부르고, 마의 태자와 궁예의 전설과 흔적이 아식도 남아 있어 역사탐방 산행지로서도 손색이 없는 명산이다.

산행 들머리는 산정호수 주차장이다. 주차장 옆으로 보이는 '억새밭' '등산로' 표지석 뒤로 보이는 넓은 길을 따라가면 길은 계곡을 끼고 이어진다. 30분 후, 폭포수를 타고 용이 승천했다는 등룡폭포에 도착한다.

폭포에서 2분쯤 가면 갈림길이 나온다. '오른쪽은 편한 길, 왼쪽 길은 험한 길' 이라고 표지판에 적혀있다. 두 길은 억새밭에서 다시 만난다. 험한 길을 택한다. 좁은 골짜기 사이로 열려 있는 길은 과연 험하다. 30분 남짓 힘겹게 올라 억새밭에 도착하면 산의 사면을 가득 채운 억새가 하얀 머리카락을 휘날리며 어깨춤을 추고 있다.

능선을 따라 가면 억새밭 사이에 있는 약수터. 목을 축인 후, 팔각정으로 향한다. 명성산이라고 새겨진 비석 옆의 팔각정 앞에서 길은 갈라진다. 왼쪽은 자인사로 하산하는 길이다. 정상에 오르기 위해서는 오른쪽 능선을 타야 한다. 돌무넘이 쌓여 있는 봉우리를 넘어 길을 재촉한다.

길은 능선을 따라 낮은 봉우리를 오르내리면서 이어간다. 산안고개 표지판 등, 왼쪽으로 내려가는 하산 길은 모두 무시하고 계속 능선을 따라가면 커다란 암봉 앞에서 길은 크게 갈라진다. 오른쪽, 밧줄이 걸려 있는

내리막길을 택하면 다시 능선으로 올라서게 된다.

삼각봉(906미터)에 올라서면 동그란 명성산의 정상이 저만치 보인다. 삼각봉에서 내려와 용화저수지와 산안고개 갈림길을 외면하고 산행 2시간 50분 만에 정상에 선다. 산행 들머리였던 산정호수는 경기도 포천에 속하지만 정상은 궁예가 건국한 태봉의 수도였던 강원도 철원 땅이다.

명성산(鳴聲山)의 순수한 우리 이름은 울음산이다. 신라의 마지막 임금 경순왕이 왕건에게 나라를 바친 후, 절망한 마의태자가 금강산으로 가던 중에 이 산정에 올라 설움에 겨워 눈물을 흘렸고, 가장 믿었던 왕건에게 쫓겨난 궁예가 이 산에 숨어서 통곡했단다. 그래서 울음산이다.

눈물은 98.5%의 물과, 나트륨 칼륨 알부민 글로불린 등의 단백질과 살균작용을 하는 리소자임으로 구성되어 있다. 그러나 눈물의 성분이 언제나 같은 것은 아니다. 즉 사랑과 이별, 기쁨과 슬픔, 분노와 격정 등, 감정상태에 따라 교감 신경의 지시로 분비되는 수분과 나트륨의 양이 달라져서 눈물의 농도(짠맛)도 변하기 때문이다. 눈물에 대한 정철의 시조 한 수.

남진(남편) 죽고 우는 눈물 두 젖에 내리흘러
젖 맛이 짜다하고 자식은 보채거든
저놈이 어내 안으로(어떤 마음으로) 계집되라 하난다.

그렇다면 남편을 잃은 아내의 눈물과 마의태자가 흘린 눈물, 궁예의 눈물을 분석하면 그 성분이 같을까 다를까. 산객은 눈앞의 궁예봉을 바라보며 영광과 좌절로 점철된 한 인간의 삶을 되돌아본다.

궁예는 신라 제47대 헌안왕(일설에는 경문왕)과 궁녀 사이에서 태어났다. 그가 외가에서 태어난 날, 일관(길일을 가리는 일을 맡아보던 관리)이 왕에게, "나면서부터 이빨이 나오고 이상한 빛까지 비치는 것으로 미루어볼 때, 이 아이는 장차 국가에 큰 재앙을 불러올 것"이라고 보고하자 왕은 아이를 죽이라고 명령했다.

궁녀의 집으로 달려간 군사들은 울부짖는 어미의 품에서 아이를 빼앗아 다락 아래로 던져버린다. 그러나 다락 밑에 숨어 있던 유모가 아이를 받아 생명은 구했지만, 유모의 손가락이 아이의 눈을 찔러 애꾸가 되고 말았다. 그로부터 10년 동안, 궁예는 유모와 함께 숨어서 산다.

열 살이 된 궁예는 선종(善宗)이라는 법명을 받고 중이 된다. 전설에 의하면 큰 재를 올리던 날, 궁예가 들고 있던 바릿대에 날아가던 까마귀가 왕(王)이라고 새겨진 상아조각을 떨어뜨렸고, 이 사실에 자부심을 느낀 궁예는 은밀하게 야망을 키워나갔다고 한다.

그 즈음 신라의 국운은 나날이 기울고 있었다. 진성여왕의 향락과 사치로 국고가 바닥나자 여왕은 백성들에게 과도한 세금을 부과한다. 게다가 흉년까지 겹치자 견디다 못한 백성들은 유리걸식하거나 초적이 되었다. 전국에서 민란이 발생했다. 궁예도 그 때 절을 떠나 도적 기훤과 양길의 수하노릇을 하면서 독자적인 세력을 키워나갔다.

궁예는 대단한 전략가였고 현명한 지휘자였다. 훈련을 할 때에는 언제나 선두에 서서 시범을 보였고 먹고 입는 것은 물론 잠잘 때도 부하와 고락을 같이 했다. 엄격하게 신상필벌을 적용했고 사사로운 감정으로 군사들을 대하지 않아 군졸들의 존경을 받았다.

왕건일족의 항복을 받아 송도에서 후고구려를 세운 궁예는 나날이 세력을 넓혀갔다. 남으로는 공주와 상주, 전라도의 나주까지 손에 넣었고 북으로는 평안도까지 세력을 넓히자 수도를 철원으로 옮기고 국호를 태봉으로 바꾼다.

그랬던 궁예가 달라지기 시작했다. 큰아들은 청광보살, 작은아들은 신광보살이라고 부르게 하고 자신은 미륵불의 현신불로 떠받들게 했다. 의심이 많아졌고 거칠어졌다. 특히 상대의 마음을 꿰뚫어본다는 독심법이며 관심법을 이용하여 의심스러운 신하는 죽여 버렸고, 심지어는 왕비 강

씨와 두 아들까지 죽이는 참극을 벌린다. 이를 보다 못한 왕건은 궁예를 쫓아내고 왕위에 오른다. 그리고…… 쫓겨난 궁예는 명성산에서 잠시 머문 뒤, 부양(평강)에서 백성들에게 맞아 죽는 것으로 파란만장한 일생을 끝냈다.

궁예는 국호를 태봉으로 고치면서 연호를 수덕만세(水德萬歲)라고 정했다. 그러나 천세만세 이어갈 대제국을 꿈꾸었던 그의 나라는 겨우 18년 만에 역사의 무대에서 사라진다. 그는 '버림과 배반' 이라는 운명의 별과 함께 태어난 비운의 왕손이었다.

하산길은 정상석 뒤로 열려 있다. 10분 정도 내려가면 정상과 궁예봉 사이의 안부 갈림길. 직진하면 궁예봉, 오른쪽 길은 약물계곡으로 내려가는 길이다. 왼쪽으로 몸을 돌려 산안고개 방향으로 길을 잡는다.

안부에서 40여 분 내려오면 숨은폭포(산안폭포)가 위용을 드러낸다. 거대한 암벽 가운데로 물길을 내어 아우성치며 떨어지는 물줄기가 마음까지 씻어 내린다. 15분 후에 만나는 두 번의 임도에서는 오른쪽으로 방향을 잡는다. 곧이어 산안고개에 도착하여 4시간 30분의 산행을 마친다. 여기서 산정호수 주차장까지는 1시간 남짓 더 걸어야 한다.

Ⅴ 현지 교통

운천→산정호수: 06:30분부터 1시간 간격 운행. (선진버스 031-535-8813)

「청산별곡」

별 것도 아닌 일로 사내종과 다툰 계집종이 황희에게 달려와서 고자질했다. “이렇고 저렇고 해서 이리저리 되었으니 돌쇠가 나쁘죠?” “그래 네 말이 옳구나.”

이번에는 사내종이 달려와서 억울하단다. “아닙니다. 대감마님, 그 게 아니라 사실은 이렇게 된 것이니 저는 잘못이 없습니다.” “그래 네 말이 옳다”

옆에서 자초지종을 지켜보고 있던 부인이 참견했다. “아니 대감, 옳고 그름을 분명이 해야지 두 아이 모두 옳다하면 시비가 가려집니까?” 황희가 허허롭게 웃으며 대답했다. “당신 말도 옳소.”

맑고 밝은 산이라는 뜻을 가진 백화산(933미터)은 경북 상주와 충북 영동의 경계에 우뚝 솟아올라 사시장철 아름다운 풍광을 자랑하는 숨어 있는 명산이다. 게다가 조선조 최고의 명재상이자 청백리였던 황희의, 비움과 자족의 철학을 음미하며 걸을 수 있다는 것은 백화산 산행이 덤으로 주는 즐거움이다.

들머리인 수봉리 버스정류장에서 내린 뒤, 개울 옆으로 나 있는 길을 따라 보현사로 향한다. 개울 건너 왼쪽 산자락에 황희 정승의 영정을 모신 옥동서원과 그 분이 풍류를 즐겼다는 언덕 위의 백옥정이 보인다.

백학교를 건너면 갈림길. 산행안내도가 세워져 있다. 오른쪽으로 잠시 가면 보현사. 등산로는 보현사 앞 임도를 따라 이어진다.

산행을 시작한 지 40분 남짓 걸으면 보문사 터와 용초로 가는 갈림길이 나온다. 여기서 직진하는 길을 버리고 왼쪽 보문사 터로 향한다. 계곡을 따라 걷기를 30여 분, 오른쪽 급경사 산사면으로 달라붙어 신라의 태종무열왕이 머물렀다는 대궐 터와 보문사 터를 잇달아 지난다. 그러나 석축과 주춧돌 몇 개만 남아 있어 이 깊은 산 속까지 찾아온 흥망성쇠와 무심한 세월을 말해 주고 있을 뿐이다.

신라의 김흠이 쌓았다는 금돌산성에 도착한다. 김유신 장군이 백제군과 혈투를 벌인 곳이다. 산성은 일부만 복원되고 나머지는 무너진 채 방치되어 있다. 복원된 성벽을 지나 산행 시작 2시간 30분 만에 올라선 정상에는 정상석이 두 개다. 하나는 백화산(白華山), 또 하나는 포성봉(浦城峰)이다.

몽고의 침략으로 전 국토가 유린되어 백성들이 아비규환의 생지옥에 빠져 있던 때다. 백화산의 저승골 전투갱변에서, 지랄타이가 지휘하는 몽고군은 승려 홍지사가 이끄는 의병에게 군사의 태반을 저승으로 보내는 참패를 당한 후, 가슴을 치며 한탄(恨歎)했다고 해서 한성봉(恨城峰)으로 부르다가 한성봉(漢城峰)으로 바뀌었단다. 그러나 일제(日帝)는 우리의 자존심을 짓밟기 위해서 금돌성을 포위한다는 뜻의 포성봉으로 이름을 바꾼다.

2007년, 영동군에서는 백화산의 정상을 한성봉(漢城峰)으로 되돌렸다. 하지만 한성봉과 포성봉이라는 이름은 우리의 자랑이면서도 수치스러운 역사의 한 단면이다. 이름을 바꾼다고 해서 역사가 달라지지 않는다면, 사실을 사실대로 인정하고 그날의 아픔을 내일의 영광을 위한 초석으로 삼는 것. 그 역시 이름 바꾸는 것 못지않게 의미가 있을 것 같다.

산객은 두 개의 정상석에서 역사의 양면성을 본다. 고려를 속국으로 만들고 거대한 중국을 점령하여 원나라를 세운 뒤, 전 세계를 정복할 만큼 기세등등했던 몽고도 지금은 변방으로 밀려나서 초라한 몰골로 겨우 명맥을 이어 가며 우리의 도움을 기다리고 있다. 어디 나라와 나라만 그럴까. 사람과 사람 사이도 마찬가지다.

정상에서 내려다보이는 산하는 온통 푸름뿐, 그야말로 청산이다. 여기서 그냥 살고 싶다는 생각이 불쑥 난다. 청산이 던지는 유혹이다.

살어리 살어리랏다. 청산에 살어리랏다.
멀위랑 다래랑 먹고 청산에 살어리랏다.
–중략–

이리공 더리공 히야 나즈란 디내오손더
오리도 가리도 없슨 바므란 또 엇디호리까.
–하략–

고려시대에 지어진 「청산별곡」의 일부다. 그러나 작가나 작품의 성격에 대한 정설은 없다. 발상지도 모른다. 다만 몇 개의 가설을 세워 그러려니 할 뿐이다. 그 중에서도, 몽고 침입 때 적을 막기 위해 강제로 이주시킨 백성들의 노래라는 설과, 닫힌 세계에서 살고 있는 여인의 한과 고독을 담은 노래라는 설이 무게를 얻고 있다. 그렇다면 여기가 몽고군과의 격전지였으니 이 산자락이 청산별곡의 무대라고 보아도 별 무리가 없지 않을까.

산객은 고향을 빼앗긴 민초들과, 전투가 끝나도 돌아갈 수 없는 늙은 군사와, 싸움터에서 지아비를 잃고 홀로 남은 여인의 처지가 되어 그들이 안고 살아야 했던 절절한 그리움과 사무치는 고독을 미루어 짐작해 보지만 그 아픈 마음을 천년 후의 필부가 어찌 제대로 짐작할 수 있겠는가.

정상에서 하산길은 둘로 나누어진다. 시간적 여유가 있고 체력이 감당할 수 있다면, 아찔한 알릉을 타는 재미를 만끽할 수 있는 오른쪽 주행봉

으로 방향을 잡고, 그렇지 않다면 이정표의 백화정사와 반야사로 하산하는 능선을 타면 된다. 백화정사로 하산한다. 첫 갈림길에서는 오른쪽, 두 번째 갈림길에서는 왼쪽 길을 택한다. 바위에 페인트로 적어놓은 반야사 표시는 무시한다.

대포의 포신처럼 튀어나온 전망대에 서면 왼쪽으로 저승골이 보인다. 의병들이 몽고군을 대파했다는 전투갱변은 저승골의 물줄기가 석천과 만나는 저 어디쯤일 것이다. 그리고 석천 건너편에 반야사가 보인다.

단종들 죽이고 왕위에 오른 세조는 피부병으로 모진 고통을 받는다. 병을 치료하기 위해 전국의 명찰(名刹)을 찾아다니던 세조는 신미대사의 안내로 반야사를 찾았다.

세조의 기도를 가상하게 여겼음일까? 이적이 일어났다. 사자 등에 올라 탄 문수동자가 나타나서 왕을 인도한다. 동자가 반야사 옆 명경대 아래쪽 영천(靈泉)에서 몸을 씻겨주니 왕의 피부병은 씻은 듯이 나았단다.

세조의 피부병이 그가 저지른 악행에 대한 징벌이라면 문수동자의 등장은 용서를 의미한다. 배불숭유(排佛崇儒) 정책으로 억압 받던 불교와, 피비린내 나는 살육으로 백성의 신망을 잃어버린 세조가 맺은 화합과 반전을 노린 신사협정이다. 이와 똑같은 전설이 국보 221호로 지정된 오대산 상원사의 문수동자상을 통하여서도 전해오는 것을 보면 피 묻은 손을 씻기란 그처럼 어려운 모양이다.

백화정사를 지나 반야교에서 5시간의 산행을 끝내지만 버스정류장이 있는 우매리까지는 30분 남짓 더 걸어야 한다.

Ⓥ 현지 교통

황간터미널→수봉리: 08:35 09:30 등 10회 운행.

우매리→황간: 15:30 17:40 등 10회 운행. (황간터미널 043-742-4015)

연리목과 비익조

나무 한 그루 때문에 하루아침에 유명해진 산이 충북 괴산의 사랑산(647미터)이다. 수 년 전에 연리목이 발견되면서 제당산에서 사랑산으로 이름마저 바뀐 것이다.

산행 들머리는 용세골 버스정류장. 차도 옆으로 달천의 맑은 물이 흐르고 있다. 정류소 건물 옆 임도를 따라 산행을 시작한다. 200미터 정도 걸으면 삼거리. 오른쪽 개울을 건너간다. 다리를 건너 100미터쯤 가면 독립가옥이 보인다. 산길은 집 오른쪽 풀밭 사이로 열린다. 풀밭이 끝나고 분명한 갈림길이 나타나면 왼쪽으로 간다.

산행 시작 50분 만에 주능선 삼거리에 도착한다. 왼쪽으로 길을 잡아 10여 분 오르면 585봉, 곧이어 560봉, 여기서부터는 급경사 내리막과 오르막이 반복된다. 삼거리인 641봉의 왼쪽 하산로는 연리목과 용추폭포로 바로 가는 지름길이다. 5분 정도 더 걸어 정상에 선다.

소나무에 정상임을 알리는 표지판이 끈으로 묶여 있다. 그 흔한 정상석조차 없고 나무가 둘러싸고 있어 조망마저 시원찮다. 그러나 정상을 분수령으로 하여 사랑산은 두 얼굴의 사나이처럼 그 모습이 달라진다. 지금까지는 숲으로 둘러싸인 부드러운 흙길이었다면, 이제부터는 시원한 바위 전망대와 기암괴석이 눈을 즐겁게 한다.

정상에서 3분 정도 내려오면 독수리바위, 영락없는 독수리가 산정을 올려다보고 있다. 제 4전망대에서는 후영리계곡 저쪽에 솟아오른 낙영 도명

백가산을, 제3전망대에서는 코뿔소바위와 옥녀봉과 군자산의 산세에 취한다. 이어 제2전망대와 코끼리바위, 제1전망대가 차례로 나타난다.

정상에서 50분 정도 내려오면 임도처럼 어수선한 빈 터가 나온다. 길을 비스듬히 가로질러 산악회 리본이 붙어 있는 좁은 산길로 들어선다. 15분 후 독립가옥 옆 차도 삼거리. 왼쪽으로 용추슈퍼가 보인다. 용추폭포와 연리목을 보기 위해 길을 재촉한다.

용추슈퍼를 지나 차도를 따라가면 계곡을 가로지르는 다리가 나오고 다리를 건너자마자 왼쪽으로 꺾어 계류를 따라간다. 다시 물길을 건너가는 다리 두 개. 두 번째 다리를 건너간다. 임도는 곧 산길로 바뀐다. 잠시 뒤, 길 왼쪽에 연리목 안내 입간판이 보인다. 연리목은 간판 뒤쪽 비탈길을 3분 정도 올라가야 만난다.

15미터 높이에 수령 600년으로 추정되는 연리목은 3.5미터 높이에서 두 몸이 하나로 합쳐졌다. 흡사 꼿꼿하게 버티고선 남자의 어깨에 여자가 다소곳이 머리를 기댄 모양새다. 너와 나는 없어지고 우리가 된 것이다.

연리목(連理木)은 사랑나무다. 그래서 이을 연(連) 대신에 사랑 연(戀)을 쓰기도 한다. 마치 따로따로 태어난 남녀가 연분을 맺어 부부가 되고, 서로 사랑하고 의지하면서 평생을 같이하는 아름다운 모습이 연상되기 때문이다. 나무와 나무가 붙으면 연리목이고 가지와 가지가 붙으면 연리지다.

사랑산의 연리목은 두 나무 사이가 40센티미터 정도 벌어져 있다. 부녀자가 그 사이를 빠져나오면서 간절히 기도하면 아들을 낳는다는 전설도 전해오고 있다.

그러나 양귀비가 현종의 총애를 한 몸에 받고 있던 시절의 당나라 여인들은 아들보다는 딸을 더 선호했다. 양귀비 덕분에 그녀의 일가친척 모두가 부귀영화를 누렸기 때문이다. 그들은 시원찮은 아들 열보다는 예쁜 딸 하나를 더 가치 있게 여겼다. 양귀비 신드롬이었다.

뛰어난 정치가이자 전략가였고 서예와 음악에도 조예가 깊었던 현종은, 사랑하던 아내 무혜가 세상을 떠나자 실의와 좌절의 늪에서 빠져나오지 못한다. 궁궐에는 삼천이 넘는 궁녀가 득시글거렸지만 그 어느 여인도 황제의 마음을 움직이지 못했다. 그랬던 황제가, 당대 최고의 화가 오도자가 그린 양귀비의 초상화를 보고는 한눈에 반한다. 하지만 그녀는 현종의 18번째 아들 수왕의 부인으로 자신의 며느리였다.

고민을 거듭하던 현종은 작심한 듯이 주연을 베풀고 며느리를 부른다. 뛰어난 미모, 풍만한 육체, 농염한 미소, 게다가 음악과 무용에도 뛰어난 양귀비를 본 황제는 제정신이 아니었다. 참을 수 없었던 현종은 아들을 새로 장가보낸 뒤, 며느리를 빼앗아 자신의 품에 안는다. 56살 시아버지와 22살 며느리의 금지된 사랑은 그렇게 시작되었다.

칠월칠석날, 장생전의 뜰을 거닐며 별을 바라보던 양귀비가 갑자기 흐느낀다. 놀란 황제가 그 연유를 묻자 "견우와 직녀의 사랑이 부럽습니다. 우리도 견우와 직녀처럼 영원히 사랑할 수 있을까요? 언젠가는 저도 폐하께 버림받은 채 잊어질까 두렵습니다." 한다. 황제는 양귀비의 눈물을 닦아주며 사랑을 맹세했다. 시인 백거이는 「장한가(長恨歌)」에서 그 정경을 이렇게 묘사했다.

우리가 죽어 하늘에서 태어나면 비익조가 되고
땅에서 태어나면 연리지가 됩시다.
유구한 천지도 종말은 오겠지만
이 사랑과 한은 영원히 계속되리라.

비익조(比翼鳥)는, 눈도 날개도 하나뿐이어서 혼자서는 날 수 없다. 그러나 암수가 한 몸으로 합쳐지면 구만리 창공도 쉽게 날아오르는 전설의 새다. 현종에게 있어 양귀비는, 연리지가 되고 비익조가 되어서라도 헤어

지고 싶지 않은 그런 사람이었다. 그러나 얄궂은 것이 운명이다.

양귀비의 사촌오빠 양국충은 여동생 덕에 재상이 되었지만, 양귀비의 수양아들 안록산과는 사이가 나빴다. 사사건건 대립하던 안록산이 마침내 반란을 일으켰고 현종과 양귀비는 장안성을 탈출한다. 그러나 문제가 생겼다. 이 모든 사단이 양귀비 때문에 비롯되었다고 믿는 군사들이 현종에게 양귀비의 처형을 강요한 것이다. 거부하면 황제도 버리겠단다.

고민하는 현종을 보다 못한 양귀비는 황제의 눈앞에서 목을 매어 자살한다. 그녀의 나이 38살이었다. 죽음 앞에서 연리지며 비익조의 맹세 따위는 정말 부질없는 것일까. 그때 현종이 사랑하는 연인을 위해 할 수 있는 일은 아무 것도 없었고, 단지 손으로 얼굴만 가렸을 뿐이었다.

연리목에서 내려와 80미터 정도 물길을 따라가면 괴산에서 규모가 가장 큰 용추폭포에 닿는다. 대패로 다듬은 듯이 매끈한 화강암 절벽 위에서 떨어지는 폭포수와 짙푸른 소와 담이 절경을 연출하고 있다. 하산길은 줄곧 계곡을 따라 이어진다. 별장 같은 집 세 채를 지나 징검다리를 건너면 임도. 임도 따라 10분을 더 걸어 들머리인 용세골 버스정류장에서 4시간 40분의 산행을 마친다.

물놀이를 즐기던 피서객들이 땀에 흠뻑 젖은 등산객을 보고 손을 흔든다. 그들의 눈에 비친 산꾼들은 영락없이 산신령에게 혼을 뺏긴 가여운 사람들이리라.

☑ 현지 교통

괴산시외버스터미널 앞→후영리: 10:40 등 3회. (아성교통 043-834-3351)

선녀와 나무꾼은 몇 촌일까

우리민족의 수많은 설화 중에서도 '선녀와 나무꾼'은 특별하다. 그 이야기는 어린이를 위한 설화이면서도 어른을 위한 동화이기 때문이다. 설화의 발상지가 어느 산 어느 계곡이라고 단정하기는 어렵다. 이 땅의 웬만한 산골짜기에는 등선폭포라는 이름의 폭포와 선녀탕이라는 소와 담이 있는 까닭이다. 그 중에서도 북의 금강산과 남의 삼악산(654미터)이 그 전설을 대표한다.

산행들머리를 물의 도시 춘천의 의암댐매표소로 잡는다. 매표소 옆 산길로 들어서면 삼악산장. 돌무덤이 있는 곳에서 오른쪽 길로 들어서면 상원사가 내려다보이는 봉우리에 올라서게 된다. 오른쪽 능선을 따라 상원사로 향한다.

상원사 왼쪽, 이정표의 깔딱고개 방향으로 산행을 이어간다. 15분 정도 가파른 길을 올라 고갯마루에 올라서면 다시 오른쪽 능선을 탄다.

산행 시작 1시간 30분 만에 도착한 정상의 조망은 시원하다. 북쪽으로 계관산 북배산 화악산이 보이고, 의암호에 떠 있는 하중도 중도 상중도 세 섬은 한 폭의 산수화다.

하산은 등선폭포 쪽이다. 진행방향 왼쪽으로 길이 열려 있다. 큰 초원 갈림길에 도착하면 이정표가 기다리고 있다. 등선폭포까지는 2.2킬로미터가 남았단다. 숲을 지나 333개의 계단을 내려오면 다시 작은 초원에 세워진 이정표. 흥국사 방향으로 길을 잡는다. 흥국사는 맥국의 궁궐터에

지은 절집이란다. 정상에서 흥국사까지는 40분 남짓 걸린다.

그 옛날, 지금의 춘천지역에는 맥국(貊國)이라는 작은 나라가 있었다. 맥은 예(濊)와 함께 한반도 중북부 및 남만주 일대에 퍼져 있던 고대종족으로 고구려를 세운 중심세력의 일부였지만 후일 고구려에 통합된다. 삼악산의 삼악산성과 우두산의 토성은 맥국의 성터였고 춘천 월곡리에 있는 능산은 맥국의 왕릉이라고 한다.

선녀와 나무꾼을 만나고 싶은 산객은, 흥국사에서 등선폭포를 거치는 삼악산매표소 쪽으로 하산한다. 계곡은 좁고 길은 험하다. 그러나 위험한 곳마다 계단을 설치하여 산행을 돕고 있다. 등선계곡은 5개의 크고 작은 폭포와 소와 담이 협곡과 어우러져서 신비스러운 분위기를 풍긴다.

수수만년 세차게 내려온 물줄기가 다듬어 놓은 선녀탕은 여인의 엉덩이를 닮았고, 수줍은 듯이 살짝 숨어 있는 등선폭포는 아기자기하다. 저 물줄기를 타고 두 아들을 양팔에 안은 선녀가 하늘로 올라갔단다.

옛날 옛적, 마음 착한 나무꾼이 위기에 빠진 사슴을 구해주자 사슴은 고마움의 표시로 선녀가 내려와서 목욕하는 못의 위치를 알려준다. 나무꾼은 사슴이 가르쳐준 곳을 찾아 바위 뒤에 몸을 숨겼다.

아무 것도 모르는 선녀는 날개옷을 벗고 물속에 들어가서 목욕을 즐겼고, 나무꾼은 소리 없이 다가가서 날개옷을 훔쳤다. 목욕을 끝낸 선녀가 옷을 찾지만 보이지 않는다. 옷이 없으면 하늘나라로 돌아갈 수 없다. 절망하여 울고 있는 선녀 앞에 시치미를 떼고 나타난 나무꾼은 오갈 데 없는 선녀를 유혹하여 부부의 연을 맺었다.

세월이 흘러 두 아이의 엄마가 된 선녀는 하늘나라를 잊은 것 같았다. 아이 셋 낳을 때까지는 날개옷을 돌려주지 말라는 사슴의 당부를 깜박 잊어버린 나무꾼은 옷을 돌려준다. 그러면서 영원히 변치 않을 사랑을 맹세했다. 그러나 선녀의 마음은 달랐다. 날개옷을 입은 선녀는 두 아이를 한 팔에 하나씩 안고는 울며 붙잡는 나무꾼을 뿌리치고 하늘로 올라갔다.

옷깃만 스쳐도 인연이란 말이 있다. 불가(佛家)에서는 인연설을 설명하면서 겁(劫)이라는 단위를 사용한다. 예를 들면, 전생에서 1,000겁의 인연이 쌓여야 같은 나라에서 태어나고, 2,000겁이 쌓이면 하루 동안 길을 동행한단다. 3,000겁의 인연은 하루 밤을 한 집에서 자게하고, 한 동네에서 태어나려면 5,000겁, 하룻밤을 같이하려면 6,000겁. 그리고 7,000겁의 인연이 쌓여야만 부부로 맺어진다고 했다.

그렇다면 겁이란 얼마만큼의 시간을 말하는 것일까. 사전에는 겁을, 천지가 한 번 개벽한 때부터 다음 개벽 때까지의 시간이라고 말하지만 너무 추상적이다. 불계(佛界)에 있는 수미산에는 가로 세로가 80여 리에 달하고, 높이가 20여 리나 되는 거대한 바위가 있단다.

100년에 한 번씩, 선녀가 이 바위로 내려와서 춤을 추었다. 그때 스친 선녀의 발길과 치맛자락으로 바위가 다 닳아 없어질 때까지의 시간이 1겁이다. 선녀와 나무꾼은 그 1겁이 7천 번이나 반복될 만큼의 오랜 인연 끝에 부부가 된 것이다. 아마 나무꾼의 속셈은 이랬을 것이다. "자식 둘과 나까지 합하면 셋. 제아무리 선녀라도 한꺼번에 세 사람을 안고 날아갈 수는 없을 것이다." 그러나 그건 착각이었다. 부모와 자식은 1촌으로 가장 가까운 촌수다. 하지만 부부간은 무촌(無寸), 즉 촌수가 없다. 그래선지 부부 사이는 가깝고도 멀다. "돌아누우면 남남"이라는 말도 그래서 생겼다.

요즘은 세 쌍의 부부 중에서 한 쌍이 이혼한다고 한다. 한때는 서로 사랑했지만 헤어질 때는 얼음처럼 차갑다. 미련 없이 이혼서류에 도장 찍고 돌아서는 부부에게 7,000겁의 인연 따위는 공염불에 불과할 뿐이다. 그러나 자식의 양육권은 서로 가지겠다고 다툰다. 무촌보다는 1촌이 더 가깝다는 산술적인 계산 때문일까.

나무꾼이 사슴의 충고대로 자식 셋을 낳을 때까지 기다렸다면, 선녀는 안을 수 없는 셋째 아이 때문에 하늘로 올라가는 일을 포기했을지도 모른

다. 기다리는, 기다릴 줄 아는 마음이 사랑이란 것을 나무꾼은 몰랐다. 그리고 그 사랑은 오늘의 부부관계에도 그대로 적용된다. 기다리는 마음이 이별이라는 비극을 막아주기도 하니까.

사람과 사람이 만나 부부가 되면 무촌이지만 선녀와 나무꾼이 결혼하면 그 촌수는 어떻게 될까. 같을까 다를까. 아무려나 촌수와는 관계없이 선녀는 자식을 선택했다. 선녀 이전에 엄마였으니까.

폭포수에 선녀와 나무꾼의 전설을 실어 보내고, 석문 같고 동굴 같은 협곡을 빠져나와 3시간의 산행을 끝낸다. 등선계곡이 선경이었다면 매표소 앞은 어지러운 속세였다.

구름 머무는 시냇가에 절을 지으니 서른 해 내리 주지라네
문 앞의 외줄기 길을 웃으며 가리켰는데
산 밖으로 나가니 길은 천 갈래로 갈라졌다네.

최치원의 「금천사 주지에게」라는 하산시다. 최치원이 말한 천 갈래 길이란 세속의 길이다. 인간의 마음이 만든 길이다. 그리고 그 길 중에는 사랑과 미움 그리고 이별 등, 선녀와 나무꾼뿐만 아니라 우리네 보통 부부들이 걸어야 할 길도 있을 것이다.

☑ 현지 교통

춘천시내버스터미널과 강촌역에서 15~20분 간격으로 시내버스 운행.

사랑의 몇 가지 유형

"선화공주님은 마동방이를 얻어두고 밤에 몰래 안고 가네."

신라 진평왕의 셋째딸 선화공주에게 반한 더벅머리 백제 총각 서동이 서라벌 아이들에게 감자를 나누어 주며 이 노래를 가르치자, 신이 난 아이들은 동네방네 다니며 노래를 퍼트린다. 그 노래가 「서동요」다.

서동의 출생에 대해서는 두 가지 이야기가 전해오고 있다. 『삼국유사』에는 서동의 어머니가 용과 교접하여 잉태했다고 했고, 『삼국사기』에는 백제 법왕의 서자라고 기록하고 있다. 용의 자식이건 왕의 서자던 간에 왕권에 위협이 되기는 마찬가지. 위험을 느낀 서동의 어머니는 신분을 속이고 어린 아들과 숨어서 산다.

충청남도의 금산과 옥천 사이에 솟아 있는 서대산(904미터)의 산행 들머리와 날머리를 '서대산 드림리조트' 주차장으로 잡는다. 매표소를 지나서 '등산로' 표지판을 따라간다. 놀이시설과 방갈로를 지나 임도를 건너가면 둥근 바위 두 개가 등산객을 맞이한다. 용바위다. 용바위를 지나면 '서대산 전적비'가 세워져 있고 전적지 건너편에 용굴이 보인다.

산사태가 난 듯이 어지러운 너덜 위로 구름다리가 보인다. 안전상의 문제로 다리를 건널 수는 없지만 건너편 신선바위가 등산객의 시선을 압도한다.

산행 시작 1시간 40여 분만에 주능선에 닿는다. 능선 왼쪽으로 울퉁불퉁한 바위전망대가 보인다. 북두칠성바위다. 이곳에 서면 능선 끝에 솟아오른

장령산과 산록을 파고드는 재말재가 보인다. 지도상으로는 단순히 옥천과 금산을 잇는 평범한 고개지만 재말재에는 기적과 같은 사랑의 이야기가 전해오고 있다.

서동이 퍼트린 흑색선전에 속아 격노한 진평왕이 선화공주를 궁전에서 내쫓자, 시치미를 떼고 공주 앞에 난 서동은 길안내와 호위병 노릇을 자청한 뒤 공주의 마음을 사로잡는 데 성공한다. 기껏해야 마를 캐어 생계를 유지하던 가난한 총각의 인생역전이 시작된 것이다.

서라벌을 떠난 서동과 공주는 재말재를 넘어 백제로 들어간다(『한국의 명산』, 김장호 교수). 그리고 평범함 속에 감추어진 서동의 비범함을 발견한 공주의 내조로 서동은 마침내 제왕의 자리에 오르니 곧 백제의 무왕이다. 서동에게 있어 재말재는 사랑과 야망, 절망과 희망의 분수령이었고, 공주에게는 과거와의 단절과 새로운 시작이 조우하는 만남의 광장이었다.

하지만, 최근 미륵사지 석탑을 해체 보수하는 과정에서 발견된 「금제사리봉안기」의 기록에 의하면, 무왕의 왕비는 선화공주가 아니라 백제 최고 관직인 좌평의 딸 '사택적덕' 이라고 한다. 만약 그게 사실이라면 우리는 우리 역사상 가장 아름다운 러브스토리 하나를 잃어버리게 된다.

동서고금을 막론하고 왕가(王家)의 결혼은 세인의 이목을 집중시키는 법이다. 산객은 동과 서를 가로지르고, 세월을 거슬러 올라가며 이 왕가저 왕족의 결혼식을 엿보면서 그들의 사랑과 후일담을 분석하는 즐거움을 맛본다.

영국의 국왕 에드워드 8세의 연인은 두 번의 이혼 경력이 있는 미국 여인 심프슨부인이었다. 왕이 심프슨부인과의 결혼을 발표하자 영국의 조야는 발칵 뒤집혀 항의와 비난이 쏟아졌다. 그러자 왕은 "나는 사랑하는 여인의 도움과 지지 없이는 왕으로서의 의무를 다할 수 없고 그 무거운 짐을 감당할 수도 없다."라는 고별사를 남기고 미련 없이 왕위를 버렸다.

그에게 있어 사랑은 왕좌(王座)보다 가치 있고 왕관보다 더 아름다운 것이었다.

같은 영국 왕실이지만 찰스 황태자와 다이애나의 결혼은 불신과 불륜이 점철된 비뚤어진 사랑이었다. 그 결혼의 끝은, 이혼한 황태자비가 파파라치에게 쫓기다가 교통사고로 숨지는 비극으로 끝난다.

고대국가 낙랑, 낙랑에는 적이 침입하면 저절로 울리는 자명고와 뿔피리가 있어서 이웃의 강국 고구려도 감히 넘보지 못했다. 고구려 대무진왕의 아들 호동은 옥저로 사냥을 나갔다가, 낙랑 왕 최리의 딸을 유혹하여 정략결혼을 한다. 호동은 공주를 꾀어 북을 찢고 피리를 없앤다. 그 다음 순서는 당연히 고구려의 낙랑 정복. 딸의 배반을 눈치 챈 낙랑왕은 찢어지는 마음으로 딸을 죽인다. 그 후, 계모를 위시한 주위의 모함과 공주에 대한 죄책감으로 번민하던 호동왕자 역시 자살로 인생을 마감했다.

서동은 변함없는 애정으로 사랑과 꿈을 동시에 이루었고, 에드워드 왕은 하나를 버림으로 다른 하나를 얻었다. 그러나 찰스 황태자 부부는 억제하지 못한 욕망의 대가로 반쪽의 생명을 지불했다. 그리고 호동왕자는 타산적이고 이기적인 사랑으로 모든 것을 잃는다.

이렇게 나열해 보니 사랑은 방정식보다 더 복잡하다. 하지만 그 정답은 의외로 단순하고 분명하다. 진실한 사랑이란, 자신을 버릴 때 완전해지는 것이고 나보다 너를 먼저 생각하는 비옥한 마음을 토양으로 삼아 피어나는 '순수의 꽃' 이니까.

사랑이 어떻더냐 둥굴더냐 모나더냐
길더냐 짧더냐 밟고 남아 재겠더냐
하 그리 긴 줄은 모르되 끝 간 데를 몰라라.

작가 미상의 옛 시조가 사랑에 대해 이런 정의를 내리고 있다.

북두칠성바위에서 되돌아 나와 정상을 향하여 길을 재촉한다. 헬기장과 장군바위와 석문을 지나 정상에 서면, 막힌 곳 없는 시원한 조망이 피로를 풀어준다. 북쪽의 옥천읍내, 남쪽의 금산, 그 옆으로 천태산이 산세를 뽐내고 있다.

하산은 옥녀탄금대 방향이다. 옥녀탄금대는 대음악가 박연이 공부하던 곳이자 옥녀(玉女)가 가야금을 타며 놀았다는 곳이다. 탄금대를 병풍처럼 둘러싸고 있는 바위 아래에서 솟아오르는 석간수가 갈증을 씻어준다. 일곱 번 마시면 미인이 되고 아들이 없는 사람은 득남을 한다는 전설이 내려오는 신기한 약수다. 그러나 그 옛날 옥녀가 단정하게 앉아 먼 하늘을 보며 가야금을 탔음직한 자리에는 무속인의 초라한 움막이 들어앉아 옥녀탄금대의 이름을 부끄럽게 한다.

탄금대 아래로 나 있는 일불사추모공원 가는 길을 무시하고 개덕사 가는 길을 택한다. 천막과 밭 사이로 난 길 끝에서 바위 오른쪽으로 돌아가면 정상에서 개덕사로 내려가는 길을 만난다. 20여 분을 내려오면 의림약수터. 곧이어 개덕사와 서대폭포가 보이는 바위 낭떠러지. 왼쪽 개덕사 가는 길로 내려서서 절과 서대폭포를 둘러본 후, 주차장에서 4시간의 산행을 끝낸다.

리조트에서 설치한 스피커가 굉음 같은 유행가를 토해내고 있다. 그래선지 신선바위 위에서 바둑을 두던 신선도, 용굴 속에 누워 때를 기다리고 있던 잠룡(潛龍)의 모습도 산행 내내 볼 수 없었다. 인간의 무분별함이 신선과 용 모두를 집 떠난 노숙자로 만들었다.

V 현지 교통

금산시내버스터미널→서대산: 10:20 등 5회. (금산터미널 041-754-2830)

소요(逍遙)와 소요(騷擾)

경기도 동두천의 소요산(585.7미터)은 화담 서경덕과 봉래 양사언, 매월당 김시습 등 수많은 선비들이 찾아와서 냇물 소리며 바람 소리를 벗 삼아 고뇌하고 사색하며 거닐었다고 해서 소요(逍遙)라는 이름을 얻은 산이다. 그러나 지금은 국민관광지로 조성되어 적잖이 소요(騷擾)해진 소요산으로 산행을 떠난다.

평범해 보이던 산은 자재암 일주문을 들어서면서부터 전혀 다른 모습으로 변한다. 『동국명산기』에 소요산을 일컬어 "골짜기와 봉우리가 모두 돌이다."라고 기록했듯이 아름다운 폭포와 암자, 기암과 단애, 그리고 울창한 숲이 산객을 맞아주기 때문이다. 등산로는 따로 설명이 필요 없을 만큼 잘 정비되어 있고 주요 기점마다 이정표가 설치되어 있어 편안한 마음으로 산행을 즐길 수 있다.

속리교를 건너 삼거리에 닿으면 길이 갈라진다. 오른쪽 지계곡을 따라가는 길은 공주봉을 거쳐 정상에 오르는 길이다. 왼쪽, 자재암을 지나 하백운대와 중백운대를 밟고 정상으로 가는 길을 선택한다.

원효대사가 깨달음을 얻었다는 원효폭포와 원효대를 지나 까마득한 절벽 위로 난 계단 길을 올라 자재암에 도착한다. 자재암은 원효대사가 창건한 암자다. 자재암 뒤편, 청량폭포 왼쪽으로 이어진 경사 급한 길을 3분여 오르면 삼거리, 오른쪽 길은 선녀탕과 나한대로 가는 길이다. 지그재그로 나있는 왼쪽 암릉을 따라 하백운대를 거쳐 중백운대에 오른다. 자재암을

출발한 지 30분 걸렸다.

절벽 위에 바위와 노송이 어우러져 한 폭의 동양화 같이 아름다운 중백운대에서 잠시 풍광에 취하다가 10분 남짓 떨어진 상백운대로 향한다. 상백운대에서 300여 미터를 내려오면 다시 삼거리, 여기서 국사봉으로 가는 주능선을 버리고 남서릉을 탄다.

날카로운 암릉을 타고 내려온 뒤, 쇠파이프와 난간을 잡고 나한대에 올라 한숨을 돌린 다음 20여 분을 더 걸어 정상인 의상대에 오른다. 둘러보니 마차산 감악산 종현산 국사봉 관모봉 등등, 어디를 보아도 산뿐이다.

산객은 눈 아래 펼쳐진 산자락을 보며 우리 역사에 지울 수 없는 흔적을 남긴 두 사람의 인생을 돌아보는 시간을 갖는다. 햇빛 부서지는 바위봉우리처럼 찬란한 시절이 있었는가 하면, 서리 내린 암릉을 타는 것처럼 위태로운 인생길을 걸어간 소요산의 두 주인공 원효와 이성계를.

두 사람 모두 선택받은 몸이었지만 가는 길은 너무 달랐다. 원효는 전도양양한 화랑으로, 이성계는 야망에 찬 무인으로 젊은 시절을 열어간다. 그러나 인생에 회의를 느낀 원효는 버리기 위하여 불문에 귀의하고, 이성계는 얻기 위해 무인의 길을 고집했다.

중의 몸으로 태종무열왕 김춘추의 둘째 누이인 요석공주와 결혼한 원효는 아들 설총을 얻지만 파계에 따른 번민으로 스스로를 소성거사(小性居士)라고 낮춰 부르며 진리를 찾아 떠돌지만, 이성계는 전투마다 승리하여 명성을 드높인다.

산객은 원효가 아내를 생각하며 명명(命名)했다는 공주봉을 바라보며 요석공주를 생각한다. 원효가 공주 곁을 떠나 소요산으로 들어오자 뒤따라온 공주도 요석궁에 머무르며, 아들 설총과 함께 원효가 수도하고 있는 원효대를 바라보며 남편이 성불하기를 간절히 기원한다. 비록 자신보다는 진리의 길을 선택한 사람이었지만 원효를 향한 공주의 마음은 지순한 사랑 그것이었다.

요동정벌 중, 왕명을 어기고 위화도에서 회군한 이성계는 아버지 같이 따르던 최영 장군을 처형한 뒤 자신이 주인이 되는 새로운 왕국을 꿈꾼다.

넝쿨 휘어잡고 푸른 산에 오르니
암자 하나 구름 속에 누워 있네.
눈에 보이는 저 땅 모두 내 것이 된다면
초월강남(楚越江南)인들 어찌 못 얻을까.

심복 퉁두란과 함께 송도가 내려다보이는 영마루에 올라 이성계가 읊었다는 시다. 고려를 내 손에 넣는다면 저 중국 땅인들 얻지 못할 게 뭐냐는 시 속에서 그의 야망을 엿볼 수 있다. 그러나 조선을 건국하여 필생의 꿈을 이룬 뒤, 그가 맡았던 것은 믿었던 가신들과 자식들이 서로 죽이고 죽으면서 풍기는 피비린내였다.

원효는 자신을 깨고 부수고 학대하고 망가뜨리며 진리를 찾지만 아무것도 얻지 못한다. 절망한 그는 죽음을 택했다. 그러나 원효대에서 투신하려는 순간 홀연히 깨달음을 얻고 자유로워진다.

깨달음을 얻은 원효는, 모든 것은 마음먹기에 달렸다는 일체유심조(一切唯心造)와 모든 것에서 거리낌 없는 사람이라야 삶과 죽음의 굴레를 단번에 벗을 수 있다는, 일체무애인 일도출생사(一切無碍人 一道出生死). 그리고 "더럽고 깨끗함, 진리의 길과 세속의 길이 둘이 아니라 하나"라는 신념으로 중생들을 구제하기 위해 세상으로 나간다.

왕위에서 물러난 후, 함흥 땅에 은거하며 아들 태종에 대한 증오심으로 애매한 심부름꾼들만 활을 쏘아 죽였던 이성계는, 함흥차사의 시절을 접고 한양으로 돌아오던 길에 소요산으로 들어가서 반년 가까운 세월을 보내며 권력과 인생의 무상함을 뼈저리게 느낀다.

이성계 개인으로서는 왕국을 얻은 대신 가진 것의 대부분을 잃어버렸지만, 원효는 자신을 버림으로써 모든 것을 얻는다. 원효의 소요산 입산이 세상으로 나가기 위한 준비였다면 이성계의 입산은 세상으로부터 숨기 위한 것이었다. 이성계의 일생은 소요(騷擾)에서 시작하여 소요(騷擾)로 끝났지만 원효의 일생은 소요(騷擾)로 시작하여 소요(逍遙)로 끝난다.

하산은 남릉 나무계단으로 내려와야 한다. 삼거리에 다다르면 또 한 번 선택의 시간이다. 구절터로 가는 계곡길을 따라 속리교로 내려오거나, 계속 능선을 타고 올라 공주봉을 거쳐 속리교로 내려와야 한다. 산객은 계곡을 타고 내려와 속리교에서 3시간 40분의 산행을 마친다.

원효와 이성계, 요석공주와 설총의 흔적을 씻으면서 속리교 아래로 흘러내리는 저 물은 지금 무어라고 속삭이고 있을까. 버림과 채움에 대하여.

☑ 현지 교통

1시간 간격으로 운행하는 서울지하철 1호선 이용. 소요산역 하차.

수유리에서 수시로 운행하는 전곡 · 연천행 버스 이용.

세조의 삼강오륜

벗어난다는 것, 떠난다는 것, 그것은 자아로부터의 해방이자 감미로운 고독이고 새로운 시작을 위한 휴식을 의미한다. 더구나 탈출의 대상이 어지러운 속세라면 벗어남의 의미는 배가 된다. 그래서 사람들은 속세와의 짧은 이별을 위하여 산을 찾고 바다를 찾는다.

명불허전(名不虛傳)이라는 옛말이 틀리지 않는다면 속리산이야말로 떠나고 싶은 사람들과 딱 어울리는 산이다. 속리(俗離)라는 뜻이 그렇지 않은가.

속리산(1,058미터)은 불계(佛界)의 산이다. 산 이름이 그렇고 전설이 그렇다. 신라 선덕여왕 5년, 전국을 떠돌며 수도하던 진표율사가 속리산 부근에 이르자 밭을 갈고 있던 소들이 무릎을 꿇고 절한다. 감동을 받은 농부들은 "짐승도 저러한데 하물며 사람이야!"하며 율사를 따라 입산했다. 속리산의 산 이름은 여기서 유래했고 문수봉 관음봉 보현봉 등 봉우리의 이름도 불가에서 따왔다.

충북 보은군과 괴산군, 경북 상주와 경계를 이루는 속리산은 은폭동계곡과 용류동계곡, 쌍룡폭포와 오송폭포가 아름다움을 다투고, 불끈 솟아오른 기봉과 기암이 힘자랑을 하고 있다. 게다가 부근에는 용화온천까지 있어 갖출 건 다 갖추고 있는 한국팔경의 하나로 꼽히는 명산이다.

정말 속세를 떠나왔구나 하는 느낌을 받고 싶다면 상주 화북을 들머리로 삼는 것이 좋다. 단점이라면 대중교통 이용 시, 화북 버스정류장에서

시어동매표소까지 40여 분을 걸어야한다는 점이다. 하지만 숲은 짙고 물은 맑다. 게다가 등산객조차 별로 없어 호젓하게 걸을 수 있어 더욱 좋다.

시어동매표소와 공원관리사무소를 지나면 오송폭포가 나온다. 이렇다 할 특징은 없지만 호젓한 산길과 잘 어울린다. 매표소에서 40여 분 걸으면 큰 바위가 무리지어 있는 쉼바위, 바위 등에 올라 숨을 고른 뒤 길을 재촉한다. 백일산제당을 지나 하늘이 훤하게 보일만큼 높이 올랐지만 시냇물 소리는 여전하여 속리를 실감나게 한다.

갑자기 왁자지껄한 소음, 순식간에 속리가 세속으로 바뀐다. 이 무슨 해괴한 일인가. 문장대 앞 정상휴게소에 설치한 스피카는 굉음 같은 유행가 가락을 토하고, 음식 냄새가 청정해야할 산정의 대기를 오염시키고 있다. 속리산이라는 이름이 무색할 지경이다.

신라의 대문장가 최치원은 "산이 속세를 떠난 것이 아니라 속세가 산을 떠났다."는 명언을 남겼지만 회귀하는 연어 떼처럼 속세는 어느새 산으로 돌아와 있었다.

쇠사다리를 밟고 문장대에 오른다. 산행 2시간만이다. 본디 구름 속에 묻혀 있다고 해서 운장대라고 불렀지만, 세조가 여기서 신하들과 강론(講論)하고 난 다음부터 문장대로 이름이 바뀌었다는 속리산 제일의 명소다. 터진 조망과 기암의 능선이 감탄을 자아내게 한다. 관음봉이 보이고 문수봉 신선대 천황봉이 하늘금을 긋고 있다.

세조가 피부병을 치료하기 위해 속리산에 들어와서 요양하고 있을 때의 일이란다. 자신을 월광태자라고 소개한 귀공자가 꿈속에 나타나서, 동쪽으로 15리 떨어진 곳에 영험한 봉우리가 있으니 그 곳에서 기도를 드리면 소원 성취할 것이라고 일러준다.

그 봉우리가 문장대다. 세조가 문장대에 오르니 삼강오륜을 해석한 책 한 권이 놓여 있었다. 꿈속의 계시에 탄복한 세조는 엎드려 기도한 후 신하들과 삼강오륜에 대해 강론했다.

하필이면 삼강오륜일까. 삼강(三綱)의 으뜸은, 군위신강(君爲臣綱)으로 신하가 임금을 섬기는 것을 최고의 덕목으로 삼고 있다. 오륜(五倫) 또한 군신유의(君臣有義)라고 해서 임금과 신하 사이의 의리를 무엇보다 강조하고 있다.

그런데도, 촌수는 비록 숙부였지만 단종의 신하임이 분명한 수양대군은 김종서와 사육신을 비롯한 선비들을 참살하고 어린 단종과 친동생인 금성대군마저 죽여 왕위를 찬탈한다. 그랬던 그가, 자신의 주구 노릇을 한 한명회며 신숙주 등의 신하들과 삼강오륜에 대해 강론하는 광경은 구도를 잘못 잡은 그림처럼 어색하다.

월광태자의 현몽은 이 땅에 두 번 다시 그런 비극이 일어나서는 안 된다는 계시일지도 모른다. 그게 아니라면, 월광태자는 세조가 꿈을 빙자하여 창작한 가공의 인물이고, 세조는 자신의 심복을 시켜 그 책을 몰래 갖다 둔 게 아닐까. 그리고는 성공한 쿠데타에 맛을 들인 반정의 주역들을 불러 모아 시치미를 뗀 채 삼강오륜을 강론한다?

그렇다면 세조의 깊은 속내는, 자신과 자신의 후손에게도 일어날 수 있는 찬탈의 가능성을 사전에 차단하려는 포석이었을지도 모른다. 그러나 업(業)은 업(業)으로 갚아야 하는 법. 정토(淨土)인 문장대에서 삼강과 오륜을 논하는 세조의 귀에 영월 땅에서 울부짖던 단종의 비명소리가 들려 양심을 자극하지는 않았을까.

성삼문을 위시한 숱한 충신들이 흘린 피와 눈물, 그들의 처절한 절규 역시 세조의 눈에는 아무런 의미도 없는 하찮은 몸부림으로 비쳤을까. 눈과 귀를 아프게 하지는 않았을까. 어쩌면 세조는 삼강오륜을 자신만을 위한, 자신의 윤리로 해석했는지도 모를 일이다.

세 번 오르면 극락에 간다는 문장대를 내려와 신선대로 향한다. 신선대까지는 기복이 심한 바윗길. 40분 만에 신선대에 도착하면 길이 갈라진다. 왼쪽은 정상인 천황봉 가는 길이다. 오른쪽 경업대로 가는 하산길을

택한다. 경업대는 임경업 장군이 득보대사를 스승으로 모시고 7년 동안 심신을 단련한 곳이란다.

곧이어 관음암 갈림길, 이곳에는 한 사람이 겨우 빠져나갈까 말까한 바위 사이의 좁은 길이 있다. 이름하여 세심문(洗心門)이다. 살아오는 동안 몸과 마음에 켜켜이 눌어붙은 속진을 털어버릴 수만 있다면, 이 바윗길 역시 부담 없이 빠져나갈 수 있을 것 같다. 금강휴게소를 지나 계곡을 따라 내려오면 비로산장. 세심정에서 마음을 씻은 후 40여 분을 더 걸어 법주사에서 5시간의 산행을 마친다.

법주사는 진표율사가 속리산을 거쳐 금강산으로 가는 길에 발견한 길상초 무성한 터에 제자인 영신이 창건한 한국의 명찰이다. 하지만 그 옛날, 많은 고승들이 명상하며 거닐었을 법주사 일대는 저잣거리처럼 번잡한 속세로 변했다. 아쉽지만 국보인 팔상전과 쌍사자탑, 보물로 지정된 사천왕석 등 문화재를 둘러보는 것으로 미진한 마음을 위로한다.

이중환이 『택리지』에서 "금강산 만폭동과 비교할 때 웅장한 것은 조금 모자라지만 기이하고 묘한 것은 오히려 낫다."라고 평가한 속리산은 관용의 산이다. 그렇기 때문에 정이품송은, 비록 인륜을 저버린 세조였지만 그가 속리산으로 행차했을 때 연(輦)이 나무에 걸리지 않도록 가지를 치켜들지 않았을까.

V 현지 교통

상주터미널→화북: 09:35 등 시내버스 7회 운행. (상주터미널 054-534-9002)

공주와 상사뱀

원나라의 마지막 황제였던 순제(順帝)의 제2황후는 고려 여인 기(奇)씨다. 총부산랑을 지낸 기사오의 막내딸로 태어난 그녀는 원나라에 바칠 공녀(貢女)로 선발되어 만리타국에서 제2의 인생을 시작했다.

궁중의 시녀로서 차 따르는 일이며 허드렛일을 맡아서 하던 그녀는, 타고난 미모와 교태로 황제를 유혹하여 아들을 낳자 제2황후로 책봉된다. 그러나 기황후는 여기에서 만족하지 않았다. 황제의 후계자를 뽑는 경쟁에서도 승리하여 마침내 그녀의 아들 아유시리다를 황태자로 책봉하는데 성공한다.

기세가 오른 것은 고려에 있는 그녀의 형제들이었다. 기철, 기원을 비롯한 다섯 형제들은 기황후를 믿고 국왕을 능가하는 권세를 누린다. 이 암울한 시기에 왕위에 오른 공민왕은 고려의 자주독립을 꿈꾸었고 그러기 위해서는 기철 형제부터 먼저 제거해야 했다.

자신의 피붙이가 주살되었다는 소식을 들은 기황후는 복수를 맹세했다. 그러나 원나라는 이미 쇠퇴일로를 걷고 있어 막강한 영향력을 가진 그녀로서도 어쩔 방법이 없었다. 그녀는 태자를 불러 당부했다.

"네가 이미 장성했으니 어미를 위해 원수를 갚아다오."

만약 원나라가 순제를 끝으로 멸망하지 않고 그녀의 아들이 황제가 되었다면 고려의 역사는 또 달라졌을 것이다. 소양호반에 솟아오른 수석같이 예쁘장한 춘천의 오봉산(779미터)에는 그 기황후의 의붓딸에 얽힌 전

설이 서려 있다.

배후령 매표소에서 산행을 시작한다. 해발 600미터에서 산행을 시작하는 관계로 오름에 대한 부담은 적다. 들머리에서 산불감시초소가 있는 오봉산과 마적산의 갈림길까지는 15분 남짓 진땀을 흘려야 하는 된비알이다.

초소를 지나 처음 만나는 봉우리가 제1봉인 나한봉이다. 2봉에서 정상까지의 4개 봉우리는 건너뛰어도 될 만큼 가깝다. 산행 중에 추락하여 사망한 산악인의 추도비가 세워져 있는 3봉과 4봉의 위험한 암벽은 밧줄을 잡고 올라가야 한다. 나무로 둘러싸인 정상(5봉)의 조망은 시원찮다.

하산은 남릉을 타야 한다. 잠시 뒤 부용산 갈림길이 나오지만 직진하여 15분 남짓 비탈진 암릉길을 내려가면 오봉산 산행의 별미인 홈통바위를 만난다. 바위 위에 설치되어 있는 발판을 이용하여 구멍을 빠져 나온다. 10분 후 688봉 직전에서 길이 갈라진다. 오른쪽 계단 길은 선동계곡을 따라 청평사로 가는 길이다. 직진하여 청평사가 내려다보이는 절벽 위에 선다.

여기서 청평사까지 30여 분 간은 오봉산 산행 중에서 가장 위험한 길이다. 수직에 가까운 암벽을 밧줄에 의지하여 조심스럽게 내려와 청평사에서 4시간의 산행을 끝내지만, 고려공원의 흔적인 영지와 구성폭포 등 주변을 둘러보는 데 적잖은 시간이 소요된다.

고려 제4대 광종 24년에 창건한 청평사는, 고려 선종 시절 춘주도감찰사 이의의 아들 이자현이 오봉산으로 내려와서 은거하자, 도적들과 이리떼가 흔적을 감추었다고 해서 청평(淸平)이란 이름을 얻었다. 또한 영지를 비롯한 고려정원도 이자현이 조성한 것이다. 그러나 산객의 시선은 보물 164호로 지정된 회전문 앞에서 멈춘다. 기황후의 의붓딸과 상사뱀에 얽힌 처절한 사랑 이야기가 전해오고 있기 때문이다.

기황후와 순제의 이야기가 역사였다면 공주와 상사뱀의 이야기는 전설이다. 계곡 물가에 세워진 공주의 조각상 옆 안내문에는 당나라의 공주라고 설명하고 있지만, 청평사가 창건될 때 당나라는 멸망하고 없었다. 따라서 원나라 공주라야 설화와 어울린다.

순제에게는 아름다운 딸이 있었다. 공주는 순제의 본처인 제1황후의 몸에서 태어났다. 그러나 1황후는 순제를 몰아내려는 역모사건에 연루되어 남편의 손에 처형당하고 공주는 기황후의 보살핌 속에서 자란다.

어느 날 정원을 산책하는 공주를 먼발치에서 바라본 하위직의 젊은 관리가 사랑에 빠지고 말았다. 그러나 이룰 수 없는 짝사랑에 가슴앓이를 하며 시름시름 앓던 젊은이는 죽어가면서 맹세했다.

"이승에서 이루지 못한 사랑. 죽어서라도 꼭 이루리라."

죽은 젊은이는 뱀으로 환생하여 공주의 몸에 달라붙는다.

온 나라가 발칵 뒤집혔다. 명의란 명의는 다 동원했고, 용하다고 소문난 땅꾼이며 무속인도 불러 모았지만 뱀은 꼼짝도 하지 않았다. 지칠 대로 지친 공주는 궁궐을 떠나 유랑 길에 오른다.

그로부터 10년 후, 오봉산 청평사에 도착한 공주가 회전문을 들어서려는 순간 뱀이 요동치기 시작했다. 들어가지 말란 거다. 공주가 뱀에게 말했다. "나는 한 번도 너의 뜻을 거역하지 않았다. 그런데 왜 절 구경도 못하게 하느냐? 또 절에 가서 밥을 먹어야 너와 함께 살 수 있을 게 아니냐." 타이르니, 공주의 몸에서 내려와 회전문 밖에서 기다리겠단다.

회전문으로 들어선 공주는 계곡물에 몸을 씻고 법당으로 들어갔다. 법당에는 짓다만 가사와 실 바늘이 놓여 있었다. 온화한 미소를 짓고 있는 불상. 그러나 상사뱀과의 기구한 운명을 생각하니 눈물만 흐른다. 그것은 사랑이 아니었다. 공주라는 고귀한 신분도, 경국지색의 미모도 축복이 아니라 저주였다. 공주는 여자로 태어난 자신이 원망스러웠다. 남자를 미혹하게 하는 여자의 상징도 모두 지워버리고 싶었다.

공주는 자기도 모르게 바늘을 들어 자신의 음부를 꿰매기 시작했다. 엄

청난 고통이 밀려왔다. 그 고통을 불경을 외우면서 참는다. 갑자기 천지가 어두워졌다. 놀란 뱀이 공주를 찾아 회전문 안으로 들어왔을 때, 뱀의 몸뚱이 위에 벼락이 떨어졌고 공주는 자유를 얻었다.

사랑이란 본디 아름다운 것이다. 바라만 보고 있어도 행복하고, 내 모든 것을 다 던져서라도 지키고 싶은 것이 사랑이다. 또한 사랑은 소유하고 싶다는 욕구를 동반하지만 그 소유욕 역시 이별을 전제로 한다. 그래서 이별조차 아름다운 것이 사랑이다. 그러나 공주에 대한 젊은 관리의 사랑은 광기였고 집착이었다.

죽어 잊어야 하랴. 살아 그려야 하랴.
죽어 잊기도 어렵고 살아 그리기도 어려워라.
저 임아 한 말씀만 하시라 사생결단 하리라.

황해도 곡산 출신의 평양기생 매화가 남긴 시조다. 아무리 해도 내 마음을 몰라주는 임. 죽어서 잊어버릴까. 살아서 애만 태울까. 이제 그 선택을 임에게 맡기니 말씀만하시라. 죽든지 살든지 결심할 테니까. 하지만 매화는 죽어서 깨끗하게 잊겠다고 했다. 그러나 공주를 사랑한 젊은이는 죽어서도 잊지 못했다. 지나친 집착은 죽음 그 이후도 고통스럽다.

V 현지 교통

춘천→배후령: 06:20부터 5회 시외버스 운행. (춘천터미널 033-251-3205)

소양댐→춘천: 30~40분 간격으로 시내버스 운행.

물레를 돌리는 손

거대한 암괴와 기암의 전시장. 설악산 치악산과 더불어 우리나라의 3대 악산(岳山)이며 백두산과 함께 영봉(靈峰)이라는 이름으로 불리는 산이 충주와 제천 사이에 솟은 월악산(1,097미터)이다.

동창교매표소를 들머리로 삼는다. 10분 뒤, 쇠다리를 건너 산신각 앞을 지난다. 능선까지는 울퉁불퉁한 돌길과 계단의 연속으로 지치고 힘든데 비해 볼거리는 빈약하다. 약수터를 지나서 매표소 출발 1시간 40분 만에 이정표가 세워져 있는 월악삼거리에 도착한다. 삼거리 오른쪽은 덕주골로 내려가는 하산길이다. 정상은 암봉을 에돌아가는 왼쪽 길로 50여 분 더 걸어야 한다.

낙석 사고를 예방하기 위하여 설치한 쇠그물 펜스가 끝나는 지점에 삼거리가 나온다. 오른쪽은 신륵사로 내려가는 길. 정상은 왼쪽 계단을 밟고 올라가야 한다.

정상에서 보는 조망은 명성 그대로다. 만수봉, 포암산, 주흘산이 남쪽에서 받쳐주고 제비봉, 말목산이 충주호를 아기처럼 품에 안고 있다.

정상을 떠나 다시 월악삼거리로 간다. 삼거리를 지나 헬기장이 있는 960봉까지는 30분 거리. 여기서부터 마애불까지는 쇠난간과 철계단이 지겹도록 이어진다. 등산객의 안전을 위한 배려라고는 하지만 좀 심하다. 때문에 월악산은 허영심 많은 여인마냥 쇠붙이를 액세서리처럼 주렁주렁 매달고 있다. 넘치는 것은 부족함만 못하고 친절도 지나치면 부담이

되는 법이라고 하지 않는가.

계단을 내려오던 산객은 마주보이는 암벽의 위용에 놀란다. 수직에 가까운 거대한 절벽은 하늘 대패로 다듬은 천연의 미끄럼대였고, 그 미끄럼대가 다시 조각조각으로 나누어져 열두 폭 병풍이 되었다. 그 병풍 위에서 풀과 나무, 꽃과 새가 바람에 몸을 맡긴 채 군무를 추고 있다. 월악(月岳)이라……. 저 바위 병풍에 부딪혀 하얗게 부서지는 달빛은 얼마나 아름다울까.

덕주골을 내려다본다. 비결에 의하면 병화불입(兵火不入)의 골짜기란다. 그러나 인간들의 아귀다툼은 이곳이라고 해서 비켜가지 않았다. 몽고군의 침략으로 이 산자락은 피의 격전지가 되었고, 천년 전에 덕주공주가 세웠다는 유서 깊은 덕주사 역시 동란 중에 소실되었기 때문이다.

계단길이 끝나면 마애불을 만난다. 불타버린 덕주사가 있던 곳이다. 산객은 마애불 아래에서 솟는 샘물을 마시며 천년의 세월을 뛰어 넘어 전설 속으로 들어간다.

신라가 멸망하자 덕주공주와 마의태자는 나라를 다시 일으켜 세우겠다는 일념으로 서라벌을 떠나지만, 연약한 공주는 더 이상 태자를 따르지 못하고 이곳에 주저앉는다, 뜻이 이루어지는 날 다시 만날 것을 약속하며 누이를 남겨놓고 태자 홀로 길을 떠나자, 공주는 덕주사를 짓고 바위에 불상을 새기며 신라의 부흥을 간절히 발원한다.

그렇게 공주와 이별한 태자는 오대산의 정상에 아미산성을 쌓은 후, 절치부심(切齒腐心)하지만 여의치 않자 금강산으로 들어간다. 마지막으로 지기(地氣)와 신불(神佛)의 도움을 바랐음이리라. 그러나 끝내 뜻을 이루지 못한 채 생을 마감하여 역사의 뒤안길로 사라졌다.

해방되기 몇 해 전, 김해강 시인은 금강산 비로봉에서 구룡연으로 가는 길에 뜻밖에도 '마의태자 묘' 라고 새겨진 묘비가 세워져있는 무덤을 발견하고 놀란다. 상석도 없고 풍우에 시달려 비문조차 제대로 읽을 수 없었다는 그 초라한 무덤 앞에서 시인은 태자의 넋을 위로하는 추모시 「가던 길 멈추고」를 읊으며 감회에 젖었다고 술회했다. 그 무덤의 주인은 정말 마의태자였을까? 그렇다면 태자가 금강산에서 최후를 맞았다는 전설은 역사가 된다.

일단의 역사학자들은, 역사란 필연(必然)과 우연(偶然)의 기록이라고 말한다. 예를 들면 신라의 멸망과 고려의 건국은 필연이고, 그날 역사의 무대에서 연기했던 경순왕과 왕건은 우연히 선택된 배우라는 것이다. 그렇게 본다면 덕주공주와 마의태자는 망국의 한(恨)에 서러움을 더 진하게 채색하기 위해 등장시킨 조연배우라는 이야기 아닌가. 그러나 역사의 물레를 놀리는 것은 신의 손이나, 이미 예정된 운명의 손이 아니라 그 시대를 살아가는 인간들이다.

마애불과 작별한 지 25분 만에 새로 지은 덕주사에 도착한다. 사실상의 산행은 여기서 끝나지만 덕주휴게소를 거쳐 들머리인 동창매표소까지는 35분을 더 걸어야 한다.

명성황후 민비의 애환이 서려 있는 덕주산성을 지나간다. 여성부원군 민치록의 딸로 태어난 자영(玆暎)은 8살 때 부모를 여의고 혈혈단신이 되지만, 흥선대원군의 부인 민 씨의 천거로 한 살 아래인 고종과 결혼하여 왕비가 된다.

대원군이 그녀를 선택한 이유는, 그녀의 배경이 보잘 것 없어 외척이 발호할 염려가 없다는 것이었다. 그러나 민비는 총명했다. 그래서 일찍 정치에 눈뜨기 시작했고 마침내는 사사건건 시아버지와 대립각을 세운다.

1882년, 밀렸던 봉량미를 받은 군인들이 격분했다. 쌀가마니를 열어보니 쌀 반 모래 반이었기 때문이다. 이 모든 사단이 민비를 위시한 개혁파 때문이라고 여긴 군인들은 폭동을 일으켰다. 임오군란이다. 기회를 잡은 것은 대원군이었다. 그는 군인들을 선동하여 대궐을 습격했고 민비를 잡아 죽이려고 획책했다.

다급해진 민비는 대원군과 군인들의 추적을 피하여 충주 장호원에 있는 충주목사 민응식의 집으로 피신했고, 민응식은 대원군이 실각하여 청나라로 끌려갈 때까지 그녀를 월악산 덕주산성 안의 외딴집에 숨겼다. 왕비가 머물렀다는 그 촌가(村家)는 산성 어디쯤에 있었을까.

"마흔을 넘긴 듯한 왕비는 우아하고 날씬했다. 피부는 투명하여 마치 진주 빛 가루를 뿌린 듯했고, 눈빛은 차갑고 날카로워 예지가 빛나는 지식인의 얼굴이었다." 영국의 지리학자 '이사벨라 버드 비숍'은 명성황후를 알현한 뒤 그녀의 모습을 이렇게 표현했다.

그렇게 예지가 빛나던 민비였지만, 대원군과 민비의 친러정책에 반감을 가진 일본정부의 공동의 적이 된다. 그 결과, 민비는 대원군의 묵시적인 승인을 받은 우범선 등의 친일파와 일본공사 미우라가 지휘하는 48인의 낭인들 손에 잔인하게 살해당하고 그 유해마저 불태워지는 수난을 당했다.

그뿐이랴. 일본정부는 고종을 위협하여 이미 죽은 민비를 폐비로 만들어 서인으로 강등시키는 무례를 범했다. 그러나 그녀는 2년 후에 복권되어 명성황후로 추복된다. 또 하나 아픈 역사의 흔적이 남아 있는 성벽의 잔해를 무심한 바람이 어루만지고 있었다.

☑ 현지 교통

충주터미널→송계: 08:42 10:30 등 11회 운행.

송계→충주: 16:08 17:12 등 11회. (충주공영터미널 043-856-7000)

피리 부는 사람

옛날, 어느 마을에 월이라는 총각이 살고 있었다. 심성은 고왔지만 우락부락한 얼굴에 힘은 천하장사여서 마을 사람들이 기피하여 어울리지 않았다. 그러나 이웃 마을에 사는 일향이라는 아가씨는 월이를 보고 연정을 느낀다.

두 사람은 몰래 사랑을 나누지만 눈치를 챈 일향의 부모는 딸에게 금족령을 내렸고, 월이에 대한 그리움으로 가슴앓이를 하던 일향은 이룰 수 없는 사랑을 비관하여 목을 매어 자살한다. 그 소식을 들은 월이는 폐인이 되어 떠돌다가 일향과 사랑을 나누던 산기슭에서 숨을 거둔다. 이때부터 마을 사람들은 이 산을 월이산 또는 일향산으로 불렀단다.

산세가 떠오르는 반달을 닮았다는 충북 영동과 옥천의 경계를 이루는 월이산(月伊山, 551미터)의 대표적인 산행로는 숯가마골에서 열린다. 옥천에서 포동리행 시내버스를 타고 원동 2리 숯가마골 입구에서 내린 뒤, 오른쪽 길로 들어선다.

마을을 지나 작은 언덕배기에 올라서면 등산로 입구에 월이산 산행 안내판이 세워져 있다. 10여 분 능선을 따라 오르면 묘지. 묘지 오른쪽 길을 따라가면 230, 280봉이 연이어 나타나고 길은 된비알로 바뀐다. 조선 시대에 쌓았다는 봉수대의 무너진 석축을 지나 산행 1시간 30분 만에 정상에 선다. 대성산 서대산 장용산이 보이고 산 아래로는 눈이 시리도록 푸른 금강이 유장하게 흐르고 있다.

정상석 뒤편, 옥계폭포 가는 길로 하산한다. 서너 개의 작은 봉우리를 오르내리는 완만한 능선을 기분 좋게 걷는다. 능선 왼쪽으로 금강이 보인다. 450봉에서 바라보이는 금강은 S자 형태로 크게 휘돌아가고 국사봉이 눈앞에 솟아 있다. 여기서부터는 급한 내리막길이다.

정상 출발 한 시간이면 월이산과 국사봉을 가르는 계곡에 도착하고 길은 크게 갈라진다. 돌계단을 올라가는 오른쪽 서재마을 가는 길을 버리고 왼쪽으로 몸을 돌려 계류를 따라 내려오면 천손고개 장승군과 마주친다. 인중천지일(人中天地一), 즉 사람 안에 하늘과 땅이 있다는 우리 민족의 고유한 정신을 되살리기 위해 조성한 장승들이란다. 천손고개에서 내려오면 월이산 최고의 비경으로 꼽히는 옥계폭포(박연폭포)가 기다리고 있다.

30미터 높이에서 떨어지는 옥계폭포는 충청도에서 가장 아름답고 웅장한 폭포로 알려져 있다. 폭포는 도끼로 다듬은 듯이 매끈한 수직 절벽을 양 날개처럼 펼쳤고, 울창한 수목과 조화를 이루고 있어 숱한 시인 묵객들이 찾아와서 풍류를 즐긴 곳이다. 그러나 이곳에 풍류의 즐거움만 있었던 것은 아니다. 산객은 폭포 앞에서 한 시대를 풍미했던 위대한 음악가와 교감을 나누는 시간을 갖는다.

난계(蘭溪) 박연(朴堧). 그는 고구려의 왕산악, 신라의 우륵과 더불어 우리나라의 3대 악성(樂聖)으로 불리는 사람이다. 고려 우왕 4년, 박연폭포 아랫마을 고당리에서 태어난 그는 11살 어린 나이에 어머니를 여읜다.

28살에 초시에 합격한 박연은 과거를 보기 위해 한양으로 올라와 현재의 국립국악원 격인 장악원에 들어가서 본격적으로 음악을 공부했다. 34살의 늦은 나이에 진사시에 합격하여 집현전 교리에 임명된 그는 세자시강원의 강사로 선임되어 훗날의 세종인 충녕대군을 만나게 된다. 그 만남은 박연의 일생을 바꾸는 운명적인 것이었다.

세종이 등극하자 박연에게도 길이 열렸다. 왕의 전폭적인 후원을 받게 된 것이다.

세종은 박연에게, 고려의 멸망과 조선 건국의 격동기를 거치는 동안 뒤범벅이 되어버린 고려 향악과 중국풍의 당악을 재정비하여 조선 특유의 궁중음악 체계를 수립하라고 지시한다.

실종된 문헌을 찾아보는 등, 정보를 얻기 위해 중국을 다녀온 박연은 음률에 대한 조사결과를 분석 정리하여 종합적인 악보를 편찬했다.

62종에 이르는 악기를 우리의 정서에 맞게 개조하고, 혼란기에 사라진 악기는 새로 만들어 부활시켰다. 그러면서 고려시대의 향악을 폐지하고 조선의 건국이념에 맞는 아악을 만들기 위해 심혈을 기울인다.

마침내 세종 13년 정월 초하루, 경복궁 근정전에서 열린 신년하례식에서 박연이 작곡한 새 아악이 장엄하게 연주되었고, 뒤따라 제례 때 연주하는 종묘악도 완성하여 필생의 꿈을 이룬다.

박연의 벼슬길도 순탄했다. 유언비어 유포 혐의로 잠시 동안 파직된 것을 제외하면 공조참의 중추언동지사 예문관대제학 등의 고위 관직을 지낸다. 게다가 당시로서는 보기 드물게 장수하여 81세에 사망, 문헌공이라는 시호까지 받았으니 누구라도 부러워할만한 일생이다. 그러나 그의 인생이 마냥 행복한 것만은 아니었다.

박연의 나이 78세 때다. 수양대군에 의해 폐위된 단종을 복위시키려는 '노산군사건' 에 막내아들 계우가 연루되어, 아들은 역적으로 사형당하고 며느리 소비는 예조판서 홍윤성의 종이 되어 끌려간다. 박연 역시 처형당할 처지였지만 3대에 걸쳐 임금을 섬긴 공이 인정되어 삭탈관직에 가산적몰이라는 처벌을 받고 향리로 쫓겨났다.

고향으로 내려온 박연은 수시로 옥계폭포를 찾아와서 비통한 마음을 피리소리에 실어 보냈다. 평소에 박연이 대금을 불면, 그 소리가 흥겨워서 새들과 짐승이 함께 모여 춤을 추었다고 한다. 하지만 사랑하는 자식과 며느리를 잃은 그의 대금소리는 너무나 처량하여 바람은 숨을 죽였고

시냇물도 흐느끼며 흘렀단다.

사랑 모여 불이되니 가슴에서 피어나고
간장(肝腸) 썩어 물이 되어 두 눈으로 솟아나네.
일신에 수화상침(水火相侵)하니 살동말동 하여라.

임을 그리워하는 작자 미상의 옛 시조다. 사랑이란 게 어디 연인에게만 해당되는가. 사랑의 대상을 아들과 며느리로 바꾼다면 박연의 그때 심정이 그와 같았으리라.

폭포를 떠나 저수지와 시냇물을 따라 걷는다. 심천면 고당리, 박연의 고향길이다. 산객은 500여 년 전, 피리를 불며 이 길을 오르내리던 꿈 많은 소년과, 대금을 손에 쥔 채 힘없이 발걸음을 옮겼을 늙은 박연의 모습을 본다. 그리고 "행복하였지만 불행했던 그의 인생"을 회상하며 옥계 버스정류소에서 3시간의 산행을 마친다.

짧은 산행 후, 지척에 있는 난계사와 난계국악박물관을 둘러보며 한 예술가의 일생을 조명해보는 것도 산행 못지않게 의미 있는 일이 될 것이다.

Ⅴ 현지 교통

옥천→원동2리: 포동리 행 08:40 10:00 등 9회 운행.

옥계(원동삼거리)→영동: 1시간 간격. (영동터미널 043-732-7700)

퇴계와 두향

뱃길 관광으로 이름난 충주호. 그 중에서도 가장 아름답다는 옥순봉과 구담봉, 그리고 말목산이 요람처럼 둘러싸고 있는 장희나루를 내려다보는 단양의 제비봉(710미터)은 나무와 바위와 강물이 절묘한 조화를 이루고 있는 아름다운 산이다.

구미마을 얼음골매표소에서 시작되는 산길은 처음부터 급경사의 연속이지만 날머리인 제비봉매표소까지는 외길에 가깝다. 쉴 틈도 없이 산을 오른 지 1시간 15분, 커다란 바위를 에돌아 정상에 오른다. 정상에서 내려다보면 장장 52킬로미터에 달하는 충주호의 물길이 먼 산자락 뒤로 가물가물 숨어들고 말목산과 금수산, 소백산이 하늘금을 긋는다.

하산 길 또한 단순하다. 아름드리 참나무와 노송이 열병식이라도 하는 듯이 줄지어 서 있는 산책로 같은 산길이, 때로는 완만하게 때로는 급하게 이어진다. 정상에서 30분 남짓 내려오면 바위 봉우리인 545봉에 닿고, 잠시 후 학선어골 갈림길에 도착한다. 왼쪽 학선어골로 내려가는 길을 무시하고 오른쪽 '등산로 없음' 표지판 뒤로 50미터 정도 들어가면 제비봉에서 가장 멋진 전망대를 만날 수 있다.

평평 바위 끝에 걸린 꼬부랑 소나무는 바위와 푸른 물과 어울려 한 폭의 그림이 되고, 옥순봉과 구담봉의 기암절벽이 손에 잡힐 듯 가깝다. 그러나 풍광에 취해 감탄만하고 돌아서서는 안 된다. 고개를 들어 호수 건너 말목산 아랫자락을 보자. 무덤 2기가 보인다. 그 중 왼쪽, 즉 장희나루

쪽에 있는 묘가 단양 기생 두향의 묘다.

48세의 단양군수 퇴계 이황과 18살의 어린 관기(官妓) 두향의 사랑은 전설처럼 아름답다. 조선 오백 년의 선비정신을 대표하는 퇴계와 천하디천한 관기의 만남, 호기심이 생긴다. 두향은 퇴계의 높은 학문과 인품을 존경했고, 퇴계는 거문고와 시화에 능한 두향의 총명함과 재능을 사랑했다.

때마침 부인과 자식을 잇달아 잃고 외로움에 젖어 있던 퇴계에게 있어 두향은 구원의 여인 같은 존재였을 것이다. 그러나 그 만남은 퇴계가 풍기군수로 자리를 옮길 때까지의 열 달 동안에 불과했다. 촌음과 같은 시간, 그렇게 두 사람은 애틋한 사랑을 나누고 헤어진다.

퇴계는 유난히도 매화를 사랑했다. 선생의 매화 사랑을 시로 들어보자.

밤기운 차가워라 창에 기대앉았더니
밝은 달은 매화가지에 오르는구나.
수다스런 봄바람 불러오지 않아도
맑은 향기 저절로 동산에 가득하네.

퇴계에게 두향은 한 떨기 매화 같은 존재였을지도 모른다. 짧은 인연을 뒤로 하고 퇴계는 단양을 떠난다. 떠나기 전날 밤, 두향은 수석 두 점과 매화 한 포기를 퇴계에게 선물하며 이별의 시를 읊었다.

이별이 서러워서 잔 들고 슬피 울 제
어느 듯 술 다하고 임마저 가는구나.
꽃 지고 새 우는 봄날을 어이할까 하노라.

퇴계는 그 매화를 도산서원에 심었고 두향을 보듯이 애지중지하며 키웠다. 그 후, 두 사람은 21년이란 긴 세월 동안 단 한 번도 만나지 못했다. 후임 군수에게 간곡히 청원하여 기적에서 풀린 두향은 말목산 자락 강선대 아래쪽에 초막을 짓고, 흘러오고 밀려가는 무심한 강물을 보며 퇴계에 대한 그리움으로 가슴앓이를 하며 수절했다.

비는 온다마는 임은 어이 못 오는고
물은 간다마는 나는 어이 못 가는가.
오거나 가거나 하면 이토록 서러우랴.

지은이를 알 수 없는 옛 시조 한 수가 두향의 마음을 그대로 전해 주고 있다. 퇴계가 운명하는 날 아침, 선생은 제자를 불러 이렇게 당부했다.

"저 매화나무에 물을 주어라."

그 매화나무는 두향의 분신이었다. 퇴계의 사망 소식을 들은 두향은 빈소를 찾아갔지만 차마 들리지 못하고 먼발치에서 세 번 절하고 돌아온다. 그리고 아름다운 사랑의 흔적이 남아 있는 강선대에 올라 퇴계의 신주 앞에서 거문고를 타며 초혼가를 부른 뒤 자진했다.

그 죽음과, 그 사랑이 너무 애처로워서일까. 충주댐 공사로 수몰되어 꼭지만 겨우 보이는 강선대에 행여 더러운 물이끼라도 낄까 저어하여 오늘도 바람과 강물이 쉴 새 없이 빗질하며 흐르고 있다.

골바람이 산객의 상념을 깨운다. 지고지순한 순애보의 주인공인 두향의 묘도 여기서 보면 작은 점처럼 보인다. 어디 두향의 무덤만 그러할까. 우리 인생도 언젠가는 지워질 하나의 점에 불과한 것을.

전망대에서 되돌아 나와 장희나루로 가는 주능선을 로프에 의지한 채 조심스럽게 내려온다. 능선 좌우는 깊은 골짜기. 그 뒤에 버티고 있는 기암과 단애. 암릉 여기저기에 자라고 있는 기묘한 형상의 소나무. 그 풍경을 즐기며 날머리인 제비봉매표소에 도착한다. 산행 2시간 40분만이다.

하산 후, 옥순봉(283미터)과 구담봉(330미터)을 오르기 위해서는 산행 중 가장 짜증스러운 시간을 인내해야 한다. 한여름의 열기 속에서 차들이 질주하는 국도를 20여 분 걸어야 하기 때문이다. 두향의 고향마을인 두향리를 끼고 흐르는 설마동계곡을 가로지르는 장희교를 건너 계란재로 향한다.

계란재 매표소를 지나 15분 동안 산자락을 돌아가는 임도를 따라 걷다가 임도가 끝나는 지점에서 나무계단을 밟고 산길로 접어든다. 10분 후, 옥순봉과 구담봉이 갈라지는 삼거리에 닿는다. 오른쪽은 구담봉, 왼쪽은 옥순봉 가는 길이다.

구담봉(龜潭峰), 물에서 나와 뭍으로 기어오르는 거북을 닮았다는 봉우리다. 그러나 이름과는 달리 능선과 암봉이 여간 날카로운 게 아니다. 구담봉에서 제비봉을 본다. 마치 하늘을 나는 제비 같다. 그래서 제비봉인가보다.

옥순봉(玉筍峰)은 퇴계가 "여러 봉우리를 깎아 세운 것이 비 온 후 대나무순이 올라 온 것 같다."고 감탄했을 만큼 수려한 경관을 뽐낸다. 그래서일까 보이는 것은 대나무와 거북, 제비와 호수, 그리고 들려오는 것은 가슴 뭉클한 옛 사랑 이야기다. 이쯤 되면 아무리 풍류를 모르는 사람이라고 해도 어찌 발길을 멈추지 않겠는가. 옥순봉에서 내려다보는 호수 위에는 유람선이 일으키는 물보라가 추억을 흩날리고 있다.

V 현지 교통

충주→단양: 09:40 등 9회 운행. 구미마을 하차. (충주터미널 043-856-7000)

단양→장희리: 시내버스 20회 운행. (단양터미널 043-422-2239)

도원(桃源)을 찾아서

두타(頭陀), 속세의 번뇌를 버리고 청정한 마음으로 불도를 닦는 수행. 또는 떠돌면서 온갖 괴로움을 무릅쓰고 불도를 닦는 중. 이것이 두타에 대한 사전적인 해석이다. 그 뜻대로라면 두타산은 불타(佛陀)의 산이다.

동해시의 무릉계곡 주차장에 도착한 것은 새벽 3시, 밤새 분분설이 내리고 있었다. 하얀 이부자리 속에서 곤히 잠자던 산하가 등산객들의 발자국 소리에 잠이 깨어 웬 소란이냐고 힐책한다. 얼음 아래로 냇물이 투덜대며 흐르고 이따금씩 부는 바람이 골짜기를 맴돌다 산을 울리고 간다.

무릉반에서 45분 남짓 걸으면 용추폭포 입구, 오른쪽 다리를 건넌 다음 문간재로 향한다. 어둠은 사방에서 조여들고 산길은 된비알의 연속이다. 15분 후 문간재에 도착하면 왼쪽 신선봉 가는 길을 버리고 연칠성령 쪽으로 길을 잡는다. 얼어붙은 칠성폭포를 지나고 깔딱고개를 힘겹게 올라 산행 3시간 30분 만에 하늘의 칠성님과 이어진다는 연칠성령에 도착한다.

정상으로 가는 길은 지금까지와는 달리 크게 힘들지 않는 오르막이다. 영칠성령에서 1시간을 더 걸어 청옥산 정상에 선다. 동그랗고 평평한 정상을 둘러싸고 있는 나무마다 눈꽃이 흐드러지게 피어 있다.

두타산으로 가기 위해 가파른 내리막을 내려온 뒤 문바위를 지나 박달령에 닿는다. 청옥산만으로 만족하거나 지친 산꾼이라면 박달령에서 무릉계곡으로 하산해도 좋다. 눈발은 더욱 거세어져 한치 앞을 내다보기도 어렵

다. 무릎까지 빠지는 눈길을, 열 걸음 걷고 한 걸음 쉬며 두 시간 만에 두타산 정상에 오른다.

거짓말처럼 눈이 그쳤다. 동해 저 멀리서 파도 위를 구르고 춤추며 달려온 바람이 눈을 몰아내고 구름을 찢는다. 터진 구름 사이로 보이는 하늘이 청자색보다 더 곱다. 지금까지 걸어온 능선은 활처럼 부드럽게 휘어 있고, 무릉계 좌우로 뻗어 내린 능선이 시선을 사로잡는다.

두타산성 쪽으로 하산하는 길은 크게 힘들지 않다. 소나무가 열병하듯 서 있어서 사색하기 좋은 길을 지나면 쉰음산으로 가는 갈림길이 나온다. 이 길을 따라가면 천은사가 있고 그곳에 가면 이승휴를 만날 수 있다.

동안거사(動安居士) 이승휴(李承休). 그는 고려 고종 때, 과거에 급제한 후 홀어머니를 찾아 삼척으로 내려왔다가 몽고군의 침략으로 돌아갈 길이 막히자 투타산록 구동에 집을 짓고 직접 농사를 지으며 어머니를 봉양한다.

10년 후, 강화도로 들어가서 식주녹사의 벼슬을 지내고 있을 때, 삼별초의 난이 일어났다. 그러나 이승휴는 이들의 회유를 뿌리치고 강화도를 탈출하여 왕의 곁으로 돌아와 사림승지, 전중시어 등의 고위 관직을 지내면서 왕을 보필했다.

원종이 사망했다. 원나라는 원종의 장례식을 원나라 복식을 입고 원나라 식으로 치룰 것을 요구했지만 이승휴는 이를 거부하고 고려예법대로 장례를 치룰 것을 주장하여 원나라의 승인을 받는다. 그러나 충렬왕 6년, 왕의 실정과 원나라에 빌붙어 횡포를 일삼는 무리를 비판하고 이를 개선하는 10개조의 상소문을 올리지만 왕의 노여움을 사서 파직된다.

다시 두타산 구동으로 내려온 이승휴는 천은사를 중축하여 그곳에 거주하면서, 『삼국사기』 『삼국유사』와 더불어 우리나라 3대 역사서의 하나로 꼽히는 『제왕운기(帝王韻紀)』와 『동안거사집(動安居士集)』을 저술했다. 이승휴에게 두타산은, 송도의 호화로운 생활을 미련 없이 버릴 만큼 마음 편한 모태 같은 산이었다.

요동에 하나의 별천지가 따로 있으니
중국과 구별되어 나뉘어졌다네.
큰 파도 수 만 이랑은 삼면을 둘렀고
북쪽의 대륙과 끈처럼 이어져 있네.
그 가운데 사방천리 이 땅이 조선이라.
–하략–

『제왕운기』의 도입부다. 김부식의 『삼국사기』보다 7년 늦게 나온 『제왕운기』는 『삼국사기』에서 허술하게 기술한 단군과 고조선에 대한 새로운 정의를 내렸고, 우리민족이 단군의 자손임을 강조하고 있다.

쉰음산 가는 길을 버리고 두타산성으로 하산 길을 재촉한다. 두타산성은 신라 제5대 왕 파사이질금이 이곳에 기반을 두고 있던 슬직국을 병탄하기 위해 쌓은 성이란다. 전망대에서 바라보는 경관은 한마디로 절경이다. 무릉계곡에서 청옥산자락까지 이어진 협곡 저편에는 울창한 수목, 기암과 단애, 하얗게 반짝이는 얼어붙은 폭포가 절묘한 조화를 이루고 있어 절로 탄성을 지르게 한다.

산성에서 하산하는 길은 급한 내리막. 조심스럽게 내려오면 용추폭포 갈림길이 나온다. 어둠 때문에 비켜 간 폭포를 탐승하기 위해 계곡을 따라 올라간다. 20여 분 오르면 3단으로 이루어진 용추폭포. 쌍폭에서 떨어지는 물은 무릉계로 흘러내리면서 12폭, 관음폭포와 합수하여 무수한 소와 담을 만들고 학소대 무릉반 등의 절경을 연출한다.

무릉반은 그 옛날 이 계곡을 찾아온 수많은 시인묵객들이 뛰어난 경관에 매료되어 돌 위에 글을 새겨 놓은 넓은 반석이다. 봉래 양사언은 이 계곡을 무릉선원(武陵仙源)이라 했고, 이승휴는 중국의 무릉도원 같은 선경

이라면서 무릉계(武陵界)라고 불렀다.

무릉도원은 인간의 영원한 이상향이다. 아무리 둘러보아도 기댈 둔덕 하나 보이지 않는 수렁 같은 사회. 불신과 부정으로 온갖 가치관에 조종이 울리는 암울한 시대가 되면 사람들은 늘 무릉도원을 꿈꾸어 왔다. 그러나 선인들이 찾은 무릉도원은 별유천지비인간(別有天地非人間) 같은 비경이 아니었다.

도연명이 「도화원기(桃花源記)」에서 그린 무릉도원은 이 세상 풍경과 크게 다르지 않다. 논과 밭, 연못, 뽕나무와 대나무, 닭이 울고 개가 짖는다. 남녀의 옷차림도 별다르지 않다. 굳이 다른 점을 찾자면 모든 사람들이 행복한 듯이 즐거워 한다는 정도다. 욕심 없는 사람들이 지족(知足)하며 사는 세상, 그것이 도연명이 찾은 무릉도원이었다.

남명(南冥) 조식(曺植)선생은 61세라는 연로한 나이에 지리산기슭 양당촌으로 들어가서 천왕봉이 울려다 보이는 물가에 단칸초막 산천재(山天齋)를 열고 제자를 가르친다.

남명이 찾은 무릉도원에는 권력이나 재물은 물론 명예조차 없었다. 그저 오랫동안 마음속에 그리던 작은 꿈을 이룬 산천재, 바로 그 자리가 남명의 무릉도원이었다. 그렇다면 무릉도원이 찾을 수 없을 만큼 먼 곳에 있는 것도 아니고 신비스러운 곳도 아니다.

소박한 꿈을 꾸는 사람들이 작은 일에도 보람을 느끼고 만족하며 사는 마을, 그 곳이 바로 무릉이고 그런 마음이 도원이다. 눈 때문에 9시간 예정의 산행을 10시간 만에 끝낸다.

🅅 현지 교통

동해시외버스터미널→무릉계곡: 시내버스 30분 간격으로 운행.

인목대비의 눈물

고려 초엽, 경기도 안성에서 악명을 떨치고 있던 일곱 도적이 아미산자락의 절집을 털기 위해 정탐꾼을 보냈다. 우물가에서 주위를 살피던 도적은 황금으로 만든 물바가지를 보고 훔쳐왔다. 그러나 산채에 돌아와서 보니 바가지는 감쪽같이 사라지고 없다.

두목은 차례로 부하를 들여보내지만 결과는 마찬가지였다. 그 모든 일이 절을 지키는 혜소국사의 신통력임을 깨달은 도적들은 대사의 제자가 되어 일곱 도적 모두가 아라한의 경지에 오른다. 그때부터 산 이름은 칠현산(七賢山), 절은 칠장사(七長寺)로 바뀌었단다.

칠장사에 가면, 네 사람의 역사적 인물이 기다리고 있다. 먼저 궁예다. 신라 47대 헌강왕과 궁녀 사이에서 태어난 궁예는, 왕실에서 버림받은 후 13살까지 칠장사에서 유년기를 보낸다.

이번에는 임꺽정이다. 천민이었던 임꺽정은 배우고 싶었지만 스승을 구할 수가 없게 되자 칠장사를 찾아와서 병해대사의 제자가 되었다. 백정 출신의 임꺽정과 백정이 벗겨낸 가죽으로 신을 만드는 갖바치 출신의 병해대사의 만남이야말로 역사에 한 점을 찍는 기연이었다.

평민들은 임꺽정을 의인이라 불렀고 부패한 양반과 부자들은 흉악한 도적으로 평가했지만, 《명종실록》은 "임꺽정의 무리가 도적이 된 것은 왕정의 잘못이지 그들의 죄가 아니다."고 면죄부를 주었다.

암행어사로 이름을 떨친 박문수는 나한전에서 기도한 후, 몽중등과시

(夢中登科時)의 현몽으로 장원급제의 영광을 안는다. '몽중등과시' 란 꿈에 본 시험 문제가 실제 과거시험에 그대로 출제되었다는 뜻이다. 그래선지 나한전에는 수험생과 학부모들의 발길이 지금도 끊어지지 않고 있다.

칠장사에서 우리를 아프게 하는 것은 인목대비와 영창대군의 슬픈 생애다. 선조의 정비인 의인왕후는 몸이 약해 회임조차 못했다. 따라서 후궁인 공빈 김 씨의 아들 임해군과 광해군이 유력한 후계자로 거론되고 있었다. 그러나 선조는 적통(嫡統)을 이을 적자(嫡子)의 탄생을 기다리며 세자책봉을 미룬다. 임진왜란이 일어났다. 한양을 버리고 북으로 몽진하던 선조는 하는 수 없이 광해군을 세자로 책봉했다.

의인왕후가 사망하자 선조는 영흥부원군 김제남의 딸을 왕비로 맞아들이니 이분이 인목왕후다. 인목왕후는 선조가 그렇게 고대하던 적자 영창대군을 낳았다. 선조의 사랑은 영창에게 쏠렸고 조정 중신도 광해군과 영창대군 지지파로 나누어진다. 그런 와중에 선조가 급서하자 왕위계승 결정권은 인목대비에게 넘어갔다. 영의정을 지낸 유경영 등은 영창대군을 보위에 올리고 대비가 수렴청정을 해야 한다고 권유했지만, 현실성이 없다고 판단한 대비는 광해군을 즉위시켰다. 인목대비의 그 결정이 후일 그녀로 하여금 통한의 피눈물을 흘리게 했다.

광해군은 대외적으로는 명분보다 실리를 챙긴 탁월한 외교관이었고, 내적으로는 대동법 실시, 화폐주조, 은광개발 등 개혁적인 경제정책으로 도탄에 빠진 민생을 안정시킨 현명한 군주였다. 그러나 흔들리는 왕권을 강화하기 위해 무리수를 두기 시작했다. 사사건건 자신을 비방하고 다니는 친형 임해군과 경쟁자의 하나인 능창군을 죽인다. 그러나 가장 경계해야 할 대상은 영창대군이었다. 때마침 영창대군을 제거할 적절한 기회가 왔다. '칠서의 옥' 이 그것이다.

문경새재에서 지나가는 상인을 죽이고 수백 량을 강탈한 강도사건이 일어났다. 범인은 서얼 폐지를 주장하던 명문세도가의 서자(庶子) 일곱

명이었다. 당대의 실력자 이이첨은 이 사건을 이용하여 영창대군을 몰아낼 음모를 꾸몄다.

혹독한 고문으로 그들이 영창대군을 옹립하기 위해 역모를 꾸몄다는 자백을 받아낸 후, 김제남과 세 아들을 모두 죽이고, 영창대군은 강화도에 위리안치시킨다. 또한 영창대군과 인목대비를 함께 죽여야 한다고 주장했지만, 광해군은 대비를 폐비로 만들어 서궁(덕수궁)에 유폐시키는 것으로 끝내고 영창대군의 처형도 반대한다. 그러나 이이첨은 강화부사 정항을 시켜 영창대군을 죽인 후 자연사한 것처럼 위장했다.

살해 방법은 참혹했다. 영문도 모르는 채 어머니의 품에서 떨어져 나온 일곱 살짜리 왕자는 방 안에 갇힌다. 방문을 열지 못하게 못질하는 소리. 아궁이에서 타오르는 장작의 매캐한 연기는 문틈으로 스며들고 방바닥은 점점 뜨거워진다. 아무리 어마마마를 부르며 울고 소리쳐도 소용이 없다. 방바닥이 달아오르자 이 발 저 발 바꾸어가며 동동거리지만 견디지 못하고 쓰러지자 이번에는 온몸이 불덩이처럼 타오른다. 너무 뜨겁다. 숨이 막힌다. 그리고 천지가 깜깜해졌다……. 그러나 서궁에 갇힌 인목대비가 사랑하는 아들을 도울 방법은 전혀 없었다.

인조반정이 일어나서 광해군이 쫓겨나고 왕실의 어른으로 다시 복권한 인목대비는, 비명에 간 아버지와 아들의 원혼을 달래기 위하여 칠장사를 원당으로 삼고 최승경 10권과 친필족자 1령을 내려 보낸다. 족자의 내용은 이렇다.

老牛用力已多年 늙은 소 힘쓴 지 오래되니
領破皮穿只愛眠 목덜미 쪼그라지고 가죽은 헤어져 졸리기만 하네.
犂耙已休春雨足 쟁기질 다 끝나고 봄비 넉넉한데도
主人何苦又加鞭 주인은 어이하여 또 채찍을 드는가.

학대받는 늙은 소에 대한 애처로운 마음을 나타낸 칠언절구지만, 여기서 늙은 소는 서궁에 갇혀 힘을 잃었던 인목대비고 주인은 광해군을 의미한다면 너무 무리한 해석일까.

영창대군은 인목대비의 웃음 속에서 탄생한 보석이었다. 그러나 그 보석은 눈물 속에서 너무 쉽게 깨어지고 말았다. 왕좌에서 쫓겨난 뒤, 제주도 유배지에서 숨을 거둔 광해군은 어머니 공빈 김 씨의 발치에 묻어 달라고 유언했다. 그 역시 마지막으로 돌아가고 싶은 곳은 어머니의 품속이었다.

산행로는 나한전 뒤로 열려 있다. 길은 분명하고 곳곳에 이정표가 정비되어 있어 길 찾는 데는 어려움이 없다. 완만한 길을 20여 분 오르면 능선 삼거리. 오른쪽으로 가면 길은 차츰 가팔라진다. 산죽밭을 지나면 헬기장이 있는 486봉. 정상인 관해봉(492미터)은 헬기장에서 2분 거리다. 정상에서 능선 삼거리로 되돌아와 완만한 능선을 따라 걷는다. 고만고만한 봉우리 세 개를 넘으면 헬기장이 있는 437.9봉. 부부탑이 있는 중고개에서 20분 남짓 오르면 칠현산(515.7미터)의 정상이다.

산행을 계속하고 싶다면 이정표의 표시를 따라 덕성산으로 이어가면 되지만 명적암으로 하산하기 위해 왼쪽 지능선을 탄다. 가파른 내리막이 끝나는 안부에서는 왼쪽 사면을 가로지른다. 작은 개울을 건너가면 명적암. 이곳에서 너른 길을 따라 내려와 명적암 표지판과 물레방아 식당이 있는 포장도로에서 3시간의 산행을 마친다. 산직마을 주차장은 여기서 600미터 정도 떨어져 있다.

Ⅴ 현지 교통

안성→죽산: 버스 수시 운행.

죽산→칠장사: 09:40 등 4회 운행. (백성운수 031-673-3456)

천제단의 신단수

한반도의 두 젖줄, 낙동강과 한강의 발원지인 황지연못과 검룡소를 품고 있는 태백산(1,567미터)은 태백산맥의 중추다. 그런가 하면 힘차게 내달리던 백두대간이 태백산에서 잠깐 멈추어 선 채, 큰 숨 한 번 몰아쉬며 소백산맥으로 정기를 나누어주어 소백산 월악산 등의 명산을 탄생시킨다.

백단사 입구를 들머리로 삼아 산행을 시작한다. 백단사 입구에서 버스를 내리면 '태고종 백단사 650미터' 라고 적인 이정표가 보인다. 이정표를 따라 조금 오르면 매표소.

계곡을 왼쪽에 끼고 비포장도로를 10여 분 따라가다가 다리를 건너면 곧바로 갈림길. 오른쪽 길은 백단사 가는 길이다. 왼쪽으로 방향을 잡아 망경사로 향한다. 가파른 길을 10여 분 오르면 능선 안부. 여기서 반재까지는 30분이 소요된다.

전국에서 물맛이 으뜸이라 하여 천제를 올릴 때 제수로 사용하는 용정이 있는 망경사를 지나면 단종을 추모하여 세운 비각을 만난다. 열두 살 어린 나이에 왕이 된 후, 믿고 의지했던 숙부에게 왕위를 빼앗기고 일국의 제왕에서 노산군으로, 또 서인으로 전락하여 첩첩산골 영월의 청령포에 유배되어 열일곱 꽃다운 나이에 살해당한 비운의 왕 단종.

전설에 의하면 죽은 단종은 태백산 산신령이 되었다고 한다. 그렇다면 태백산에 단종 혼자만 있는 것은 아닐 게다. 성삼문 이개 등의 사육신, 김

시습을 비롯한 생육신과 금성대군을 비롯한 왕손의 넋이 외로운 단종을 찾아 태백산으로 모여들었을 테니까.

그들이 은원(恩怨)의 무거운 짐을 홀가분하게 벗어버리고 바람처럼 자유롭게 산정을 소요하고 있을까. 아니면 아직도 그 날의 지원극통을 못 이겨서 흘리는 피눈물이, 안개가 되고 비가 되어 이 산하를 적시고 있을까. 그렇다면 지금 내리고 있는 눈은 그들이 흘리는 눈물인지도 모른다.

단종의 최후에 대하여 누군가는 목을 매어 자진했다 기록했고, 혹은 활줄에 목이 잘려 참혹하게 살해당했다 하고, 또는 사약을 마시고 몸의 아홉 구멍으로 피를 쏟으며 이승을 떠났다고 했다. 강물에 던져버린 시신도 영월 호장 엄홍도가 건져서 매장했다 하고, 또 다른 사람은 지나가던 스님이 수습하여 산속으로 사라졌다고 했다. 그래서 단종릉에는 시신이 있다는 둥 없다는 둥, 이론이 많다.

천리 먼 길을 사흘 만에 넘어서
말을 세우고 노릉(단종릉)으로 가는 구름을 보네
이 몸 또한 왕손의 딸이라
까치 소리도 차마 듣지 못하겠네.

조선 선조 때의 여류시인 옥봉(玉峰) 이원(李媛)도 영월로 가는 길에 단종의 죽음을 이렇게 안타까워했다.

어쩌면 단종 복위를 꽤하는 충신들의 움직임이 오히려 단종의 수명을 단축하였을지도 모른다는 역사의 아이러니를 생각하니 괜히 마음이 어수선하여 한동안 비각 앞을 떠나지 못한다.

고도가 높아질수록 눈은 그 두께를 더하고 발길을 더디게 한다. 희한한 일이다. 하산하는 등산객들은 약속이나 한 듯이 비닐봉지며 비료포대를 하나씩 들고 있다. 궁금하여 용도를 물었더니 썰매를 대신하는 방석이란다.

때맞추어 한 무리의 등산객들이 미끄럼을 타고 비탈길을 내려온다. 남녀노소 가릴 것 없이 그 얼굴에는 즐거운 웃음이 눈꽃처럼 활짝 피어 있다. 산은, 산을 사랑하는 사람들의 마음을 동심으로 이끄는 마술을 가끔 선보인다. 아내와 나도 내려올 때 써먹을 요량으로 비료포대를 얻어 챙긴다.

눈 때문에 지체된 탓인지 산행 시작 2시간 30분 만에 단군이 천신에게 제(祭)를 올렸다는 천제단(天祭壇)에 오른다. 제단은 넓은 초원에 둥글게 돌로 쌓았다.

아득한 옛날, 신라의 왕 기림이사금이 태백산에서 망제를 드리자 낙랑과 대방 두 나라가 항복했다는 설화는 태백산의 신비를 더하고, 지방 수령들이나 백성들이 어렵고 괴로운 일이 있을 때마다 천제단에 올라와 제를 올리며 기도한 것은 하늘의 힘을 빌려 소원을 이루려는 우리 민족의 순박한 의식 세계의 또 다른 표현일 게다.

시대는 천신을 향한 기도의 내용도 달라지게 했다. 역병의 창궐이나 가뭄과 홍수 등, 재난을 피할 수 있게 해 달라는 절박한 애원. 대를 이을 아들을 점지해 달라는 소박한 기원은 구한말이 되자 그 내용이 사뭇 달라졌다. 의병장 신돌석은 천제단에서 백마를 잡아 제사를 지내며 구국의 기도를 올렸고, 수많은 우국지사들이 항일(抗日)을 맹세했다.

정상 부근에 드문드문 서 있는 주목(朱木)이 소복을 입은 채 노쇠한 팔다리를 벌리고 우리를 내려다보고 있다. 살아 천년 죽어서 천년이라는 주목이 이 자리에서 천년 동안 지켜본 것은 영욕의 역사와 인생의 애환이었을 것이다.

북유럽의 신화에 등장하는 신목(神木)은 물푸레나무 이그드라실이다. 하늘과 땅을 연결하는 이 거대한 나무의 뿌리는 저승까지 뻗어있고 그곳에는 생명이 태어나는 신비한 샘이 있단다. 그래서 이그드라실은 죽음과

탄생을 의미한다. 그렇다면 우리의 신목은 무엇일까.

천신(天神) 환인의 명령을 받은 환웅은 신단수를 타고 하늘에서 태백산 꼭대기로 내려온다. 하늘로 통하는 사다리, 그것은 하늘에 닿을 듯이 높이 자란 주목 아니었을까? 학자에 따라서는 그 때의 태백산은 지금의 묘향산, 또는 백두산이라고 주장한다. 그러나 나라가 분열되고 왕국의 흥망성쇠에 따라 백두산이 기능을 상실하자 제2의 태백을 찾아 내려와 이곳에 천제단을 쌓았단다.

환웅이 태백산 신단수 아래 열었다는 신시(神市) 아사달 역시 중국 요서지방의 다링허유역, 백두산자락, 혹은 대동강유역이라는 주장이 맞서고 있다. 하지만 그게 어디든 단군이 가르친 홍익인간의 이념으로 살 수 있다면 방방곡곡이 신시라고 해도 좋겠다.

정상인 장군봉에서 올라온 길을 되짚어 하산한다. 문수봉과 천제단, 당골로 갈라지는 삼거리 이정표 앞에서는 당골을 향해 내려간다. 두 개의 다리를 지나면 단군성전. 이어 당골광장에서 4시간의 산행을 마친다.

길가에 세워진 장승과 솟대가 태백산을 수호하듯 산길을 지키고 있다. 장승과 솟대는 잡귀를 물리치고 마을을 지켜 주는 수호신이다. 사람이 죽으면 하늘나라로 간다고 믿은 고대인들에게, 솟대 위의 새는 풍년의 꿈이자 새가 지켜보는 방향으로 액운도 날려 보내겠다는 믿음의 상징이었다.

저 솟대 위에 앉은 새는 지금 어디를 보고 있을까. 어쩌면 솟대 위의 새가 바라보는 곳은 단순한 방향이 아니라 불신과 갈등의 사바세계에서 내일을 모르고 살아가는 인간의 마음속인지도 모르겠다.

☑ 현지 교통

태백시내버스터미널→백단사: 08:30 10:30 등 13회 운행.

당골광장→태백: 27회 운행. (시내버스터미널 033-552-3100)

제3장

호남지방의 산

장재화

山수필

달마가 땅끝으로 간 까닭은

남도의 끝 해남. 그 바닷가에 자리 잡은 달마산(489미터)은 높이에 비해 일직선으로 뻗은 능선의 길이만 8킬로미터에 이르는 만만찮은 바위산이다. 산행 들머리를 송촌으로 잡는다.

송촌마을회관 앞에서 남쪽 농로를 따라 10분쯤 가면 왼쪽으로 샛길이 보인다. 이 길로 접어들면 송촌제일저수지가 나온다. 저수지를 지나 10분 정도 걸은 뒤 작은 개울을 건너 벌목지대를 가로지른다. 5분 후 임도. 임도에서 왼쪽으로 100미터쯤 가면 오른쪽 절개면 위로 등산로가 열린다. 여기서부터 정상까지는 분명하고 너른 길이다.

산길은 온통 바위로 뒤덮인 급사면이다. 울퉁불퉁 울쑥불쑥 제멋대로 튀어나온 돌밭에서 오를 수 없는 바위는 돌아가고, 뛰어넘고 매달리며 오른다. 허공에 걸린 바위 타기가 위태롭다. 그 두려운 마음이 달마대사와 혜가스님 사이에 나눈 '안심문답(安心問答)'을 생각나게 한다.

혜가: 마음이 불안합니다. 저의 마음을 가라앉혀 주세요.
달마: 불안한 마음을 보여주게. 그러면 마음을 가라앉혀 주겠네.
혜가: 아무리 둘러보아도 마음은 찾을 수 없습니다.

보여줄 수 없는 불안한 마음을 안고 50여 분 힘겹게 올라 관음봉에 선다. 멀리 달마산의 정상인 불썬봉이 보인다. 바람재를 지나 산행을 계속

한다. 정상까지는 서너 개의 바위봉우리를 더 넘어야 한다. 그렇다고 해서 달마산에 바위만 있는 것은 아니다. 봉우리를 넘어가면 부드러운 능선이 나타나고, 능선을 덮고 있는 하얀 억새꽃이 바람에 날리며 바위와 푸른 하늘과 어울려 산의 운치를 더한다.

관음봉 출발 1시간 20분 만에 돌탑과 봉화대가 있는 정상 불썬봉에 선다. 정상에서 내려다보이는 미황사와, 올망졸망한 섬들이 꿈꾸듯이 졸고 있는 평화로운 바다 풍경이 거칠어진 숨결을 진정시켜 준다. 그제야 안심문답 그 마지막 대구(對句)가 귀에 들려온다.

달마: 내 이제 그대 마음을 가라앉혀 주었네.

달마산의 정상은 돌로 조각한 거한(巨漢)들의 놀이터였다. 준수한 얼굴과 다부진 몸매를 자랑하며 서로 다툰다. 넘치는 힘을 주체하지 못해 앞서거니 뒤서거니 준족을 자랑하고, 앞을 보며 고함치고, 뒤돌아보며 주먹 쥐고, 옆으로 고개 돌려 웃고 까불며 수다 떤다. 멀리 두륜산과 상황봉이 우뚝하고 도솔봉을 지나 땅끝으로 이어지는 산줄기가 산객을 부르고 있다.

정상의 돌탑 오른쪽으로 하산하여 촛대 같은 석주가 보이는 안부에 다다르면 길이 갈라진다. 오른쪽은 미황사 가는 길이고 문바위는 왼쪽 암봉을 우회해야 한다. 왼쪽 길을 택한다. 세모꼴의 바위굴을 지나 달마산의 백미(白眉)라는 문바위에 올라앉아 기암(奇巖)의 숲에 취하고 아찔한 단애의 장관에 감탄한다.

계속 능선을 타고 가면 도솔봉으로 이어갈 수 있지만 미황사를 그냥 지나칠 수는 없어 문바위 갈림길까지 되돌아 나와 미황사 가는 길로 내려선다. 미황사는 30분 남짓 내려가면 도착할 수 있다.

신라 경덕왕 때 세워진 미황사에서 올려다 본 달마산은 단순한 돌산이 아니라 거대한 암괴를 자르고, 깎고, 다듬어 세워놓은 미황사의 울타리였다. 하필이면 인도 출신 승려의 이름을 따서 달마라는 산 이름을 지었을까. 아무래도 그건 중국 남송의 고관이 달마산의 뛰어난 경관을 보고, "이 산이야말로 달마대사가 머물만하다."고 감탄했다는 『동국여지승람』의 기록에서 유래를 찾아야 할 것 같다.

미황사에 얽힌 설화도 재미있다. 신라 경덕왕 8년, 부처를 찬양하는 노래 소리가 울려 퍼지는 가운데 돌로 만든 배 한 척이 달마산 아래 사자포구에 나타났다. 그러나 궁금하게 여긴 어부들이 들여다보면 배는 홀연히 사라졌다.

소식을 들은 의조스님이 제자들과 함께 목욕재계한 후 간절히 기도하자 배가 다시 나타났다. 배 안에는 금인(金人)과 《화엄경》과 《법화경》의 경전, 보살과 나한(羅漢)들을 그린 탱화, 그리고 쇠고리와 검은 돌이 실려 있었다. 의조대사의 꿈속에 나타난 금인이 말했다.

"나는 부처님의 경(經)과 상(像)을 모실 곳을 찾아다니는 우국(인도)의 왕입니다. 이제 저 산의 정상을 보니 일만 불(一萬佛)의 형상이 선명하여 이곳에 머물기로 했습니다."

그러자 배에 실렸던 검은 돌이 갈라지며 한 마리의 암소가 튀어나온다. 소의 등에 경전을 싣고 절 지을 곳을 찾아다니던 중, 지금의 미황사 자리에 이르자 소가 멈추어 서더니 크게 울고 죽는다. 의조대사는 그 자리에 절을 세우고 절 이름을 "미(美)……." 하고 울며 죽은 소의 울음소리와 금인의 색(色)인 황(黃)을 따서 미황사라 지었다고 전한다.

미황사는 바다 풍경과 동백꽃과 계단식 축대를 이용한 절묘한 가람 배치로도 유명하지만, 산객은 달마대사에 대한 호기심으로 마음이 분주하다. 어쩌면 달마대사는 그 이름처럼 이 산에 잠시 머물다 갔을지도 모른다. 정말 그랬다면 달마가 머나먼 이국의 땅 끝에 자신의 거처를 마련한 것은 무슨 뜻이었을까?

숭산 소림사에서의 9년 면벽좌선으로 유명한 달마는 독살로 최후를 맞이하지만, 후일 그의 무덤을 열어보니 신발 한 짝만 들어있었을 뿐 육신이 누웠던 흔적은 찾아볼 수 없었다고 한다.

달마가 죽은 지 얼마 뒤, 인도에서 돌아오던 송운은 고향 인도로 돌아가는 달마대사를 만났단다. 그 달마는 실상(實像)이었을까. 허상(虛像)이었을까. 아무튼 전설 그대로라면 바람보다 자유로운 달마의 넋이 달마산에 머물지 못할 이유는 없을 것 같다.

4시간 10분에 걸친 산행을 끝내고 이웃마을같이 가까운 송호리 땅끝마을로 간다. 땅끝은 전망대가 있는 사자봉 아래의 평범한 갯가였다. 그러나 그 곳은 끝이 아니었다.

거침없이 내달리다가 바다를 만나 잠시 주춤거리던 산맥은 바다 저쪽 한라산으로 솟구쳐 올라 제주도라는 신세계를 연다. 그리고 대문장가 윤선도를 만나 그의 대표작 「어부사시사」를 들어 볼 수 있는 보길도행 뱃길이 열리는 곳이다.

눈에 보이지 않는다고 존재하지 않는 것은 아니다. 땅의 끝에 이별은 있었지만 단절은 없었다. 새로운 시작과 또 다른 꿈을 실은 채 일렁이고 있던 바닷물이, 그냥 이대로 돌아갈 수는 없지 않느냐고 속삭이고 있다.

어쩌면 달마가 땅의 끝으로 온 까닭은, 우리에게 변화와 시작의 참된 가치를 일깨워주기 위함인지도 모른다. 그렇다면 우리는 어떻게 달라져야 할까.

Ⅴ 현지 교통

해남터미널→미황사 입구→송촌: 08:20 10:50 등 5회 운행.

(해남교통 061-533-8826)

정(靜)과 동(動)

일찍이 서산대사가 "바다와 산이 둘러싸고 지켜주니 만고에 깨어지지 않고 삼재도 미치지 못할 땅"이라고 내다본 해남의 두륜산 산행은 대흥사에서 시작된다. 해탈문을 지나 경내로 들어간 뒤 무영지 앞에서 표충사로 향한다. 표충사는 서산대사의 유품이 보관되어 있는 사당이다.

1520년 평안도 안주에서 최여신이란 속명으로 태어난 서산대사 휴정은 과거에 낙방하자 불문에 귀의한다. 속세와의 인연을 끊고 오직 성불의 길을 찾고 있던 대사였지만 임진왜란이 발발하자 승병을 이끌고 감연히 적과 마주섰다. 제자인 사명과 처영에게 금강산과 지리산에서 의병을 일으키게 한 뒤 이를 총 지휘하여 묘향산과 두륜산 등지에서 왜군을 격파하고 평양성을 탈환하는 데 큰 공을 세운다. 대흥사는 서산대사가 승군의 본영을 설치한 곳이다.

선조는 대사의 공훈을 높이 평가하여 정2품의 벼슬을 제수하지만 대사는 자신의 공적이 세인의 입에 오르내리는 것조차 꺼려했다. 또 다시 무심의 세계로 돌아간 것이다. 85세에 묘향산 원적암에서 입적한 서산대사는 자신의 의발을 두륜산에 두라고 유언하며 마지막 법어를 남겼다.

"80년 전에는 네가 나이더니 80년 후에는 내가 너로구나."

예전의 나는 누구였고 지금의 너는 누구일까? 대사가 남긴 법어를 생각해보지만 이내 고개를 젓는다. 필부에게는 너무 어려운 화두다. 대사의 시 속에서나 그 해답을 찾을 수 있을까.

그대는 천금의 부를 원하지만
나는 가난한 수행자로 만족한다네.
가난과 부귀영화 이야기해 무엇하리.
우리 모두 꿈속의 사람인 것을.

표충사와 동국선원을 지나면 갈림길. 왼쪽은 북암, 오른쪽은 일지암방향이다. 경사가 심한 길을 300미터 남짓 올라가면 일지암. 일지암은 대흥사의 13대 종사였던 초의선사가 40년간 기거하면서 차(茶)의 경전이라는 『동다송(東茶頌)』과 『다신전(茶神傳)』을 집필하여 조선의 차문화를 중흥시킨 곳이다.

초의(艸衣)라는 이름에 어울리게 볏짚으로 지붕을 이은 일지암은, 한평생 풀옷을 입고 살았다는 옛 주인의 모습처럼 정갈하다. 일지암 뒤편에는 초의선사 때부터 물이 솟았다는 유천이 있다. 아마 선사는 이 물로 차를 달여 마시며 참선에 들었을 것이다.

정조 10년, 전남 무안에서 탄생한 초의선사의 속명은 장의순이다. 그는 정조 순조 헌종 철종 네 임금의 치세를 거쳤다. 정조가 서거하자 조선은 극심한 혼란에 빠져들었다. 수많은 천주교도가 학살당한 신유사옥과 을해박해, 홍경래의 난을 비롯한 잦은 민란, 십만이 넘는 백성이 죽어간 전염병의 창궐에다 나라를 병들게 한 안동김씨의 세도정치까지 겹쳐 조용할 날이 없었다. 선사는 그 격랑의 세월을, 차(茶)와 시(詩)와 선(禪)을 하나의 세계로 승화시켜 마음을 다스렸다.

초의선사는 15살에 남평 운흥사에 들어가 중이 된다. 하지만 유학과 도교에 대해서도 많은 관심을 가져 지식을 쌓았고 유림의 선비들과도 교분을 나누었다. 신유사옥 때 강진으로 유배된 다산 정약용이나 추사 김정희도 선사와 깊은 인연을 맺은 선비들이다. 특히 추사는 초의가 보내준 차를 마시며, "선(禪)과 한 맛으로 통한다."고 극찬했다. 선사의 지극한 '차

사랑' 을 그가 남긴 시에서 짐작해본다.

옥화(玉花) 한잔 마시니 겨드랑이에 바람 일고
몸도 가벼워 맑은 곳에 올랐다네.
밝은 달은 촛불이자 나의 벗이 되고
흰 구름은 자리 펴고 병풍을 치는구나.

유천 앞으로 난 길을 가로지르면 동암. 이어 다시 큰길이 나온다. 이 길을 따라 20여 분 오르면 두륜봉과 북암 갈림길. 두륜봉 쪽으로 길을 잡아 가련봉과 두륜봉을 갈라놓는 만일새에 도착하면 오른쪽 두륜봉(673미터)으로 향한다.

두륜봉은 손에 잡힐 듯 가까워 보이지만 오르기가 쉽지 않다. 암릉 뒤로 돌아가 계단을 밟으며 가파른 절벽을 올라가야 하기 때문이다. 구름다리 아래를 통과하여 두륜봉에 오른다. 거대한 바위가 비바람에 깎이고 패여서 만들어진 구름다리는 무지개를 뜻하는 홍교(虹橋)라는 이름이 있지만 먹이를 찾는 코끼리의 코와 흡사하다. 만일재로 돌아와서 가련봉 능선을 탄다. 가련봉과 노승봉으로 이어지는 산길은 암릉의 연속이다. 그래서 네발로 기어오르는가 하면 로프에 매달려 힘겹게 올라야 한다. 만일재에서 반시간 정도 걸려 정상인 가련봉(703미터)에 선다.

바위투성이인 주작산과 덕룡산이 보이고, 갓 잡아 올린 갈치의 몸통처럼 반짝이며 누워 있는 바다에는 완도 노화도 청산도 보길도가 점점이 떠 있다. 노승봉 가는 길도 위태로운 암릉의 연속이다. 어디 한 곳 마음 놓을 데가 없다. 노승봉 정상 능허대(685미터)는 넓은 반석이다.

능허대에서 하산한다. 바위 사이의 좁은 틈을 겨우 빠져나와 밧줄에 의지한 채 위험한 암벽을 조심조심 내려온다. 두 봉우리의 암릉을 타는 데만 1시간 남짓 걸렸다.

노승봉 암벽이 끝나는 곳에서 20분 정도 내려와 헬기장이 있는 오심재에서는 왼쪽 길을 택한다. 10분 후 북암. 밀양의 표충비와 더불어 나라에 변고라도 생길 양이면 땀을 흘린다는 용화전의 마애불상(보물 제48호)을 보며 생각에 잠긴다.

선조들은 불상과 비석이 흘리는 땀을 보며 이를 무언의 경고로 받아들였지만 오늘을 사는 우리는 이를 단지 신기한 일로만 여긴다. 우리는 지금 '무딤'이라는 이름의 병을 앓고 있는 것은 아닐까.

북암에 얽힌 전설. 옥황상제가 사는 하늘나라에 천동과 천녀가 살고 있었다. 어느 날 천상의 계율을 어긴 둘은 지상으로 추방당한다. 속죄하여 하늘로 돌아갈 수 있는 방법은 하루 만에 바위에 불상을 새기는 것이었다.

천동과 천녀는 해가 지지 않도록 북암 옆에 있는 천년수에 밧줄로 해를 매달아 놓고 불상을 새기기 시작했다. 북미륵암에서 앉은 모습의 불상을 새기던 천녀의 작업이 먼저 끝났다. 그러나 남미륵암에 서 있는 불상을 조각하던 천동의 작업은 아직 많이 남았다. 그러자 마음이 조급해진 천녀는 해를 동여매었던 줄을 끊어버리고 혼자 하늘로 돌아간다. 그래서 천동은 영원히 하늘로 올라가지 못했고 그가 새기던 불상도 미완성으로 남았단다.

용화전에서 계단을 내려온 후, 산죽 길과 너덜경을 지나 대흥사주차장에서 5시간의 산행을 끝낸다.

두륜산은 초의선사와 서산대사의 정(靜)과 동(動)이 공존하는 세계였다. 그리고 그 산을 오르내리는 우리는, 서산대사가 시에서 그린 것처럼 "꿈속의 사람들"이었다. 인생은 한바탕의 봄꿈이라니까.

Ⅴ 현지 교통

해남버스터미널→대흥사: 30분 간격 버스 운행. (해남교통 061-533-8826)

삼의당 김씨

전북 진안의 마이산(馬耳山, 686미터)은 별난 산이다. 산세가 그렇고 이름이 그러하며 전설 또한 그렇다. 우선 이름부터 살펴보자. 신라 때는 서다산, 고려시대에는 용출산이라고 불렀다. 마이산이란 이름은 조선 태종이 말의 귀를 닮았다 하여 명명한 이름이다.

전설은 또 어떤가. 옛날 옛적, 두 자녀와 함께 이곳에서 살던 산신 부부가 하늘로 올라갈 때가 되었다. 남신이 말했다. "우리가 승천하는 것을 사람들이 보아서는 안 되니 한밤에 떠납시다." 그러나 여신의 생각은 달랐다.

"싫어요. 밤은 무서우니 새벽에 떠나요." 아내의 성화에 남신은 마지못해 동의했다. 그러나 막 승천하려는 순간, 새벽같이 물 길러 나온 아낙이 그 모습을 보고 비명을 지른다. 놀란 두 산신은 그 자리에 주저앉아 산이 되고 말았다. 화가 난 남신은 두 자식을 빼앗아 품에 안은 채 수마이봉이 되었고, 토라져서 돌아앉은 여신은 암마이봉이 되었단다.

마이산 남부주차장에서 산행을 시작한다. 탑사 가는 길로 10분 정도 걸어가면 관광안내소. 안내소를 지나면 이정표와 등산안내도를 만난다. 고금당 방향으로 50미터쯤 가면 왼쪽으로 산길이 열려 있다. 좁은 경사길을 25분 정도 오르면 주능선에 닿고 여기서는 오른쪽 고금당 가는 길로 들어선다.

산모퉁이를 돌아 산죽밭을 지나면 고려의 고승 나옹선사가 수도했다는

토굴과 나옹암에 도착한다. 샘터를 지나서 길을 이어가면 팔각정인 비룡대. 여기서는 암마이봉 쪽으로 길을 잡는다. 비룡대에서 40여 분 후, 나무 의자가 몇 개 놓여 있는 제2쉼터에 도착한다. 봉두봉 비석이 세워져 있다.

정상 아래쪽 안부에서 정상까지는 밧줄을 잡고 진땀을 흘리며 올라야 하는 힘든 구간이다. 암마이봉 정상에 선다. 발아래로는 낮은 구릉들이 푸른 숲처럼 엎드려 있고, 멀리 남덕유산의 모습도 보인다. 주위의 풍광도 아름답지만 그보다 산객의 마음을 훈훈하게 하는 것은 마이산자락을 아름답게 수놓았던 삼의당 김 씨 부부의 사랑 이야기였다.

영조 45년에 전라도 남원에서 태어난 삼의당(三宜堂) 김 씨는, 스승 김종직이 쓴 「조의제문」을 사초에 올렸다가 연산군에 의해 능지처참을 당한 대쪽 같은 선비 김일손의 후손이었다.

그녀가 18살이 되었을 때 기적과도 같은 인연이 다가왔다. 같은 마을에서, 같은 해, 같은 날, 같은 시에 태어난 하립과 혼인한 것이다. 신랑 역시 세종 때 영의정을 지낸 하연의 후손이었다.

첫날밤. 친구들의 권유로 기분 좋게 취한 신랑이 신방으로 들어오니 월궁항아와 같이 아름다운 신부가 다소곳이 앉아 있다. 당장 끌어안고 싶지만 명색이 선비 아닌가. 하립은 신부를 보며 시 한 수를 읊는다.

삼경 밝은 달은 봄꽃 같아라.
꽃이 화려하니 달빛마저 더욱 곱네.
달 따라 꽃 보는데 임 찾아오니.
비할 데 없는 아름다움 내 집에 있네.

뜻하지 않은 선물에 감동한 신부가 조심스럽게 말했다. "이렇게 좋은 글을 주셨으니 저도 한 수 지어 올리겠습니다."

하늘엔 달빛 가득하고 뜰에는 꽃이 만발했네.
꽃 그림자에 달그림자 비치니 더욱 아름다운데
달과 임을 마주하고 앉으니
세상 영욕이야 내 알 바 아니네.

합환주 나누어 마시고는 곧장 꽃잠에 빠져드는 여느 부부에 비하면 이들의 초야는 얼마나 은근하고 그윽한가. 끔찍이도 아내를 사랑하는 하립은 아내가 좋아하는 글과 그림으로 방을 꾸미고, 뜰에는 모란과 난, 국화와 대나무를 심은 후 그녀의 방을 삼의당(三宜堂)이라고 불렀다.

그러나 부부는 가난했다. 그 가난에서 벗어나기 위해 삼의당은 남편에게 과거에 응시하라고 권한다. 남편은 산속의 작은 암자에 들어가서 공부하기로 동의하지만 문제는 학자금이었다. 아내는 패물을 팔아 그 비용을 마련한다. 그러나 하립은 연거푸 낙방했다. 그래도 아내는 실망하지 않았다. 이번에는 세상 견문을 넓히며 공부하라고 남편을 한양으로 보낸다. 비용은 자신의 머리카락을 잘라서 팔고 조상의 유물인 비녀를 팔아서 준비했다.

사랑하는 부부가 떨어져서 산다는 것은 예나 지금이나 고통스럽다. 아내는 멀리 떨어져 있는 남편을 그리워하며 시를 지어 마음을 달랜다.

달 하나가 두 곳을 같이 비추는데
임과 나는 천리나 떨어져 있네.
원하옵건대 이 달그림자 따라가서
밤마다 임 곁을 비춰주었으면.

또다시 낙방. 당시의 과거시험은 이미 부패하여 시쳇말로 '돈 없고 빽 없는' 하립으로서는 역부족이었다.

부부는 등과를 통한 입신양명을 포기하고 선영이 있는 마령면 방화리 마이산자락으로 들어가서 손수 농사를 지으며 여생을 보낸다. 시를 짓고 사랑을 나누면서 평생을 함께 했고, 삼의당 김 씨는 99편의 시와 19편의 산문 등 주옥같은 작품을 남겨 조선의 대표적인 여류시인 반열에 오른다.

그들이 살았을 촌가(村家)는 어디쯤에 있었을까. 산객은 마령면이 있다는 서쪽을 바라보며 그들의 문학적인 재능과 그들의 사랑을 부러워한다.

천황문 쪽으로 하산한다. 급한 내리막이다. 눈앞에 보이는 수마이봉은 아직도 화가 덜 풀렸는지 여전히 무뚝뚝하다. 산을 내려오면 북부주차장에서 올라오는 넓은 길이 기다리고 있다. 오른쪽 남부주차장 방향으로 길을 잡는다. 이제부터는 산행이 아니라 관광이다.

물을 마시고 산신령에게 기도하면 아들을 낳을 수 있다는 화암굴을 지나 은수사에 들린다. 은수사의 무량수전 앞에 있는 500년 된 배나무는 이성계가 먹다 버린 배의 씨앗에서 싹이 튼 것이란다.

이번에는 탑사다. 천자탑을 위시하여 80여 개의 돌탑군이 마이산을 배경으로 이국적인 풍광을 연출하고 있다. 구한말, 25세의 이갑용 처사가 낮에 돌을 모아 밤에 쌓은 탑들이다. 그 기간이 무려 30년이란다. 태풍이 불고 폭우가 쏟아져도 무너지지 않는 이 탑들은, 암마이봉과 수마이봉의 갈라진 틈을 보완하기 위한 비보탑(裨補塔)이다.

산객은 탑영제의 푸른 물결 위에 삼의당 김 씨의 고운 얼굴을 그려본 뒤, 남부주차장에서 4시간 30분의 산행을 끝낸다.

☑ 현지 교통

진안→마이산 남부주차장: 09:40 등 1일 4회. (진안터미널 063-433-2508)

그늘에서 핀 꽃

전라북도 강진의 만덕산(411.1미터)을 오르기 위해 도암면 석문리의 용문사 입구를 산행 들머리로 삼는다. 석문교를 지나 만덕광업 옆으로 난 길을 따라가면 용문사. 큰법당 왼쪽으로 산길이 보인다. 길은 한 곳의 주의지점을 제외하면 외길에 가까울 만큼 단순하다.

능선 길로 들어선 지 20분 만에 286봉에 오르면 가야할 능선이 한눈에 들어온다. 30분 후면 293봉. 여기서 7분쯤 가면 만덕산 산행에서 가장 주의해야 할 갈림길이 나온다. 직진에 가까운 오른쪽 좋은 길을 무시하고 왼쪽 오르막길을 택하면 경사진 바위전망대. 길은 전망바위 아래쪽으로 나 있다.

바람재와 용문사를 알리는 이정표를 지나면 임도 삼거리. 오른쪽 오르막 임도를 따라가면 폐허처럼 방치된 경찰 초소가 나온다. 여기서부터 길은 다시 좁아진다. 초소에서 9분이면 삼거리인 바람재에 닿는다.

옥련사 표지판을 따라 직진한다. 가파르게 치오르던 산길은 정상 바로 밑에서 갈라진다. 오른쪽 하산 길은 다산초당 가는 길이다. 직진하여 산행 2시간 20분 만에 정상인 깃대봉에 선다. 정상에서 보는 조망은 시원하다. 북의 월출산, 동의 천관산, 남의 덕룡산과 두륜산이 산정을 둘러싸고 있다.

하산은 이정표의 '헬기장' 방향이다. 급경사 내리막길을 조심스럽게 내려온다. 잠시 순탄하게 이어가던 길이 오른쪽으로 크게 꺾어진다. 백련

사 가는 길이다. 정상에서 갈림길까지 15분, 갈림길에서 백련사는 5분 거리다.

신라 말, 무염선사가 창건한 백련사 옆에 있는 천념기념물 제151호 동백 숲에는 철 이른 동백꽃이 송이 채 떨어져서 밟히고 있었다. 그 옛날 다산도 이 숲에서 동백꽃에 취하고, 떨어진 꽃을 애처로워하며 사색에 잠겼으리라.

다산초당 가는 길은 백련사 동백 숲과 차밭 사이로 열려 있다. 이 길은 다산이 백련사의 혜장선사와 만나기 위에 오가던 길이다. 다산초당은 명필 김정희가 현판을 쓴 보정산방(寶丁山房)과 동암(東庵), 그리고 다산의 제자들이 머물던 서암(西庵)으로 구성되어 있다. 선생은 동암 옆에 조그마한 연못을 만들고 물 가운데 돌을 쌓아 작은 섬을 만드니 연지석가산이다.

초당이 앉은 자리는 남향이다. 그러나 울울창창한 나무들이 주위를 덮고 있어 보이는 것은 나무밖에 없다. 때문에, 손바닥만 한 마당에는 햇볕조차 제대로 들지 않을 것 같다. 이 어두운 그늘에서, 서른아홉 젊은 나이에 유배 온 다산(茶山) 정약용(丁若鏞)이 18년간의 강진 귀양살이 중에서 11년을 보낸다.

정조의 신임을 한 몸에 받았던 다산은 어질고 능력 있는 관리였다. 그러나 정조가 서거한 뒤 어린 순조를 대신하여 수렴청정을 하던 정순왕후가 천주교를 탄압하기 위해 일으킨 신유박해 때, 우리나라 최초로 영세를 받은 매부 이승훈의 영향을 받아 천주교로 개종한 다산도 체포된다. 이때 다산의 셋째형 약종과 이승훈은 사형당하고, 둘째형 약전은 흑산도로, 다산은 강진으로 유배된다.

귀양 온 지 5년이 되던 해, 다산의 부인 홍 씨는 고독과 시름에 잠겨 있을 남편을 위로하기 위해 큰아들 학가를 귀양지로 보내면서, 자신이 시집올 때 입었던 다홍치마를 같이 보낸다. 새색시의 볼처럼 고왔던 치마는 세월의 흔적만큼 빛이 바래 있었다. 그러나 그 치마는 그들 사랑의 역사였고 고난의 흔적이었다.

그녀는 먼 곳에서 외로움에 젖어 있을 남편에 대한 그리움과 안타까운 마음을, 꽃같이 아름다웠던 신혼의 꿈이 서려 있는 치마폭에 모두 담아 보낸 것이다. 누가 이보다 더 진하게 간절한 그리움과 아픈 마음을 표현할 수 있을까.

구구절절 긴 사연을 나열한 편지만이 감동을 주는 것은 아니다. 부인이 치마에 실어 보낸 무언의 뜻은, 백 마디의 말보다 백 장의 연서보다 더 그윽하여 다산의 고독을 덜어주고 희망을 심어준다.

다산은 치마를 네 첩으로 재단하여 한 장은 자신이 보관하고 두 아들에게는 교훈의 글을, 딸에게는 매화가지에 앉은 새의 그림과 글씨를 적어 어버이의 깊은 뜻을 전했다. 참으로 다산답고 다산의 아내답지 않는가.

다산에게 있어 강진에서 보낸 18년은 흐름을 멈춘 시간이었다. 그러나 그 멈춘 시간 속에서 『경세유표』 『목민심서』 등 500여 권에 달하는 불후의 명저(名著)를 남겼다.

"백성들은 흙으로 밭을 삼는데, 이서(吏胥)들은 백성을 밭으로 삼아 살을 긁어내는 것으로 농사를 짓고, 백성의 재물을 가렴주구 하는 것으로 추수를 삼는다."고 질타하면서, 지방수령은 청렴결백해야 하며 선비라고 해서 놀고먹어서는 안 된다고 주장한다. 요컨대 백성을 두려워하고 받드는 정치를 하란 것이다.

다산의 이런 주장이 당시의 부패한 관료사회에서 먹혀들어갈 리가 없다. 해서 『목민심서』는 요즘 말로 금서 1호가 된다. 그러나 뉘 알았으랴. 150년 가까운 세월이 흐른 뒤,『목민심서』가 먼 이국땅의 한 혁명가의 생활과 사상을 지배하는 바이블이 될 줄을…….

월맹의 호지명은 『목민심서』를 탐독하며 다산의 사상을 자신의 통치기반으로 삼아 남북으로 갈라진 베트남을 하나로 통일한다. 호지명이 숨지

는 날, 그는 『목민심서』를 자신의 머리맡에 두게 했고 사후에는 시신과 함께 관 속에 넣어 달라고 유언했다.

만약 다산이 귀양을 가지 않았다면 방대한 그의 저술은 태어나지 못했을 것이다. 다산의 작품은 유배지라는 그늘에서 피어난 아름다운 꽃이었다. 어디 다산뿐이랴. 조선을 빛낸 걸작 대부분이 유배시절이나 은둔생활 중에 탄생했다.

김만중의 『사씨남정기』와 『서포만필』은 남해 노도에서, 국보 제180호로 지정된 추사 김정희의 「세한도」는 제주도 귀양살이 중에 그린 것이다. 또한 정철의 「성산별곡」 「사미인곡」 「속미인곡」은 벼슬을 버리고 은둔한 담양에서, 고산 윤선도의 「어부사시가」와 「오우가」 역시 20여 년의 유배생활과 보길도에서 은거하는 동안 완성된 작품이다.

왜 그럴까? 어쩌면 누군가로부터는 상처를 받고 누군가에게는 상처를 입혀야 하는 살벌한 정치판을 떠나, 권력과는 차단되고 격리된 곳에서 객관적으로 사물을 관조하며 자신을 되돌아 볼 때 열리는 새로운 세계, 그 신세계로의 몰입 때문일지도 모른다. 그래선지 귀양에서 풀려 초당을 떠나는 날, 다산은 전송하러 나온 강진의 선비들과 제자들에게 겸허하게 말했다.

"내가 이곳에 오지 않았다면 이렇게 값진 결과는 얻지 못했을 것입니다. 그래서 하늘에 감사할 따름입니다."

V 현지 교통

강진→용문사 입구: 정수사 행 버스 12:20. (강진교통 061-432-9618)

다산초당→강진: 14:40 16:10 18:00 등 9회 운행.

김성원의 사모곡

전라남도 화순군 모후산(母后山, 919미터)의 이름을 단순하게 번역하면 "임금님의 어머니 산"이다. 고려 공민왕이 홍건족의 침입을 받자 어머니를 모시고 이 산으로 몽진하여 1년 가까이 머물렀다고 해서 모후산이란다.

산행 들머리를 화순군 남면 유마리의 유마사로 잡는다. 주차장에서 포장도로를 따라가면 왼쪽으로 경내로 들어가는 길이 보이지만 절구경은 하산 뒤로 미루고 계속 포장길을 따라간다. '용문재'와 '철철바위'로 가는 갈림길을 만나면 두 번 모두 이정표의 '용문재, 정상' 방향으로 길을 잡는다.

용문재는 산불감시초소와 산행안내도가 세워져 있는 헬기장이다. 마지막 갈림길에서 40분 남짓 걸렸다. 용문재에서 오른쪽 길로 들어선지 1시간 후 정상에 선다. 정상의 조망은 시원하다. 무등산 백아산 백운산 지리산이 하늘금을 긋고, 푸르디푸른 주암호 뒤편에 조계산이 솟아 있다.

모후산은 모호산이란 또 하나의 이름을 가지고 있다. 그 유래는 조선 중기의 문인 서하당(棲霞堂) 김성원(金成遠)의 지극한 효심에서 비롯된다. 광주 충효리에서 태어난 김성원은 6살 때 아버지를 여위고 편모슬하에서 성장했다. 명종 13년에 사마시에 합격하여 침랑과 제원도찰방에 임명되지만 벼슬에 뜻이 없었던 그는 얼마 지나지 않아 사임했다. 향리로 내려온 김성원은 성산자락에 자신의 호를 딴 서하당과 식영정을 짓는다.

그리고 자신을 포함하여 서하당 사선(四仙)으로 칭송받던 임억령 정철 고경명 등과 어울려 글을 짓고 학문을 닦으며 세월을 보낸다.

임진왜란이 일어나자 동복현감에 임명되어 각지의 의병과 제휴하여 왜적과 싸우던 김성원은 조카인 의병대장 김덕령이 억울하게 옥사하자 다시 벼슬을 버렸다. 잠시 동안 소강상태를 보이던 전란은 정유재란으로 다시 불붙었다. 72살의 김성원은 90세 노모를 모시고 모후산으로 피난하지만 왜적의 습격을 받자 온몸으로 어머니를 감싼 채, 칼에 찔려 최후를 맞는다. 그래서 "어머니를 보호한" 모호산(母護山)이다. 『서하당유고』에 실려 있는 「헌작북당시(獻酌北堂詩)」에서 어머니를 향한 그의 마음을 헤아려본다.

열구름 심히 궂어 밝은 달 가리고
밤중에 혼자 앉으니 애달프기 그지없다.
바람이 이 뜻 알아 비를 몰고 오도다.

달 밝은 밤, 자당께 술잔을 올리려니 어머니 생각에 마음이 아프다. 그런데 지나가던 구름이 달빛을 가리더니 비까지 내리지 않는가. 그래서 더 애달파하는 아들의 마음이 그대로 묻어나고 있다.

정상에서 오른쪽 집게봉 방향으로 하산한다. 40여 분 내려오면 갈림길. 여기서는 집게봉으로 이어가는 직진 길을 버리고 유마사로 가는 오른쪽 급경사 길로 내려선 뒤, 철철바위를 지나 유마사에서 5시간의 산행을 끝낸다.

백제 무왕 28년에 창건한 유마사는 한국전쟁 때 인민공화국 남로당 전남도당위원회가 있었던 절집이다. 그 때 전화를 입어 전소된 것을 새로 지었다. 고색창연한 맛은 없지만 전설을 즐기는 등산객이라면 눈여겨볼 만한 곳이 보안교다.

당나라 고종 치세하의 요동태수는 유마운이라는 사람이었다. 일찍 상처한 그는 외동딸 보안(普安)을 애지중지하며 키운다. 보안은 천재였다. 두 살 때 주련(柱聯)을 읽었고, 다섯 살 때는 제자백가(諸子百家)의 철리를 깨우쳤다고 한다. 그러나 유마운은 탐관오리였다. 그래서 집만 해도 열세 채다. 어느 날 일곱 채의 집을 가진 이웃고을 태수 진광선이 사망했다. 49재 날, 그 친구는 구렁이가 되어 유마운의 눈앞에 나타난다. 아무리 도망가려고 해도 떨어지지 않는다. 진땀을 흘리는 아버지에게 일곱 살 난 보안이 말했다.

"그 아저씨는 죽어서 독 없는 구렁이가 되었지만, 아버지는 살모사의 독을 지닌 비단구렁이가 될 거에요. 아저씨보다 아버지가 더 나쁘게 살아오셨으니까요."

딸의 말을 듣고 크게 느낀 유마운은 전 재산을 풀어 빈민들에게 나누어 준 뒤, 정처 없는 유랑 길에 오른다. 두 사람은 바다를 건너와서 모후산자락에 터를 잡았다. 부녀는 초막을 짓고 대나무며 싸리를 엮어 만든 그릇을 팔아 생계를 유지한다. 그 후 유마운은 이 자리에 유마사를 짓고 법당에는 딸의 이름을 빌려 보안당이란 현판을 달았다. 그리고 젊은 정현스님을 법사로 초빙했다.

문제가 생겼다. 보안낭자를 본 정현스님이 사랑에 빠진 것이다. 허나 부처님을 모시는 몸으로 내색할 수도 없는 처지라 그저 벙어리처럼 냉가슴만 앓는다. 세월이 흘러 유마운이 사망하자 정현의 가슴은 더욱 뜨겁게 달아오른다. 불상을 보며 목탁을 두드려도 그의 마음은 온통 보안낭자에게 가 있다. 영특한 낭자가 어찌 그 마음을 읽지 못할까. 어느 날 보안낭자가 정현에게 말했다.

"내일 자정에 절 앞 제월천으로 나오세요. 원하시면 부부의 연을 맺어드리겠습니다. 대신에 고운 체 하나를 들고 나와야 합니다."

제월천에는 둥근 달이 빠져 있었다. 보안낭자가 정현에게 말했다.

"이 체로 물속의 달을 건져 올리면 스님의 아내가 되겠습니다. 대신 내가 건지게 되면 각자 성불의 길을 찾기로 해요."

정현은 물속에 빠진 달을 건지기 위해 체를 이리저리 휘두른다. 물속에 뛰어 들어가서 껴안아도 보았지만 달은 일그러지기만 했다. 빙그레 웃고 있던 보안낭자가 달그림자 밑에 체를 받치고 가만히 들어 올리니 체 속에 담긴 달이 스르르 떠오르는 게 아닌가.

실망과 좌절로 의기소침해 있는 정현 앞에서 보안낭자는 옷을 벗었다. 사르르 꽃잎이 지듯이 낭자의 몸에 걸친 옷이 남김없이 흘러내리고 눈부신 나신이 드러난다. 정현은 어쩔 줄 몰라 고개를 돌리고 눈을 감는다. 그때 정현의 귀를 울리는 낭랑한 목소리.

"조각한 불상은 보면서 살아있는 부처는 어찌하여 보지 못하느냐."

그렇게 정현을 나무란 보안낭자는 불상 뒤의 탱화를 찢어서 타고 하늘로 올라갔다. 그녀는 관세음보살의 화신이었다.

홀로 남은 정현은, 보안낭자가 쉽게 찾아올 수 있도록 유마사 계곡에 다리를 놓고 싶었다. 그러나 다리를 놓을 큰 바위는 찾았지만 옮길 수가 없다. 안타까워하는 정현 앞에 보안낭자가 나타나 그 바위를 치마에 싸서 옮겨준다. 그 다리가 바로 보안교다. 그렇다면 보안교는 인간의 사랑과 부처님의 사랑을 연결하는 인연의 다리이자 깨달음의 다리 아닌가.

Ⓥ 현지 교통

광주→유마사: 06:43 11:35 등 4회.

유마사→광주: 15:15 등 4회.

(광주광천터미널 062-360-8114, 화순공용주차장 061-374-2254)

비운의 의병장

광주 무등산(1,187미터)은 높은 산이다. 그러나 높다는 것은 비단 산의 고도만을 의미하는 것은 아니다. 불가에서 무등(無等)은 무유등등(無有等等)을 의미하고, "부처님은 가장 높은 자리에 앉아 계시니 견줄 이가 없다."는 뜻이다. 무등산은 이 말을 차용하여 불교적 가치를 극대화시킨 산이다.

산행 들머리를 광주 충효동의 무등산장으로 잡는다. 주차장 맞은편에 원효사가 보인다. 450여 년 전, 원효사 아랫마을 석저촌에서 의병장 김덕령(金德齡)이 태어났다. 임진왜란이 일어나자 형 덕홍과 함께 전주에서 의병을 일으킨 김덕령은, 광주와 담양 등지에서 왜적을 물리쳐 광해군으로부터 호익장군의 군호를 받는다.

그 뒤, 주인의 권세를 믿고 안하무인격으로 날뛰는 도체찰사 윤근수의 종을 장살한 죄로 투옥되지만 김덕령의 무용을 아끼는 선조는 그를 방면하고 더욱 신임한다. 그러나 이 일은 또 다른 불행을 예고하고 있었다. 반대파의 시기와 질투 때문이다.

선조 29년 7월, 충청도에서 이몽학이 반란을 일으켰다. 이몽학은 오랜 전쟁으로 절망의 늪에 빠진 농민과 해산한 의병들을 규합하여 난을 일으킨 것이다. 김덕령이 이몽학을 토벌하기 위해 출병하자 충청도순찰사 종사관이었던 신경행은 김덕령이 반란군과 내통했다며 무고했다.

한양으로 끌려가 문초를 받는 김덕령. 그즈음 이몽학과 같이 반란을 일

으킨 한영이 체포되어 한양으로 압송되었다. 혹독한 고문을 견디지 못한 한영은 김덕령이 한 패였다는 거짓 증언을 했고, 29살의 젊은 김덕령은 역적으로 몰려 처형된다. 여기까지는 문헌에서 발췌한 역사적인 사실이지만 『연려실기술』 등에 실려 있는 야담은 더욱 흥미롭다.

장군은 맨손으로 호랑이를 잡고 야생마를 길들였으며, 항상 백 근의 철퇴를 양 허리에 차고 다닐 정도의 괴력을 지녀 왜군들은 장군의 얼굴만 보아도 도망갔단다. 하지만 부친의 상을 당해 출전하지 못하자, 조정에서는 반역죄를 씌워 처형하려했지만 별별 방법을 동원해도 죽지 않았다.

장군은 "만고 충신 효자 김덕령"이란 비를 세워 주면 죽겠다고 조건을 단다. 어쩔 수 없이 그의 요구를 들어주자 "내 다리 아래에 있는 비늘을 뜯고 그 곳을 세 번 두들겨라. 그러면 죽을 것이다."

장군이 죽은 뒤 비석의 글을 지우려했지만 그럴수록 글은 더욱 선명하여졌단다. 충신을 역적으로 몰아 죽이면서 '만고충신' 이라는 비석을 세워준다는 설정은 얼마나 희극적인가.

현가(絃歌)는 영웅이 할 일은 아니고
칼춤은 오로지 옥장에서 추어야지
싸움 끝나 돌아간 뒤에는
강호에서 고기나 낚을 뿐 무엇을 더 원하랴.

전란이 끝나고 유유자적하는 자신의 모습을 그려보며 지었다는 김덕령의 시다. 그러나 그가 돌아간 곳은 영원한 '영혼의 낚시터' 였다. 이듬해 정유재란이 일어나 전라도 일대가 초토화되자 김덕령의 부인 흥양이씨는 왜적의 추격이 급박해지자 치욕보다는 죽음을 택해 자결했다.

그로부터 200년 후, 정조는 김덕령과 금산전투에서 전사한 형 덕홍의 충성심, 정절을 지키기 위해 자결한 흥양이씨, 그리고 전사한 형들을 대신하여 지극하게 노모를 모신 막내 덕보의 효심을 기려 정려비각을 세워 주고 마을 이름을 석저촌에서 충효리로 바꾼다.

산행을 시작한다. 원효지구차량통제소와 산행안내판 사이의 차도를 따라 식당가를 지나가면 관광원과 광원슈퍼 맞은편에 계곡을 건너는 다리가 놓여 있다. 다리 난간에 '꼬막재 장불재' 팻말이 붙어 있다. 다리를 건너자 말자 차도 옆 둥근 공터. 공터 오른쪽으로 본격적인 산길이 열린다. 산길이라기보다는 산책로 같이 완만한 계단길이 이어진다. 17분 남짓 걸어가면 갈림길. 리본이 달려 있는 오른쪽 길을 무시하고 직진하면 7분 후 벤치가 놓여 있는 오성원에 도착한다. 오성원에서 꼬막재까지는 6분 거리다.

꼬막재약수터를 지나면서 산길은 부드러운 숲길로 바뀌고 광활한 신선대의 억새밭이 시선을 사로잡는다. 억새밭을 지나면 너덜겅, 너덜겅 끝에 김덕령이 무술을 연마했다는 규봉이 기다리고 있다. 꼬막재 출발 1시간 10분만이다.

위를 쳐다보는 바위가 있는가 하면, 아래를 내려다보는 바위도 있다. 누워 있는 바위, 일어선 바위, 총총하게 솟은 바위, 홀로 우뚝 선 바위 등등, 그 높이가 수백 척에 달하고 사면은 구슬을 깎아놓은 것 같다.

『동국여지승람』에서는 규봉을 이렇게 표현했다. 작은 암자를 둘러싸고 있는 바위벽은 그처럼 절묘했다.

규봉암에서 장불재 가는 길은 산허리를 돌아가며 평탄하게 이어져 있다. 40분 후 방송중계탑이 서 있는 장불재에 도착한다. 장불재에 서면 무등산의 또 다른 절경인 입석대와 서석대가 한눈에 들어온다. 15분 남짓 걸어 입석대 전망대에 오른다. 7천만 년 전, 화산이 분출하면서 솟구친 용암이 세월 따라 깎이고 패이고 갈라지면서 6각형 또는 8각형의 돌기둥으로 변해 하늘을 받치고 있다. 입석대에서 500미터 떨어져 있는 서석대

는 일명 수정병풍이라고 부른다. 노을이 질 때, 햇살에 반사된 바위가 수정처럼 반짝인다고 해서 붙여진 이름이다.

무등산처럼 이름이 많은 산도 드물다. 무지개빛 돌산이라는 뜻의 서석산. 무당들이 신성시했다고 해서 무당산. 산세가 무덤처럼 둥글넓적하다 해서 무덤산. 그런데 무정산이란 이름은 황당하다.

조선을 건국한 이성계는 "새로운 왕업이 수수만년 이어가도록" 전국 명산의 산신령에게 제사를 올리게 했지만 무등 산신 홀로 이성계의 청탁을 거절했다. 분개한 이성계는 산신을 잡아 지리산으로 귀양 보내고, 왕의 부탁을 거절한 무정한 산이라고 해서 산 이름을 무정산으로 부르게 했단다.

장불재로 되돌아와서 중머리재로 하산한다. 중봉 갈림길을 지나 30여 분 내려오면 목을 축여주는 샘이 있는 중머리재. 서인봉이 눈앞에 보이지만 오른쪽 증심사 가는 길로 하산한다. 30미터 정도 내려오면 증심사와 토끼등 갈림길. 왼쪽 증심사 방향으로 길을 잡는다. 대호식당 앞 갈림길에서는 왼쪽 임도로 내려선 뒤, 증심사 입구와 식당가를 지나 증심사 주차장에서 5시간의 산행을 끝낸다. 시간의 여유가 있다면 하산하는 길에 증심사를 둘러보는 것도 좋겠다.

증심사의 증(證)은 깨달음과 오도(悟道)에 들어감을 의미한다. 오도란 번뇌에서 해탈하여 불계(佛界)에 들어갈 수 있는 길을 말하고, 증심이란 그 마음을 뜻한다. 따라서 무등(無等)과 증심(證心)을 연결하면 "비할 데 없이 높은 무등산에서 깨달음을 얻는다."는 뜻이니 무등산을 오르는 등산객은 참 복 받은 사람들 아닌가.

Ⓥ 현지 교통

광주광천터미널→무등산장: 1187번 시내버스 수시로 운행.

세 얼굴의 바다

영광굴비는 법성포 앞 칠산 앞바다에서 잡은 산란 직전의 조기로 만든다. 그런데 소금에 절인 조기 이름이 어떻게 해서 굴비가 되었을까?

고려 인종 시절, 이자겸은 무소불위의 권력을 휘두르고 있었다. 그도 그럴 것이 자신의 딸을 예종에게 시집보내 왕의 장인이 되었고, 예종이 죽고 외손자인 구가 등극하자 이번에는 둘째딸과 셋째딸을 왕비로 삼게 하여 인종의 외할아버지이자 장인이 된 까닭이다. 어처구니없는 촌수였지만, 권력에 대한 이자겸의 집착 앞에서 인륜 같은 것은 전혀 문제가 되지 않았다.

권력에 맛을 들인 그는 왕이 되고 싶었다. 그래서 반란을 일으켰지만 실패한다. 영광으로 유배된 이자겸은, 비록 죄인의 신분이지만 비굴하게 살지는 않겠다고 다짐했다. 그리고 그 각오를 잊지 않기 위해 진상품인 조기의 이름을 '비굴'의 글자를 바꾸어 '굴비'라고 했단다.

그 굴비의 고향인 영광과 함평군의 경계에 솟은 불갑산(516미터)의 산행 들머리를 함평 용천사로 잡는다. 용천사주차장 화장실 앞에서 용천사로 가는 포장도로를 따라 100여 미터 가면, 왼쪽으로 분식가게와 꽃무릇밭 담장 사이로 산길이 열려 있다. 여기가 들머리다.

들머리에서 50미터 정도 가면 첫 이정표. 모악산 방향으로 길을 잡은 뒤, 태고봉 갈림길과 도솔봉 갈림길에서는 주능선을 따라 모악산과 용천봉 방향으로 직진한다.

산행 시작 50분 만에 '쉬어 가는 숲' 이라는 입간판과 정자가 세워져 있는 쉼터에 닿고, 여기서 5분 정도 걸으면 용천사와 구수재 갈림길이 나온다. 왼쪽 구수재 방향으로 15분 정도 내려오면 불갑사와 정상 갈림길인 구수재.

구수재에서 연실봉을 향해 직진한 지 45분 만에 정상에 선다. 무등산과 추월산이 보이고 바다가 보인다. 정상인 연실봉에서 바라보는 칠산 앞바다는 불타(佛陀)의 바다였다. 백제 침류왕 원년인 384년, 인도의 승려 마라난타가 불교를 전파하기 위해 저 바다를 건너왔기 때문이다. 그래서 마라난타가 도착한 포구는 "불법을 전해준 성인이 도착한 포구"라는 뜻에서 법성포가 되었고, 마라난타가 처음 세운 절은 불교의 '불(佛)' 과 육십갑자의 으뜸인 '갑(甲)' 자를 따서 불갑사(佛甲寺), 산 이름은 불갑산이라 이름 짓는다.

정상에서 영광읍 쪽으로 시선을 돌리면, 영광이 낳은 또 한 사람의 역사적인 인물이 기다리고 있다. 불갑사에서 영광읍 방향으로 3킬로미터 정도 떨어져 있는 내산서원에 위패가 봉안되어 있는 수은(睡隱) 강항(姜沆) 선생이다.

불갑면 금계리 불갑산자락에서 태어난 형조좌랑 강항이 휴가를 얻어 고향으로 내려왔을 때 정유재란이 일어났다. 의병을 모아 왜적과 싸우던 강항은 영광이 함락되자 바다로 탈출한다. 그러나 배는 적선과 마주치고 말았다.

강항 일가와 백성들은 포로가 되느니 차라리 죽겠다며 바다로 뛰어들었지만 왜적이 던진 갈고리에 걸려 모두 사로잡혔다. 이 와중에서 강항은 아들 용과 측실이 낳은 딸 애상을 잃는다.

어린 용의 죽음은 너무 애달팠다. 물살에 휩쓸려 깊은 바다로 떠내려간 것이다. 살려달라며 "엄마"를 부르던 아이의 목소리가 귀에 쟁쟁하다. 그

소리마저 사라졌을 때 아비가 어찌 살았다고 할 수 있으랴. 내 나이 서른 살 때 얻은 아들이다. 어미가 아이를 가졌을 때, 작은 용이 물속에서 솟아 오르는 꿈을 꾸었다고 해서 용(龍)이라고 이름 지었는데 물에 빠져 죽을 줄 누가 짐작이나 했겠는가. 운명의 장난이 너무 가혹하구나.

그 참담한 심정을 그는 이렇게 기록했다. 어디 그뿐이랴. 갈증을 참지 못해 바닷물을 마신 조카 가련이 토하고 설사하자 왜적은 8살 어린 것을 바다에 던져 죽게 했다.

강항은 4년에 걸친 포로생활 동안 왜국에서 빼낸 귀중한 정보를 몰래 소선으로 보내어 후일에 대비하게 했다. 그 글을 모은 것이 『간양록(看羊錄)』이다. 그뿐 아니라 일본의 양심적인 지식인과 교분을 나누며 학문적으로 지대한 영향을 끼쳤고, 그들 중에서 후지와라 세이카는 일본 주자학의 개조(開祖)가 되었다.

그는 풍부한 학식과 대범한 성품으로 적을 감동시켜 환란의 시절을 인간 승리의 시간으로 바꾼 것이다. 그래서일까. 강항이 귀국한 뒤, 일본인들은 포로가 된 그가 처음 상륙했던 오오즈에 기념비를 세워 선생을 추모했다.

정상을 떠나면서 다시 바다를 본다. 바다는 바라보는 사람의 마음에 따라 그 표정과 색이 변한다. 같은 영광 앞바다지만 이자겸에게는 굴욕, 수은 선생에게는 통한의 바다였고 마라난타에게는 축복의 바다였다.

불갑산의 9월은 화려한 꽃잔치가 열리는 계절이다. 구름처럼 피어난 꽃무릇이 사찰 주위와 산자락을 화려하게 장식하기 때문이다. 산객은 보다 많은 꽃의 물결에 휩싸이고 싶어 해불암쪽으로 하산한다.

정상에서 나무 계단을 밟고 내려오면 계단 끝자락에 갈림길이 있다. 오른쪽 노루목 가는 길을 버리고 왼쪽 해불암 방향으로 길을 잡는다. 해불암에서 불갑사까지는 산사면과 너덜겅에 지천으로 피어난 꽃무릇이 길

을 인도한다. 산행 3시간 만에 도착한 불갑사 주변은 그야말로 선홍색 꽃무릇이 출렁이는 또 하나의 바다였다.

불갑사의 명물인 참식나무의 전설도 흥미롭다. 신라의 고승 경운스님이 인도에 유학하고 있을 때였다. 스님을 짝사랑 하던 인도의 공주 진희수는 경운이 귀국하는 날, 내세의 인연을 기약하자며 참식나무를 선물로 주었고, 귀국한 경운은 불갑사 주변에 묘목을 심는다. 그 어린 나무가 오늘의 숲을 이루었단다.

암꽃과 수꽃이 각각 다른 나무에서 꽃피는 참식나무는 다음 해 가을이 되어야 붉은 열매를 맺어 꽃과 열매를 함께 볼 수 있다고 한다. 공주와 경운스님, 내세를 기약한 두 사람은 언제 어디서 무엇이 되어 만났을까? 어쩌면 두 사람의 영혼이 참식나무로 환생하여 불갑사의 가을을 아름답게 수놓고 있는 것은 아닐까.

연꽃무늬와 국화무늬로 섬세하게 조각한 불갑사 대웅전의 아름다운 문살도 뛰어난 예술성을 자랑하지만, 우리를 사색에 잠기게 하는 것은 삼존불 좌우 기둥에 조각되어 있는 검은 쥐와 흰 쥐다.

검은 쥐는 밤, 흰 쥐는 낮의 상징으로 "밤낮을 가리지 말고 쉬지 말고 정진하라!"는 뜻이란다. 불가에서 '정진(精進)'은 악행을 버리고 선행을 닦는 것을 의미한다. 그렇다면 정진이 불자나 승려만이 걸어야 할 길은 아니잖은가.

☑ 현지 교통

함평터미널→용천사: 09:25 등 4회 운행. (함평터미널 061-322-0660)

불갑사→영광: 군내버스 10회 운행. (시간 안내전화 061-352-1303)

영웅 장보고

얼핏 생각하면 전라도 땅은 풍요로운 들판과 멀리 펴져나간 갯벌, 나지막한 산과 산을 연결하는 완만한 구릉이 연상되지만, 완도로 가는 길목에 버티고 있는 덕룡산의 칼날 같은 기암기봉과 제암산의 우직스러워 보이는 바위봉우리들이 "무슨 당찮은 소리" 하며 반론을 제기하고 있다.

완도의 상황봉(644미터)을 오르기 위해 대구미마을 입구 새동백슈퍼와 마을 표지석 사이로 난 시멘트 포장길을 따라 산행을 시작한다. 150미터 정도 가면 길 왼쪽에 한국전력공사에서 세워놓은 등산안내도가 보인다. 산길은 왼쪽, 멋진 소나무 군락과 여러 기의 무덤 뒤로 열려 있다. 전망대 역할을 하는 1 · 2 · 3봉을 힘겹게 오르내린다.

산행 시작 1시간 10분 만에 심봉(600미터)에 오르자 비로소 시야가 열렸다. 심봉은 이름 그대로 정상에 오르기 전 잠깐 쉬며 흩어진 힘을 끌어모으는 곳이다. 인생 또한 마찬가지여서, 꿈을 이루기 위해서는 때때로 걸음을 멈추고 몸과 마음에 새로운 활력을 불어 넣어야 한다. 저돌적인 돌진만이 능사는 아니니까. 심봉에서 정상까지는 10분 남짓 걸린다.

상황봉에서 둘러보는 조망은 그야말로 일망무제 그대로다. 끝이 보이지 않는 바다. 올망졸망 밤송이 같은 섬들. 섬을 돌아가는 뱃길. 신지도 청산도 보길도 땅끝이 파노라마처럼 눈앞에 펼쳐진다.

정상을 떠나 백운봉으로 향한다. 아기자기한 능선을 따라 25분 정도 걸으면 중요한 갈림길이 나온다. 오른쪽 길은 관음사 터로 내려가는 길이

다. 왼쪽 길을 택해 백운봉으로 향한다. 눈앞에는 백운봉에서 숙승봉으로 이어지는 산줄기와 완도수목원 일대가 펼쳐지고, 바다에는 무수한 섬들이 점점이 박혀 있다.

완도의 바다는 장보고의 바다다. 산객은 능선을 따라 걸으면서 천년의 세월을 거슬러 올라가서 풍운아 장보고가 된다. 저기 보이는 섬과 섬 사이에는 방책을 세워 선단을 정박시키자. 큰 섬 위에는 성을 쌓아 요새를 만들어야지. 그리고 노략질을 일삼는 해적은 저 수로(水路)로 유인하여 섬멸하리라. 작전계획은 발걸음보다 더 빠르게 바뀐다.

서남해안의 작은 섬에서 태어난 장보고는 우여곡절 끝에 중국으로 흘러 들어갔다. 남다른 포용력과 뛰어난 용병술의 소유자인 그는 여러 전투에서 공을 세워 당나라 무령군 소장으로 승진하여 출세가도를 달린다. 그러나 해적에게 잡혀온 신라 사람들이 노예로 팔려가는 비참한 모습에 분개하여 벼슬을 버리고 귀국했다.

조카 애장왕을 죽이고 왕위에 오른 흥덕왕 치세하의 신라. 백성들의 비난을 불식하고 침체에 빠진 경제를 살릴 방도를 찾고 있던 왕과 장보고가 마주 앉았다.

"해적을 소탕할 수 있도록 저에게 병권과 무역권을 주십시오. 그러면 나라를 안정시키고 무역을 통해 얻은 이익을 세금으로 납부하여 부강한 나라를 만들겠습니다."

왕의 승인을 받은 장보고는 완도 옆에 있는 작은 섬 장도에 청해진을 열었다. 그리고 만 명에 가까운 민병을 훈련시켜 남해안 일대를 제집처럼 드나들며 살육과 약탈을 일삼던 해적을 소탕한 뒤, 중국 산동성 적산촌에 신라식 사찰인 법화원을 세운다. 법화원은 중국에 거주하는 신라인들의 정신적인 구심점이 되었을 뿐만 아니라, 경제와 문화의 교류를 통한 인재 양성의 도량이기도 했다.

장보고는 탁월한 안목으로 중국과 일본을 연결하는 삼각무역의 길을 열어 신라의 국익(國益)에 크게 이바지한다. 『삼국사기』는 장보고 등장 이후 신라의 생활상을 이렇게 기록하고 있다.

왕도의 집들은 서로 이어져 있고 거리에는 노랫소리, 음악소리가 그치지 않았다. 그리고 백성들도 지붕을 기와로 덮고 숯으로 밥을 지어 먹었다.

장보고는 흥덕왕과의 약속을 지킨 것이다. 그런 의미에서 장보고는 불세출의 영웅이었다. 하지만 그에게도 약점은 있었다.

장보고의 약점은 서라벌 귀족사회에 자신의 지지기반이 없다는 것이었다. 오히려 무력으로 권력을 잡은 뱃놈 정도로 치부되어 질시의 대상이 되었다. 위기의식을 느낀 장보고는 반란을 일으켜 민애왕을 죽이고 신무왕을 옹립한다.

신무왕의 뒤를 이어 문성왕이 등극하자 이번에는 자신의 딸을 왕과 결혼시켜 입지를 더욱 공고히 다지려고 했다. 그러나 지나친 권력의 집중을 우려한 왕과 조신들의 반대로 그의 계획은 무산되었고, 실망한 장보고는 청해진으로 돌아온다. 그러나 막강한 군사력을 손에 쥔 그는 여전히 두려운 존재였고, 불안을 느낀 왕은 자객을 보내 장보고를 암살하고 말았다. 청해진이 문을 연 지 14년 만의 일이다.

장보고가 없는 청해진은 하루가 다르게 쇠퇴의 길을 걸었고, 마침내 그가 죽은 지 9년 만에 폐쇄되어 역사의 그늘로 사라졌다. 장보고의 야망과 도전이 당시의 그로서는 어쩔 수 없는 선택이었다고 치더라도 그의 추락은 많은 아쉬움을 남긴다.

노자는 "만족할 줄 아는 사람이 부자(富者)며 공을 이루면 물러나는 것이 자연의 도리"라고 했다. 도가(道家)에서도 "만족할 줄 알면 욕되지 아니하고 멈출 줄 알면 위태하지 않다."고 했지만 장보고는 멈추어 설자리를 제때 찾지 못했다. 따라서 그의 암살은 이미 운명적으로 예정되어 있

었을지도 모른다. 그러나 만약, 그가 암살당하지 않았다면 신라의 국력은 한층 더 신장되어 역사 또한 달라졌을 것이다.

가파른 암릉을 철사다리를 밟고 오르내린 후, 하늘재에 도착한다. 하늘재는 임도다. 임도 왼쪽은 완도수목원으로 내려가는 길이다. 임도 맞은편 산길로 들어선다. 30여 분 후, 완도에서 가장 조망이 뛰어나다는 백운봉 너럭바위에 오른다. 바다는 스테인드글라스에 부서지는 햇살같이 반짝이고. 고개를 들어 하늘을 보니 그 하늘에도 푸른 바다가 있었다.

백운봉에서 수목원으로 하산한다. 산길은 하늘재에서 수목원으로 내려오는 임도와 다시 만난다. 산행을 시작한 지 4시간 30분 만에 도착한 완도수목원에는 동백나무 차나무 굴참나무 가시나무 등등 헤아릴 수 없이 많은 수종의 나무들이 한울타리 안에서 조화를 이루고 있었다.

수목원의 전시실에 들어가서 향수체험실 문을 연다. 여러 가지 향수 중에서 어느 향기를 맡아볼까? 산객은 백 원짜리 동전 두 개를 동전 주입구에 넣고 주니퍼베리 향기를 택한다. 향기가 실내에 골고루 퍼진 다음 음미해야 마땅함에도 욕심 사납게 향기 분출구에 코를 바싹 들이밀었다. 순간 진하디진한 향기가 머리를 아찔하게 하고 악취처럼 후각을 자극한다. 이 무슨 어리석은 짓인가. 산객은 이백 원의 수업료로 욕심에 대한 가르침을 새로 받는다.

☑ 현지 교통

완도읍→대구미마을: 30분 간격 운행. (완도교통 061-554-4978)

이화우(梨花雨) 흩날릴 제

개성에 황진이가 있다면 부안에는 이매창이 있다. 매창을 만나기 위해 국립공원 변산반도의 남녀치매표소에서 산행을 시작한다. 월명암 이정표를 보고 화장실 앞으로 나 있는 길을 따라 쌍선봉(459.1미터)으로 향한다. 산행 시작 45분 만에 도착한 월명암(月明菴)은 신라 신문왕 때 부설선사가 창건한 고찰이다. 월명암 하면 누구보다 먼저 떠오르는 사람이 부안 기생 이매창이다. 월명암에서 바라보는 변산의 노을과 달빛과 운해가 그려내는 선경에 반한 매창은 수시로 이곳에 올라와서 시를 읊었다.

터 잡아 지은 절이 하늘에 솟아
맑은 풍경소리 멀리 퍼지는데
나그네는 도솔에 오른 상 싶네.
황장경 읽고 나서 적송자에 절하옵네.

부안의 아전 이탕종의 딸로 태어나서 본명인 향금(香今)보다는 매창(梅窓), 계생(癸生), 계랑(桂娘) 등 예명으로 더욱 알려져 있는 그녀는, 시(詩) 서(書) 가무(歌舞) 현금(玄琴)에 능한 부안의 명기였다. 비록 기적에 오른 몸이지만 그녀의 마음은 그녀가 사랑하는 매화처럼 서늘하고 담백했다.

배운 것 없어 평생 떠돌아다니며 살지만

매화꽃 창에 비치는 달그림자를 사랑했네.
고요히 살려는 나의 심정 모르는 사람들은
떠가는 구름 가리키며 비웃고 있네.

그렇게 살자던 매창이었지만 시인 유희경을 만나자 사랑에 빠지고 만다. 그렇게 해서 40대 중반의 유희경과 꽃다운 18살 매창의 애틋한 사랑이 시작되었다.

남국의 계랑이란 이름 일찍이 알려져
글재주 노래솜씨 서울까지 울렸더라.
오늘에야 참모습 대하고 보니
선녀가 단장하고 내려온 듯하도다.

매창에게 반한 유희경의 「헌시(獻詩)」다. 그러나 그들에게 주어진 사랑의 시간은 너무 짧았다. 다시 오겠다는 약속을 하고 유희경이 서울로 떠난 지 얼마 지나지 않아서 임진왜란이 발발했다. 전란은 두 연인이 만날 수 있는 기회를 주지 않았다. 임에 대한 그리움으로 가슴앓이를 하던 매창은 그 마음을 시로써 전한다.

이화우 흩날릴 제 울며 잡고 이별한 임
추풍낙엽에 저도 날 생각는가.
천리에 외로운 꿈만 오락가락 하노라.

그렇게 시작된 이별은 16년간이나 계속되었다. 그리움에 지친 매창은 월명암에 올라 산사의 적요를 깨우는 풍경소리를 들으며 차라리 바람이나 구름이 되고 싶어 했고, 신선이 된 적송자처럼 자신도 세상을 떠나 신선의 길을 찾고 싶어 했다. 그러나 매창은 유희경과의 이별 없는 사랑도, 신선의 길도 찾지 못한 채 38살이라는 아까운 나이에 생을 마감한다. 매창과는 달리 유희경은 종2품 한성부윤을 제수 받으면서 92세까지 장수했다. 만약 매창이 유희경을 다시 만났다면 그녀의 운명은 어떻게 달라졌을까. 기생이란 울타리를 벗어나 자유로이 비상할 수 있었을까? 그랬다면, 삶의 질은 나아졌을지 모르지만 여류시인이란 그녀의 이름은 지금보다 퇴색하였을 것만 같다. 그것이 문학의 속성이고 그것이 인생이니까. 『홍길동전』을 지은 허균은 애도의 시를 지어 그녀의 영전에 바쳤다.

아름다운 글귀는 비단을 타는 듯하고
맑은 노래는 구름도 멈추게 하네.
복숭아를 훔쳐서 인간세계로 내려오더니
불사약을 훔쳐서 인간무리를 두고 떠났네.
–하략–

암자 앞을 가로질러 동쪽 능선을 타고 낙조대로 향한다. 예로부터 낙조대의 낙조, 아침 해가 뜰 때 월명암에서 바라보는 운해. 산자락을 감싸고 도는 안개와 아지랑이. 직소폭포와 봉래구곡의 선경을 보지 않고서는 변산을 말하지 말라고 했다. 그러나 지금은 한낮, 노산 이은상이 "물속에 불구슬이 빠진다."고 찬탄했던 그 낙조를 볼 수 없음이 아쉽다.

월명암에서 375봉을 넘어 봉래구곡의 맑은 계류가 보이는 능선 끝까지는 매창의 손길처럼 부드러운 숲길. 능선 끝에서 자연보호헌장비까지는 내리막 바윗길이다. 좌우는 천 길 낭떠러지고 눈앞에는 관음봉이 솟아 있다. 《세종실록》 지리지에서 변산의 산들을, 중첩고대(重疊高大) 암곡심거(巖谷深遽)라고 표현했듯이 봉우리는 첩첩하고 골짜기는 깊고 가파르다.

월명암에서 낙조대를 거쳐 55분 만에 자연보호헌장비가 세워져 있는

작은 공원에 도착한다. 왼쪽은 사자동매표소 가는 길이고 가야 할 직소폭포는 오른쪽이다. 다리를 건너 계곡을 따라 직진하면 직소폭포. 폭포와 분옥담을 관망하기 위해 세운 전망대에서 탐승객들이 추억을 만들기에 여념이 없다. 직소폭포에서 재백이고개까지는 산책로처럼 편안한 길이 이어진다. 이정표가 세워져 있는 고개 오른쪽 길은 원암매표소, 왼쪽은 관음봉과 내소사 가는 길이다. 관음봉 가는 길은 바윗길의 연속이다. 힘겹게 암릉을 오르다가 쇠사다리를 타고 곤두박질치듯 내려간다. 눈 돌리는 곳 모두가 시원한 바위전망대다. 썰물 때문일까, 아니면 새만금방조제에 막혀서 죽어가는 갯벌의 처절한 몸부림일까. 전망대에서 바라보는 바다는 허기진 배를 드러내놓고 지친 듯이 누워 있다. 관음봉 입구에 도착하지만 쌍선봉과 마찬가지로 길을 막아 놓았다.

관음봉과 세봉의 헌걸찬 바위봉우리가 포근하게 감싸고 있는 내소사는 백제 무왕 34년 해구두타가 소래사란 이름으로 창건한 유서 깊은 절이다. 그런데 왜 내소사라고 부를까. 문헌상의 기록은 없지만 구전되는 설화에 의하면, 백제를 멸망시킨 당나라 장수 소정방이 절에 들러 참배한 뒤부터 내소사(來蘇寺)로 바뀌었단다. 침략군의 대장에 불과한 소정방이 돈 몇 푼 시주했다고 해서 절 이름까지 바꾼다? 어불성설이다. 어쩌면 그 진실을 알고 있는 것은 내소사 경내에서 천년의 세월을 지켜본 느티나무뿐인지도 모르겠다.

전국적인 명성을 얻고 있는 내소사의 아름드리 전나무 숲을 지나 일주문에서 4시간의 산행을 마친다.

V 현지 교통

변산면사무소→남녀치매표소: 대중교통편 없음. 택시이용.

내소사→부안: 군내버스 30분~1시간 간격 운행.

진흥왕이 왕관을 벗은 이유

정상의 높이래야 335미터에 불과하지만 내로라 큰소리치는 산이 전북 고창의 선운산이다. 울창한 숲, 명경지수를 자랑하는 계곡, 기암과 기봉, 그리고 숱한 문화재와 전설이 선운산을 명산의 반열에 올려놓았기 때문이다. 게다가 구름 속에 누워서 참선한다는 뜻의 참선와운(參禪臥雲)의 줄임말인 선운산(禪雲山)이란 이름은 또 얼마나 허허로운가.

주차장에서 매표소로 가는 도중 왼쪽으로 시선을 돌리면 도솔천에 그림자를 드리우고 있는 기이한 형태의 나무를 볼 수 있다. 송악이다. 어지럽게 꼬인 줄기와 무성한 잎이 바위와 어울려 마치 나무가 돌이 되고 돌이 나무로 변한 듯싶다.

도솔암까지는 넓고 평탄한 비포장도로. 1시간 남짓 산책하듯이 걸으면서 전설과 역사 속으로 들어간다. 산죽 사이 돌계단을 올라 길이 10미터, 높이 4미터의 진흥굴을 들려다 본다. 왕관을 벗은 진흥왕이 수도하던 곳이라는 전설이 서려 있는 동굴이다.

신라 23대 법흥왕은 난처한 입장에 처했다. 고구려의 아도화상이 전한 불법에 심취하여 불교를 공인하고 싶었지만 신하들의 완강한 반대에 부딪쳤기 때문이다. 이때 등장한 인물이 이차돈이다. 이차돈은 불교를 포교하기 위해 순교자가 되기를 자청했고, 왕은 묵시적으로 승인한다. 이차돈은 대대적인 불사를 일으켜 절을 짓는다. 이차돈을 죽이라는 신하들의 아우성. 왕은 마지못한 듯이 이차돈의 처형을 허락한다.

망나니의 칼에 이차돈의 목이 떨어지자 목에서 피 대신 흰 젖이 치솟았고, 짐승과 새들도 슬피 울었다는 기록은 너무나 잘 알려진 이야기. 법흥왕은 이때부터 불교를 공인하여 중흥시킨 후 왕관을 조카 진흥왕에게 물려주고 법공이란 법명을 받아 스님이 되었고, 왕비인 보도부인도 출가하여 묘법이란 법명의 비구니가 된다.

일곱 살 어린 나이에 등극한 진흥왕은, 고구려가 점령하고 있던 한강 유역과 죽령 이북의 10개 군을 빼앗고, 가야를 공격하여 낙동강 유역을 모두 차지하여 영토를 확장한다. 뿐만 아니라 거칠부를 시켜 『국사(國史)』를 편찬하고, 우륵에게 예악의 정비를 지시하여 전몰장병의 영혼을 위로하기 위한 팔관회를 열어 민심을 안정시키는 등, 수많은 치적을 남긴 명군이었다. 그러나 그 역시 왕위를 아들 진지왕에게 물려준 뒤 법운(法雲)이란 법명으로 출가한다.

왜 그랬을까. 절대 권력으로도 채울 수 없었던 공허함의 실체는 무엇이었을까. 무엇이 그로 하여금 스스로 왕관을 벗게 했을까. 그 의문에 대한 해답은, 황제의 옷을 아들 강희제에게 벗어주고 불문에 귀의한 청나라 3대 황제인 순치제가 남긴 「출가시(出家詩)」에서 찾아야 할 것 같다.

황금과 백옥만이 귀한 줄 알지 마오.
가사 한 벌 얻어 입기 무엇보다 어렵다오.
이 몸이 중원천하 임금노릇 하지만
나라와 백성 걱정 마음 더욱 시끄럽네.
인간의 백년 살이 삼만 육천 날이
풍진 떠난 명산대찰 한나절만 못하다오.
–하략–

수령이 600년이나 되었고 가지가 조선팔도를 상징하듯이 여덟 갈래로 갈라진 장사송 앞에서 잠시 걸음을 멈춘 뒤 도솔암으로 향한다. 설화에 의하면, 미륵삼존불이 바위를 가르고 나오는 꿈을 꾼 진흥왕은 아내 사도부인 박 씨(도솔왕비)를 위하여 도솔암을 세웠고, 딸 중애공주에게는 중애암을 지어 준 뒤 불가에 귀의했단다. 깎아지른 절벽 위에 자리 잡은 도솔암과 내원궁을 돌아 칠송대 암벽에 새겨진 보물 제1200호 미륵장륙마애불을 감상한다.

계곡을 따라 계속 오르면 용문굴이 나온다. 이 산에 살면서 사람들을 괴롭히던 천년 묵은 이무기가 검단선사와의 싸움에서 패배하여 달아날 때 생긴 굴이란다.

'용문굴입구' 표지판이 세워져 있는 안부에 도착하면 왼쪽으로 길을 잡아 낙조대에 오른다. 낙조대는, 불덩이처럼 이글거리던 태양이 바다 속으로 빠져드는 장엄한 일몰을 감상할 수 있는 최고의 명소로 손꼽힌다. 낙조대에서 바라보이는 칠산과 줄포 앞바다의 고깃배가 한가롭다. 해가 지면 저 배들도 포구로 돌아오겠지. 해가 저문다는 것은 무사히 하루를 마감했다는 안도감보다는 또 다른 내일을 기약하는 희망을 뜻한다.

길을 재촉하여 천마봉에 오른다. 수직에 가까운 절벽이라 바위 끝에 다가서기가 두렵다. 조물주가, 채 굳지도 않은 돌가루 반죽을 아무렇게나 뭉쳐서 산자락 여기저기에 뿌려 놓은 것 같은 단애 위에 올라앉은 도솔암과 내원궁이 그림처럼 아름답다. 하산하기 위해 30미터 정도 되돌아 간 뒤 오른쪽 경사 급한 비탈을 내려와서 계류를 건너면 선운사에서 올라온 길과 다시 만난다.

선운사는 백제 위덕왕 때 검단선사가 창건했다는 절집이다. 일설에는 신라 진흥왕의 명을 받은 의운국사가 창건했다고도 한다. 위덕왕과 진흥왕은 같은 시기에 두 나라를 다스린 왕이다. 그런 까닭에 위덕왕의 명을 받은 검단선사가 진흥왕의 재정적 지원을 받은 의운국사와 손을 맞잡고 절을 지었는지도 모를 일이다. 만약 그렇다면 선운사는 국경을 초월한 동

서화합의 멋진 무대 아닌가.

선운사 하면 사람들은 우선 동백꽃을 연상한다. 절집 뒤 5천 평의 대지에 3천5백 그루의 동백나무가 '자랑' 이란 꽃말처럼 황홀한 꽃잔치를 벌이기 때문이다. 동백은 조매화(鳥媒花)다. 벌도 나비도 없는 추운 계절에 피어나는 까닭에 동박새라는 작은 새가 사랑의 전령이 된다. 그러나 너무 이른 탓인지 동백꽃도, 동박새의 노래도 들리지 않는다.

동백이 선운사의 봄을 깨운다면 선운사의 가을은 지천으로 피어나는 꽃무릇이 연다. 잎이 지면 꽃이 피고, 꽃이 져야만 잎이 돋아나는 특성 때문에 꽃과 잎이 서로를 그리워하며 애만 태운다는 꽃이다.

꽃무릇의 뿌리인 돌마늘은 항암작용에 탁월한 약효를 지니고 있다. 그러나 무서운 독성도 함께 지니고 있어서 의사의 처방 없이는 사용할 수 없는 독초이기도 하다. 독이 약이 되고 약이 독이 되는 이율배반적인 속성 때문일까. 꽃과 잎의 사무치는 그리움이 상처로 남았음일까. 꽃무릇은 갈기갈기 찢어진 선홍색의 꽃으로 피어나 선운사의 초가을을 아름답게 수놓는다.

'선운사 동구' 에는, 너무 일러 피지 않은 동백꽃 대신에 막걸릿집 여자의 육자배기 가락만 남아 있었다고 서정주 시인은 노래했지만, 오늘의 동구(洞口)에서 막걸릿집 여자의 육자배기 소리는 들을 수 없었고 복분자술과 풍천장어의 선전문구만 눈을 어지럽히고 있었다.

Ⅴ 현지 교통

고창→선운사: 군내버스 30~40분 간격 운행. (고창터미널 063-563-3388)

도선국사와 무학대사

전북 임실군의 성수산(876미터) 산행 들머리는 성수산 자연휴양림이다. 휴양림 입구에서 콘크리트 포장길을 따라 상이암 쪽으로 30분 정도 가면 상이암 입구에 도착한다. 여기서 왼쪽 임도를 따라 5분 정도 가면 오른쪽으로 숲길이 보인다. 숲을 빠져나오면 다시 임도. 3분 정도 임도를 따라 오르다가 리본이 많이 달려 있는 오른쪽 길로 들어선다. 상이암 뒤편 언덕을 15분 정도 오르면 갈림길. 왼쪽 길은 무시하고 능선을 타고 계속 오르면 바위전망대. 다시 헬기장을 지나 산행 1시간 40분 만에 정상에 선다.

성수(聖壽)는 임금의 나이를 뜻하니 성수산은 이름 그대로 '왕의 산' 이다. 그래선지 성수산에는 두 왕조의 개국시조와 그 왕을 도운 두 사람의 왕사(王師) 이야기가, 역사인 양 전설인 양 지금까지 전해오고 있다. 왕건과 도선국사, 이성계와 무학대사가 그 주인공이다.

도선국사(道詵國師)는 영암 월출산 도갑사 옆 구림동에서 태어났다. 처녀였던 도선의 어머니 최 씨는 한 자가 넘는 큰 오이를 따먹은 후 잉태하여 도선을 낳았다. 이를 부끄럽게 여겨 아기를 숲속에 내다버렸지만 비둘기들이 날개로 덮어 보호했단다.

15살에 월유산 화엄사로 들어가서 중이 된 도선은 풍수지리설과 음양오행설에 대해 기존학설에 반대하는 『도선비기』 『도선실기』 『송악명당기』 등을 저술했고, 왕건의 스승이 되어 수도를 철원에서 개경으로 옮기

게 하는 등 고려 초기의 정치 문화 등, 사회 전반에 걸쳐 지대한 영향을 끼쳤다.

신라 헌강왕 1년, 왕건의 아버지 왕륭의 집을 찾아온 도선이 집 주변을 둘러보니 송악산의 바위봉우리가 위압하듯이 내려다보고 있다.

"소나무를 많이 심어 송악산의 험한 바위가 집에서는 보이지 않도록 해야 합니다. 그리하면 걸출한 아들을 낳을 것이니 아이 이름을 건(建)이라 부르세요."

왕륭이 그 말대로 하자 과연 그달부터 부인에게 태기가 있어 아들을 낳는다. 7년 후 다시 찾아온 도선은 왕건을 보고 "저 아이가 삼국통일의 위업을 달성하겠다."고 예언했다.

도선과 왕건이 주유천하 중에 지나친 곳이 성수산이다. 산세를 둘러본 도선이 말했다.

"이곳이야말로 천지가 부응하는 신령스러운 곳이니 100일 기도를 올리며 소원을 빌도록 하라."

왕건이 백일기도를 올렸지만 아무런 징후도 보이지 않는다. 도선은 왕건에게 지금의 상이암이 있는 골짜기에서 목욕재계한 뒤 철야 기도를 올리게 했다. 그 정성에 감동하였음일까. 3일 후, 관세음보살이 나타나 대업성취의 계시를 내린다.

감동한 왕건은 '환희담' 이란 글자를 돌에 새겼고, 도선은 이곳에 암자를 지어 도선암이라 불렀다. 그리고 이 산자락에서 여덟 성인이 태어날 것이라 예언하며 산 이름을 팔공산이라고 정했다.

그로부터 470여 년 후, 또 한 사람의 고승이 성수산을 주목했다. 무학대사다. 대사의 탄생설화도 예사롭지 않다. 경상도 고성에 살고 있는 열다섯 살 난 처녀 앞에 한 도사가 나타나서 예언했다.

"첫 아이를 가질 때까지는 절대로 말을 하지 말라. 그러면 큰 인물을 낳을 것이다."

그 말을 명심한 처녀는 벙어리 흉내를 내며 입을 닫고 산다. 10년의 세월이 흘렀다. 인근 마을인 삼기현에 사는 박안일을 만나 결혼한 처녀는 임신을 하게 되자 비로소 말문을 열었다. 그렇게 태어난 아이는 출가하여 무학(無學)이라는 법명을 얻는다. 무학대사는 조선 초기를 대표하는 고승이었고 이성계가 나라를 세우자 왕사가 되어 나라를 안정시키는 데 결정적으로 기여한다.

무학대사가 설봉산 아래에 있는 토굴에서 수도하고 있을 때였다. 대사의 소문을 듣고 찾아온 이성계가 해몽을 부탁했다.

"꿈에 닭이 울었고, 집을 부수고 들어가 서까래 세 개를 지고 나왔습니다. 무슨 징소일까요?"

"서까래 셋을 진 사람은 왕(王)이라는 글자를 가리키니 높고 귀한 자리에 오른다는 길몽입니다."

그렇게 해서 이성계와 무학대사의 인연이 시작되었다.

전라도 운봉에 출몰한 왜구와 싸워 대승을 거둔 이성계가 개선하던 중이었다. 성수산자락에 서려있는 신비한 기운을 감지한 무학대사는 이성계에게 성심껏 기도를 올리라고 권했다. 왕건이 기도를 올렸던 환희담 바로 그 자리였다. 기도하던 이성계의 꿈속에 용이 나타났다. 용은 그의 몸을 세 번 씻어주고 승천하면서 '성수만세'를 외쳤단다. 크게 감격한 이성계는 그곳을 삼청동(三淸洞)이라 명명하고는 친필로 새긴 비석을 남겼다.

그 후 조선을 건국한 이성계는 상이암에 '어필각'을 짓고 그 안에 자신이 쓴 비석을 보관하게 했다. 그리고 또 하나, 도선암을 상이암이라고 개명한데 이어 산 이름을 성수산으로 고친다. 나라와 백성뿐 아니라 왕건과 도선국사의 흔적까지 뺏은 것이다.

정상에서 오른쪽 능선을 따라 성수산의 종주코스인 890봉 방향으로 하산한다. 내리막길을 15분 정도 내려오면 산죽이 무성한 안부에 닿게 되고 여기서는 오른쪽 상이암 쪽으로 길을 잡는다. 20여 분 가파른 내리막

길을 내려오면 철조망이 앞을 막는다. 철조망 옆 등산로를 따라 내려오면 상이암 입구 삼거리. 여기서 3시간의 산행은 사실상 끝난다.

삼거리에서 5분 거리인 상이암의 어필각 앞에 서서 천년의 세월을 거슬러 올라간다. 관세음보살이며 용의 등장은 하늘의 축복을 의미한다. 그렇게 하늘의 뜻을 받아 탄생했지만 고려 475년, 조선의 수명 역시 519년에 불과하다. 그 까닭이, 심성이 조화를 잃고 오만과 탐욕의 늪에 빠진 인간 때문일까. 아니면 왕국의 운명을 희롱하던 신이 그 장난감이 싫증나서 던져버린 탓일까.

도선국사는 임종하면서 "인연 따라 와서 인연을 다하고 상리(常理)대로 간다."는 열반송을 남겼다. 어디 사람의 인연만 그럴까. 국운도 마찬가지여서 인연을 다하면 역사의 무대에서 사라질 뿐이다.

왕국의 흥망성쇠야 어찌되었던, 산은 푸르고 왕건과 이성계가 목욕한 환희담의 물소리는 청량하다. 중국의 시성 소동파는 "시냇물 소리는 부처님의 설법, 산색은 부처님의 모습"이라고 노래했다. 그래선지 무학대사가 남긴 「오도송(悟道頌)」이 새삼 떠오른다.

푸른 산 푸른 물은 나의 참 모습.
밝은 달 맑은 바람의 주인은 누군가.
본디부터 한 물건도 없다 하지 말라.
온 세상 티끌이 부처님 몸 아니던가.

Ⓥ 현지 교통

전주, 남원→임실: 시외버스 20분 간격 운행.

임실→성수리: 10:20 등 군내버스 4회 운행. (임실여객 063-643-3100)

수인산의 수인(囚人)

전남 강진과 장흥의 경계를 이루고 있는 수인산(561미터)은 『하멜표류기』를 저술하여 우리나라를 처음으로 서양 세계에 알린 '핸드릭 하멜' 과 깊은 인연을 맺고 있다.

병영면 버스정류장에서 면사무소를 지나가면 전라병영사지 기념비가 있고, 계속 도로를 따라가면 홈골저수지에 닿는다. 저수지의 오른쪽 포장길은 수인사를 경유하는 길이고, 왼쪽으로 가면 홈골을 거쳐 정상에 오르게 된다.

홈골 코스를 택해 둑을 따라 걷는다. 저수지가 끝날 무렵 오른쪽으로 감나무 밭이 보인다. 그 곳에서 홈골로 들어선다. 왼쪽으로 '한바위재' 표지판이 보인다. 5분 정도 걸으면 도둑골과 쌀남바위, 홈골절터를 가리키는 이정표. 홈골절터 방향으로 길을 잡는다.

길은 험하고 경사가 심하다. 홈골저수지 출발 40분 만에 북문에 도착하면 비로소 하늘이 열린다. 왼쪽으로 몸을 돌려 산성을 따라 걷는다. 15분 남짓 걸으면 도둑골에서 올라오는 길과 만나는 삼거리. 억새가 무성한 산성 안으로 들어서면 이정표가 길을 안내하고 있다.

산행 시작 1시간 40분 만에 정상에 오른다. 정상에서 내려다본 수인산은 산 속에 솟은 또 하나의 산이었다. 무등 지리 천관 월출산이 멀찌감치 떨어져서 외성(外城)인 양 수인산을 둘렀고, 정상 아래로는 혹은 부드럽고 혹은 날카로운 봉우리가 산성과 맞물려 내성(內城)처럼 정상을 보호하

고 있다.

산 아래로 장흥벌과 병영벌이 손에 잡힐 듯이 가깝다. 동학군이 관군과 최후의 결전을 벌였던 석대들판에는 그날의 함성이 아직도 아련하고, 노략질을 일삼던 왜구를 피하여 수인산으로 숨어들던 민초들의 피눈물도 저 들판에 뿌려진다. 그리고 350여 년 전, 푸른 눈의 이방인들이 애타게 부르던 망향의 노래도 그 땅을 맴돌다 허공으로 흩어졌다.

효종 치세하의 조선, 1653년 8월 16일에 제주도 모슬포 해안에 일단의 네덜란드인들이 표류해 왔다. 대만을 출발하여 일본의 나가사키로 가던 무역선 '스페르 호크' 호가 폭풍우를 만나 난파하고 64명의 선원 중 36명이 생존하여 모슬포로 떠내려 온 것이다.

대정현감 권주중은 그들을 구난하여 관청 옆 숙소에 수용한다. 그런데 그 집이 예사스러운 집이 아니었다. 인조반정으로 쫓겨난 광해군이 제주도로 유배되어 숨질 때까지 기거하던 곳이다. 광해군은 이 집에서, 자신을 데리고 다니는 별장에게 큰방을 내어주고 자신은 아랫방에 거처하는 수모를 겪으면서도 끈질기게 목숨을 이어간다. 무엇이 광해군으로 하여금 그 굴욕을 참고 견디게 했을까? 그것은 희망 때문이었다.

광해군처럼 하멜 일행 역시 이 집에서 고향으로 돌아가겠다는 희망 하나로 고난의 시간을 견딘다. 한양으로 올라가 효종을 알현한 하멜 일행은 고국으로 돌려보내줄 것을 간청하지만 왕은 일언지하에 거절하고 조선 땅에서 살라고 명령했다. 왜 그랬을까.

병자호란이 끝난 후 청나라는 인조의 세 아들을 볼모로 잡아갔다. 그 중에서 인평대군은 곧 풀려났지만 소현세자와 봉림대군은 청나라의 심양에서 8년 동안 인질로 잡혀 있었다. 볼모에서 풀려난 봉림대군이, 귀국한 지 두 달 만에 의문사한 소현세자를 대신하여 왕위에 오르니 곧 효종이다.

심양에 머무는 동안 철저한 반청주의자가 된 효종은, 이조판서 송시열과 이완 장군을 양팔로 삼아 비밀리에 북벌을 준비하고 있었다. 그런 미묘한 시기에 하멜이 표류하여 온 것이다. 효종은 이들 외국인에 의해 북벌계획의 정보가 유출되는 것을 염려했다. 석방을 계기로 하여 빈번하게 찾아올 선교사에 의한 기독교의 전파도 달갑지 않았을 것이다. 효종은 타국에서 외롭게 살아야 할 이방인들을 동정했지만 그로서는 어쩔 수 없는 선택이었다.

한양에서 전라도로 이송된 하멜은 강진 병영에 수용되어 7년을 보낸다. 그들은 한 달에 두 번 소집되어 벌목작업, 길 닦기, 무너진 둑의 보수작업, 담 쌓기 등의 부역에 동원되었다. 노동을 하면서 하멜이 올려다본 수인산은 어떤 산이었을까? 수인산(修仁山), 문자 그대로 어진 마음을 닦는 산이다. 그러나 하멜의 눈에 비친 수인산은 수인산(囚人山)이었을 것이다.

기록에 의하면, 하멜 일행의 생활은 궁핍했지만 행동은 비교적 자유스러웠다고 한다. 그렇긴 해도 그리운 고향으로 돌아갈 수 없는 그들의 자유는 진정한 자유가 아니잖은가. 그러나 희망의 끈을 놓지 않는 한 길은 열려있었다. 다시 여수로 옮겨진 하멜은 어느 깊은 밤, 7명의 동료와 함께 배를 훔쳐 타고 탈출에 성공한다. 표류 14년 만의 일이었고 하멜의 나이 36살 때였다.

하산하기 위해 올라온 길에서 직진하여 산성을 밟고 내려간다. 10분 뒤에 만나는 갈림길에서는 왼쪽 길을 택해야 한다. 직진하면 무너진 산성을 따라 동문으로 내려간다. 갈림길에서 성벽을 밟고 내려오면 억새밭 가운데 세워진 이정표를 만난다. 이정표가 병풍바위 가는 길을 알려주고 있다. 수인산 최고의 명물로 꼽히는 병풍바위는 세 개의 거대한 암벽이다.

옛날 옛적, 수인산이 빤히 바라보이는 억불산자락에 금슬 좋은 부부가 살고 있었다. 남편은 배우지 못해 농부로 살 수밖에 없는 자신의 신세를 늘 한탄했다. 고민하던 그는 아내에게 부탁했다.

"수인산에 들어가 공부한 후, 입신양명하여 돌아오겠으니 10년만 기다려주오." 그러나 수인산에서 공부하던 남편은 옥녀봉에 내려온 선녀에게 마음을 빼앗겼고, 입산 전의 그 굳은 결심은 어디로 갔는지 선녀를 유혹하여 살림을 차렸다.

선녀가 임신을 했다. 선녀도 입덧하기는 여느 여인들과 마찬가지였던지 닭고기를 먹고 싶다고 보챘다. 채근을 못 견딘 남편은 마을로 내려와 닭을 훔쳤고, 요놈하며 벼르고 있던 산신은 벼락을 내리쳐 남편은 부암(夫巖), 닭은 계구암(鷄寇巖)으로 변하게 했다. 그리고 이들의 신방을 장식했던 병풍을 병풍바위로 만들었다.

세월이 흘러 어느덧 10년, 돌아오지 않는 남편에 대한 그리움으로 수인산을 바라보며 애만 태우던 아내는 시름시름 앓다가 망부석이 되었단다.

전설을 뒤로 하고 수인사로 하산한다. 길은 비교적 완만하고 부드럽다. 서문에서 남쪽 능선을 따라가면 남문, 헬기장을 경유하여 수인사에서 사실상의 산행을 끝낸다.

4시간의 산행을 끝내고 다시 돌아온 전라병영사지의 한 골목에는 돌과 흙을 번갈아가며 쌓은 빗살무늬 담장이 있다. 그런데 이 담이 또 예사 담이 아니다. 하멜을 위시한 표류자들이 쌓은 담으로 '하멜식 담 쌓기' 로 불리며 근대문화재로 등록된 유서 깊은 담장이다.

이 담장 어딘가에는 그날의 하멜이 흘린 탄식과 눈물의 흔적이 아직도 남아있을 테지. 산객은 새삼스럽게 감회에 잠긴다.

☑ 현지 교통

광주, 장흥, 강진에서 직행버스 이용 병영면사무소 하차(30분 간격).

조랑떡국과 성계탕

역사적인 인물에 대한 평가는 계층과 지역에 따라 달라진다. 이성계의 경우가 그렇다. 475년 동안 고려의 수도였던 개성을 비롯한 주변 고을에서 이성계는, 신하의 노리를 저버리고 역성혁명을 일으킨 패륜아 정도로 취급되었다. 그가 얼마나 미웠으면 돼지띠인 이성계를 풍자하여, 돼지고기를 넣고 끓인 국을 '성계탕' 이라고 불렀을까? 칼로 가지런히 가래떡을 썰지 않고 수제비 뜨듯이 손으로 주물러 뜯어 넣은 '조랑떡국' 을 먹으면서 이성계의 목을 비트는 상상을 했을까? 그러나 남원 땅에서는 이야기가 달라진다. 이성계는 왜구의 노략질에서 백성을 구한 영웅이었다.

전라북도 남원의 수정봉(804.7미터) 산행 들머리는 장동버스정류장이다. 등산로는 정류장 옆 운성대장군이라 새긴 돌장성과 백두대간 이정표 사이로 열려 있다.

200미터 정도 걸으면 임도. 길옆에 '주지사' 안내팻말이 보인다. 임도를 가로질러 산길로 들어선다. 산길은 임도를 가로지르며 이어간다. 두 번째 갈림길에서는 안내 리본이 무수히 붙어 있는 왼쪽 산길을 따라간다. 백두대간 길이다. 이 길로 들어서면 임망치를 제외하면 정상까지 외길이다.

여원재 출발 50분 만에 710봉에 선다. 15분 후 임망치사거리. 직진한다. 나무 사이로 황산벌이 내려다보인다. 이성계의 승전고가 울려 퍼진 황산대첩의 현장이다.

고려 우왕 6년, 금강어귀 진포해전에서 최무선이 만든 화포 공격으로 500여 척의 배가 침몰당하여 바다로의 퇴로가 막힌 왜구들은 남원으로 진출하면서 노략질을 거듭했다. 당시 삼도도통사였던 이성계는 남원으로 내려와서 황산벌에 진을 치고 왜적과 대치하고 있었다. 군사의 수는 왜구 2,000에 관군은 1,000명. 절대적인 열세였다.

적장 아기바투는 16세가량의 청년 장군이었다. 전설에 의하면 아기바투의 몸은 비늘로 뒤덮여 있어 칼도 창도 통하지 않았다고 한다. 승리를 위해서는 아기바투부터 먼저 죽여야 했다. 그러나 쉬운 일이 아니다. 답답해진 이성계가 무학대사에게 계책을 묻자 "먼저 아기바투의 투구를 벗겨라. 그리고 그 입을 쏘아라." 했다.

이성계가 활을 쏘아 아기바투의 투구를 벗기자 기다리던 퉁두란이 아기바투의 입을 쏘아 맞춘다. 대장이 죽자 우왕좌왕하는 적을 향해 돌진한다. 이 전투에서 살아남아 지리산으로 도주한 적군은 겨우 70여 명, 관군의 일방적인 승리였다. 그래선지 이 일대는 전설마저 이성계 예찬 일색이다.

전투가 시작되기 전, 이성계의 군사가 여원재 정상부근에 도착했을 때 도고라는 이름의 여인이 나타나서 적정을 상세하게 설명하며 싸울 장소와 시간에 대해 조언했다. 그녀에게는 한쪽 가슴이 없었다. 적장이 그녀의 가슴을 만지며 희롱하자 스스로 가슴을 도려내어 자진했다고 한다. 여인은 그녀의 원신(怨神)이었다. 도고의 계책을 활용하여 대승을 거둔 이성계는 여원재 정상 암벽에 그녀의 얼굴을 닮은 여신상을 조각하게 하여 그녀를 기렸다고 전한다.

주인을 잃은 아기바투의 말이 쓰러져 죽었다는 피바위는 물론, 야간 전투 중에 달이 기울자 이성계의 요청을 받은 무학대사가 지는 달을 다시 끌어 올렸다고 해서 마을 이름이 인월(引月)이 되었고, 이성계가 바람을 몰고 다녔다는 인풍리(引風里), 군사가 주둔한 중군리, 무기를 저장한 사창리 등등, 근동의 마을 이름 또한 황산대첩의 전설을 따랐다.

산행 시작 1시간 50분 만에 정상에 선다. 정상은 나무에 둘러싸인 평범한 봉우리다. 정상석 대신 이정목 상단부에 수정봉 푯말이 부착되어 있다. 그러나 여기가 어딘가. 판소리의 고향 남원 아닌가. 가만히 귀 기울이면 황산벌을 맴돌다가 올라온 바람이 한바탕 판소리의 축제를 열어 지친 산꾼을 위로한다.

먼저 남원 쪽으로 몸을 돌리니, 먼지와 땀에 젖어 후줄근해진 산객을 이몽룡으로 착각한 춘향어미 월매가 버선발로 뛰어나와 반색을 한다.

"아이고 이 사람아. 자네가 이몽룡인가?…… 어디보세 참말로 이몽룡이여. 왔구나. 우리 사위 왔어."

이번에는 흥부의 발복지로 알려진 인월면 성산리 쪽에서 흥부 처의 장탄식이 들려온다.

"가난이야 가난이야 원수년의 가난이야. 복이라 하는 것은 어이하면 잘 타는고. 북두칠성이 점지 허시난가 삼신제왕님이 복 마련을 허시난가."

이에 질세라 색정적인 여인의 목소리가 귀를 간지럽게 한다. 평안도 월경촌에서 남자란 남자는 모두 붙어먹다 쫓겨난 옹녀가 부르는 노래다.

"어허 인심 한번 흉악하다. 황(황해) 평(평안) 양서(도) 아니면 살 데가 없겠느냐. 삼남 좆이 더 좋다더라."

시쳇말로 물 좋은 남자를 찾아 남으로 내려오던 옹녀는 변강쇠를 만나 지금의 남원시 대정리에 자리 잡았단다.

셰익스피어는 "끝이 좋으면 다 좋다."고 했다. 「춘향전」과 「흥부전」의 끝은 그야말로 해피엔딩이고, 「가루지기전」의 걸쭉한 육담도 마다할 이유가 없으니 오늘의 산행 끝에는 무언가 멋진 일이 기다리고 있을 것 같아 즐거운 마음으로 하산한다.

정상 출발 20분이면 갈림길. 왼쪽으로 길을 잡는다. 7분 뒤, 묘지가 보이는 갈림길에서 왼쪽 내리막길을 택하면 수백 년이나 자랐음직한 아름

드리 소나무 세 그루가 개선문처럼 문을 열고 산객을 기다린다. 나무 아래 '당산제전'이라 새긴 커다란 좌판이 놓여 있다.

노송을 지나 직진하면 덕치리의 노치마을. 노인정 앞에서 포장도로를 따라 50미터 정도 내려가면 갈림길, 오른쪽 길을 따라간다. 이후 갈림길마다 오른쪽으로 꺾으면 회덕마을 버스정류장. 여기서 차도를 따라 10분 정도 가면 구룡교. 구룡폭포 안내 표지판이 보인다. 다리를 건너지 않고 오른쪽 임도를 따라간다. 구룡사 갈림길에서 왼쪽으로 10미터 정도 가면 안내 표지판이 있다. 폭포는 표지판 뒤로 내려가야 한다.

남원팔경 중 으뜸이라는 구룡폭포를 감상한 뒤 계곡을 따라 내려간다. 길은 수직에 가까운 벼랑의 허리를 감돌며 이어진다. 잔도처럼 위태로운 길이 끊어지면 철 계단이 길을 대신하고, 위험한 곳마다 밧줄이 설치되어 산행을 돕는다.

용이 하늘로 올랐다는 비폭동, 기암절벽이 하늘을 받치고 있는 형상의 지주대 등등, 잇단 폭포와 소와 담, 눈같이 하얀 반석이 연출하는 그림은 선경(仙境) 그대로였다. 그랬다. 구룡계곡은 수정봉 산행의 백미였다. 구룡교 출발 1시간 50분 만에 도착한 육모정에서 5시간 10분의 산행을 끝낸다.

주차장으로 가는 길목에 있는 춘향의 묘를 둘러본다. 돌계단을 한참 올라가야 만나는 춘향의 묘는 웬만한 순국열사의 무덤보다 거창하다. 그러나 실존 인물도 아닌 이야기 속의 주인공을 위하여 거짓 무덤까지 만들 필요가 있을까? 춘향의 집은 광한루만으로도 충분하다.

Ⅴ 현지 교통

남원, 운봉, 인월→장동: 시내버스 수시 운행.

어둠 속의 제갈량

금남정맥에서 가장 높은 산, 게다가 명승지 '운일암 반일암'을 품에 안고 있는 전북 진안의 운장산을 오르기 위해 내처사동을 들머리로 삼는다. 내처사동 버스정류장에서 내려 '운장산송이횟집' 쪽으로 가다가 다리를 건너면 산행 이정표가 세워져 있다. 잠시 후, '등산로' 팻말을 따라 개울을 건너 산길로 들어선다. 길은 차츰 된비알로 바뀌지만 지그재그 길이라 크게 힘들지는 않다. 20분 남짓 오르면 넓은 쉼터. 여기서 왼쪽 길을 택하면 경사 급한 바위 길이 기다리고 있다. 칼날바위와 바위전망대를 지나면 이정표가 있는 갈림길. 왼쪽은 북두봉과 구봉산 가는 길이다. 동봉은 오른쪽 길이다.

동봉 출발 20분 후, 정상에 선다. 남쪽으로 마이산의 두 귀가 뾰족하게 솟아있고 금만평야가 한눈에 들어온다. 운장산의 동봉 중봉 서봉의 세 봉우리는 나란히 서 있는 삼형제 같다. 그런데 1,126미터 높이의 중봉이 1,127미터의 동봉보다 주봉 대접을 받는다. 하기야 유비 관우 장비가 도원에서 결의형제를 맺을 때, 유비를 맏형으로 추대한 것은 유비의 키가 관우와 장비보다 크고 나이가 더 많아서가 아니었다. 운장산도 그런 모양이다. 정상을 떠나 서봉으로 길을 재촉한다. 상여바위를 지나면 암릉길, 짙푸른 하늘을 배경으로 기암과 괴석이 백설과 어울려 멋진 풍광을 연출하고 있다. 1,122미터 높이의 서봉은 독제봉이라는 또 하나의 이름을 가지고 있다.

맑은 날보다는 구름이 정상을 덮고 있는 날이 더 많다고 해서 붙여진 이름이 운장산(雲長山)이다. 그러나 조선 중기의 학자였던 구봉(龜峰) 송익필(宋翼弼)의 자(字) 운장을 빌린 것이라는 견해도 있다. 실제로 서봉에서 만항재로 하산하는 길목에는 송익필이 은거하며 김장생 김집 등의 제자를 길러낸 오성대가 있다. 그렇다면 송익필은 누구인가.

그는 20대 젊은 나이에 조선 8문장의 한 사람으로 평가받은 성리학자였고, 이율곡이 학문과 정치에 대해 의논할 만큼 뛰어난 석학이었다. 『토정비결』을 지은 이지함의 제자 서기(徐起)가, "제갈공명에 대해 알고 싶다면 구봉 선생을 보라."고 칭송했을 만큼 견문과 지략을 고루 갖춘 인재였다. 그러나 그는 노비의 자손이었다. 송익필의 할머니 감정(甘丁)은 세도가 안돈후의 천첩 소생이었다. 미천한 신분에서 벗어나기 위해 발버둥을 치던 송익필의 아버지 송사련은 멀쩡한 외삼촌 일가를 대역죄로 밀고했다. 고변을 들은 중종은 신사무옥(辛巳誣獄)을 일으켜 송사련의 외삼촌인 안당, 외종형인 안처겸 안처근 삼부자를 처형한 후, 송사련을 공신으로 책봉하여 당상관에 이르기까지 벼슬길을 열어준다. 그 후, 30여 년간 송사련은 영화와 권세를 누렸다. 따라서 송익필도 유복한 어린 시절을 보낸다.

그러나 송익필은 끝내 벼슬자리에 나가지 못했다. 자신의 출세를 위해 외삼촌 일가를 몰락시킨 아버지의 약점이 그의 발목을 잡았기 때문이다. 그러나 그것으로 끝난 것이 아니었다. 송사련의 고변이 거짓으로 밝혀지자 격노한 선조는 송사련 일가를 다시 종으로 환원시키라고 명령했다. 노비의 자손으로 태어나서 세도가의 서방님이 되었다가 하루아침에 종의 신분으로 떨어진 송익필. 다행히 정여립의 모반사건이 불러온 기축옥사를 계기로 동인이 실각하자 노비의 신분에서 벗어날 수 있었다.

얼마 뒤, 송익필의 운명은 다시 한 번 반전한다. 임진왜란을 예측한 조헌은 일본 사신 겐소를 처형하고 왜란에 대비해야 한다고 상소를 올리지만, 선조는 백성을 불안하게 한다며 조헌을 함흥으로 귀양 보냈다. 이때 송익필도 연루되어 동생과 함께 유배되었다가 60살 노령에 풀려나지만 그가 머물 곳은 없었다. 송익필은 일정한 거처도 없이 친구와 문인들의 집을 전전하다가 66세를 일기로 생을 마감했다.

송익필은 정사보다는 야사에 많이 등장한다. 송익필은 학문뿐 아니라 범접할 수 없는 기백과 무섭게 빛나는 안광의 소유자였다고 전한다. 구전되는 설화 두 가지. 송익필의 재능을 아낀 율곡이 그를 천거했을 때, 임금 앞에 엎드린 송익필은 시종 눈을 감고 있었다. 선조가 눈을 뜨지 않는 이유를 묻자 송익필이 대답했다.

"소신이 눈을 뜨면 전하께서 놀라실까 두렵사옵니다."

거듭되는 독촉에 송익필이 눈을 뜨자, 선조는 그 강열한 눈빛에 놀라 기절했단다. 물론 과장이 심하다. 하지만 그 일로 율곡의 천거는 무위가 되고 말았단다. 또 머지않아 일어날 임진왜란을 예측한 송익필은 이순신 장군을 찾아가서 갖가지 계책을 전했고 그 내용은 장군이 대승을 거둔 해전의 실제 사항과 흡사하다고 전해오고 있다. 그래서 송익필을 제갈량이라고 했던가. 송익필은 자신의 심정을 이렇게 노래했다.

만세(萬世)는 내 뒤에 있고
백세(百世)는 내 위에 있다.
이 몸은 그 가운데 서서
호연히 위아래를 살펴보노라.

남다른 재능을 타고 났지만 웅지를 펼칠 기회조차 얻지 못한 채, 떠돌이별처럼 흘러 다니다가 유성처럼 떨어져버린 그는 어둠 속의 제갈량이었다. 그러나 그의 정신은 저서 『구봉집』을 통하여 연연히 이어오고 있다. 송익필이 쓴 「족부족(足不足)」이라는 글에서 삶에 대한 그의 의식세계를 들여다보자.

군자는 스스로 족하다 하고
소인은 언제나 부족하다고 불평한다.
부족해도 족하다 생각하면 여유가 있지만
족해도 부족하다 여기면 항상 부족한 것이다.
–중략–
부족함과 족함이 모두 내 마음에 있는데도
문밖의 물건을 가지고 어찌 족부족을 말하는가.
–하략–

송익필이 세상을 떠난 지 130년 후, 영조는 그에게 사헌부 지평의 관직을 추서하였고 고종 때는 대제학으로 추증된다. 송익필의 진가는 그의 시처럼 만세 뒤에 인정받은 것이다.

서봉 직전에 있는 이정표의 '피암목재 내처사동' 방향으로 하산한다. 경사 급한 길에다 무릎까지 빠지는 눈 때문에 여간 힘든 게 아니다. 이럴 때 손쉽게 하산하는 방법은 단 한 가지. 체면 차릴 것 없이 그냥 주저앉아 미끄럼을 타는 것이다.

걷고 미끄럼타기를 반복하다보면 어느새 갈림길인 활목재에 도착한다. 왼쪽은 피암목재로 가는 길이다. 오른쪽으로 방향을 돌려 '운장산 진보산장'과 '내처사동' 비석을 지나 들머리인 내처사동 버스정류장에서 4시간 30분의 산행을 마친다.

☑ 현지 교통

진안→내처사동: 09:00등 7회 운행. (진안버스터미널 063-433-2508)

내처사동→진안: 15:15 16:40 등 7회 운행.

월출산 높다더니

전라남도 영암의 월출산(809미터)은 영암들판을 지키기 위해 조물주가 축성한 거대한 바위성이었다. 사자봉 장군봉 구정봉 향로봉이 망루처럼 우뚝 솟고, 기암과 괴석이 초병(哨兵)처럼 날카로운 시선으로 사위를 경계하고 있다. 종주 산행을 위해 천황사매표소에서 산행을 시작하면 고산 윤선도의 『산중신곡(山中新曲)』 중의 「조무요(朝霧謠)」를 새긴 비석이 산객을 맞는다.

월출산 높다더니 믜운 것이 안개로다
천황제일봉을 일시에 가리외다.
두어라 해 퍼딘 후면 안개 아니 거드랴.

무어 답답하고 급할 게 있나. 지금은 안개가 산하를 가리고 있지만 해가 퍼지면 스스로 걷힐 것을……. 과연 일세를 풍미하던 시인답게 여유롭다.

매표소를 지나 아스팔트 포장도로를 끝까지 따라가면 천황사 야영장. 10분 후 대나무 숲속의 삼거리. 오른쪽은 비교적 쉽게 정상에 오를 수 있는 바람골 계곡 길이고 왼쪽은 구름다리를 건너 정상에 오르는 바윗길이다. 왼쪽으로 방향을 잡아 흔들흔들 아찔아찔 마음 졸이며 구름다리를 건너간다. 위태로운 바위벽은 사다리를 밟고 조심조심 오른다.

매봉과 '등산로 통제 및 이용' 안내판을 지나면 금릉경포대 갈림길. 이

어 통천문을 지나 천황봉에 선다. 정상석 앞에서 바라보는 사자봉 일대의 풍광은 그야말로 절경이다.

옛날, 월출산에는 움직이는 바위 세 개가 있었다. 그리고 바위가 품고 있는 영험한 기운으로 큰 인물이 태어날 것이라는 전설도 내려오고 있었다. 소문을 들은 중국인들이 바위를 절벽 아래로 던져버렸지만 그 중 하나가 스스로 기어올라 제 자리로 돌아왔단다. 그렇게 신령스러운 바위가 있는 산 아래에 터를 잡았으니 고을 이름도 자연스럽게 영암(靈巖)이 된다. 그 때문일까. 월출산은 그 품에서 두 사람의 걸출한 인물을 탄생시켰다. 왕인과 도선국사다.

정상에서 바람재까지는 내리막길이다. 구정봉 가는 길에 보이는 남근석 연꽃 사과 뱀 죽순 등등의 기암이 신기하다. 베틀굴을 지나 구정봉 정상에 오른 뒤, 향로봉을 거쳐 산행을 계속하면 억새밭인 미왕재에 도착한다.

이정표의 안내를 받아 도갑사로 향한다. 30분쯤 쏟아질듯이 위태로운 길을 조심스럽게 내려가면 홍계골의 계류를 만나고, 다시 30여 분을 걸어 날머리인 도갑사에서 6시간 20분간의 산행을 마친다. 도갑사는 신라의 통고대사가 창건했고 도선국사가 중창한 유서 깊은 사찰이다.

도갑사 산문을 나와 오른쪽으로 가면 동구림동이 나온다. 왕인 박사의 고향이다. 그 곳에는 왕인이 물을 마셨다는 성천(聖泉), 공부를 한 책굴, 문산재가 있고 박사의 동상이 세워져 그를 기리고 있다. 백제 14대 근수구왕 때 태어난 왕인은 8살 나던 해에 문산재에 입문 수학하여 약관 18세에 오경박사에 등용된 천재였다.

왜왕 응신이 훌륭한 학자를 보내줄 것을 요청하자 백제의 아신왕은 왕인박사를 일본으로 보낸다. 도공 야공 등 많은 기술자들과 함께 논어와 천자문을 가지고 일본으로 건너간 박사는, 일본인들에게 글과 인간의 도리를 가리켜 학문과 인륜의 기초를 세우고 일본의 아스카문화와 나라문화를 꽃피우게 하는 초석이 되었다.

일본 규슈지방을 여행할 때였다. 후쿠오카의 천만궁신사를 방문했을 때, 뜻밖의 사실을 알고 신선한 충격을 받은 일이 있었다. 천만궁신사는 일본 전역에 흩어져 있는 학문의 신사를 총괄하는 본산이자 일본인들이 학문(學問)의 신(神)으로 추앙하는 '스가와라노 미치자네'를 모신 곳이다. 그 '스가와라노 미치자네'는 왕인박사의 후손이었다. 왕인의 후손이 일본인들의 신이 된 것이다.

이번에는 사랑 이야기. 도선국사, 왕인박사와 같이 동구림동에서 태어난 고죽(孤竹) 최경창(崔慶昌)은 함경도 북평사로 부임하자 관기 홍랑(洪娘)에게 반하여 사랑에 빠진다. 홍랑 역시 뛰어난 문장가이자 거문고와 피리에 능한 재인이며 인물마저 준수한 고죽에게 사랑을 느꼈다.

뜨거운 사랑을 나누던 두 사람에게 이별의 시간이 왔다. 고죽이 한양으로 돌아가는 날, 쌍성까지 따라온 홍랑은 어둡고 비 내리는 함관령에서 차마 발길을 돌리지 못하는 고죽에게 시 한 수와 버들가지를 꺾어 보낸다.

묏버들 가려 꺾어 보내노라 임의 손에
주무시는 창밖에 심어 두고 보소서
밤비에 새 잎 나거든 날인가 여기소서.

그렇게 이별한 고죽은 병에 걸렸고, 소식을 들은 홍랑은 칠일 밤낮을 쉬지 않고 걸어와서 지극정성으로 간호한다. 그런데 시기가 좋지 않았다. 두 연인의 관계를 눈치 챈 사헌부에서 상소를 올렸다. 양계(兩界)의 금(禁)을 어겼다는 것이다. '양계의 금'이란 함경도와 평안도 사람의 도성 출입과 이주를 금지하는 법이다. 고죽이 관기를 사사로이 첩으로 삼았다고도 덧붙인다. 게다가 명종비의 국상이 막 끝난 시점이다. 선조는 고죽을 파면하고 홍랑을 홍원으로 돌려보냈다. 떠나는 날, 고죽은 홍랑에게 난(蘭)을 주며 시를 읊는다.

그윽이 바라보다 난초를 선물하네.
이제 떠나가면 어느 날에 돌아올까.
함관령 옛 노래는 다시 부르지 마오.
지금도 궂은비 내려 푸른 산길 어둡겠지.

복직하여 변방의 한직을 떠돌던 고죽은 방어사 종사관에 임명되어 한양으로 돌아오는 길에 45살 아까운 나이로 객사한다. 그가 세상을 떠나면서 마지막으로 떠올린 것은 홍랑의 사랑스런 얼굴과 월출산자락의 고향마을 아니었을까.

홍랑은 고죽의 무덤 앞에 움막을 짓고 시묘를 했다. 행여 시묘에 방해가 될까 염려하여 자신의 얼굴에 칼질을 하고 숯검정을 칠하여 남정네들의 접근을 막았다.

임진왜란이 일어나자 고죽의 문집을 모아 등에 지고 피난길을 떠난 그녀는 전란이 끝나자 보관했던 문집을 최경창의 집에 무사히 전달한 뒤 고죽의 무덤 앞에서 숨을 거둔다.

이 얼마나 처절하고 아름다운 사랑인가. 이에 감동한 해주최씨 문중에서는 홍랑을 집안사람으로 받아들여 최경창 부부의 무덤아래 그녀의 무덤을 만들고 지금도 제사를 받든다. 그녀의 무덤을 지키는 묘비에 새겨진 '시인홍랑지묘' 여섯 글자는, 그녀가 남기고 간 시(詩)와 그녀의 인생과 사랑을, 장황한 설명보다 더 절절하게 들려주고 있다.

☑ 현지 교통

영암→천황사: 09:10 10:10 등 군내버스 5회 운행.

도갑사→영암: 16:25. 구림동에서 군내버스, 완행 20분 간격 운행.

파랑새가 된 시인

적대봉(592.2미터) 가는 길목에 소록도가 있다. 거금도행 뱃길은 고흥반도의 끝자락인 녹동에서 열리고 소록도는 녹동을 마주보고 누워 있다. 배는 소록도를 스쳐간다. 숲 속에 파묻힌 병동(病棟). 언덕 위의 작은 교회. 정문 옆의 기념탑. 펄럭이는 태극기. 방파제에서 마냥 한가로운 낚시꾼들.

보이지 않는 섬의 뒷모습은 알 수 없지만, 배에서 바라본 섬의 형상은 육감적인 엉덩이와 부드러운 등판. 그리고 잘록한 허리만 있는 기형적인 여인의 형상으로 엎드려 있다. 머리와 다리는 어디 갔을까? 그 단절된 몸을 따라 길게 펼쳐진 백사장은 색이란 색은 모두 지워져버린 섬 주민들의 마음같이 창백하다.

거금도의 신평 선창에 도착한 후 대흥행 버스를 타고 파성재 입구에서 내린다. 입구에서 파성재까지는 30분 남짓 걸어야 한다. 파성재에서 왼쪽 '적대봉 등산로' 표지판을 따라 10여 분 오르면 약수터. 여기까지는 산책로처럼 완만한 길이다. 다시 10분 후, 돌로 둥글게 쌓은 소원탑을 지난다.

소원탑에서 20분, 주능선 삼거리인 마당목재에 도착하면 왼쪽 길을 따른다. 정상까지 2.2킬로미터 남았단다. 완만하게 뻗어 나간 능선을 기분 좋게 달려 삼거리 출발 30분 만에 봉수대가 자리 잡고 있는 정상에 선다.

적대봉은 멋진 기암과 수려한 계곡을 즐기는 사람들에게는 권할만한

산이 아니다. 그러나 고향의 뒷동산처럼 포근한 산길을 걸으면서 잊어버린 옛날을 회상하거나, 거울 같은 바다를 내려다보며 앙금같이 남아 있는 생활의 찌꺼기를 씻어 버리고 싶은 사람들에게는 잊을 수 없는 추억의 산이 된다.

정상에서 둘러보는 조망은 어디를 보아도 막힌 곳이 없다. 천등산과 마복산이 차가운 북풍을 막아주고 서쪽의 천관산이 심술쟁이 하늬바람으로부터 섬을 보호한다. 크고 작은 섬들 사이로 소록도가 보인다. 소록도, 작은 사슴의 섬이라는 뜻이다. 그 섬에는 사슴보다 더 여린 영혼을 가진 나병환자들이 희망을 가꾸며 힘겨운 투병생활을 하고 있다.

흔히 나병을 천형(天刑)의 병이라고 한다. 천형은 하늘이 내리는 벌이다. 하지만 모든 나병 환자들이 천벌을 받을 만큼 대단한 죄를 지은 것은 아닐 것이다. 그렇다면 하늘도 때로는 불공평해진다는 이야기 아닌가.

『구약성서』에 나오는 욥은, 노아 다니엘과 더불어 세 사람의 의인으로 칭송 받던 인물이었다. 그래서 하나님 스스로가 "완전하고 정직하며 하나님을 경외하고 악에서 멀리 떠난 충실한 종"이라고 칭찬했다. 그러나 사탄의 건의를 받은 하나님은 그런 욥을 시험했다.

하루아침에 모든 재산을 잃고 자식들마저 비참하게 죽는다. 게다가 자신은 "발바닥에서 정수리까지 악창(惡瘡)으로 뒤덮이는" 문둥병(?)에 걸렸다. 이렇게 시작되는 욥의 이야기는, 욥이 회개하고 용서를 빌자 하나님은 그 동안 욥이 겪은 시련의 대가로 이전보다 더 큰 축복을 내려주는 것으로 끝나지만 욥의 시련 뒤에는 자신의 영광을 드러내려는 하나님의 뜻이 숨어 있었다.

욥에게 내려진 시련과 축복은 욥이 원한 것이 아니었다. 훗날, 시험에 대한 대가로 내린 하나님의 축복으로 사랑하는 자식의 죽음과 악몽같이 끔찍했던 세월을 모두 보상받을 수 있었을까. 그것이 하나님의 뜻이라면, 지금도 간절하게 기도하고 있는 소록도의 나환자들을 위해서는 또 어떤 시련과 축복을 준비하고 계실까?

나환자들은 어떻게 할 방법을 찾지 못해 소록도라는 '새장'에 갇혀 있다. 그러나 새장에 갇힌 사람이 나환자만은 아니다. 언제부터인가 인간은 '오직 나'라는 이기적인 병에 걸려 마음의 문에다 욕심이라는 빗장을 지르고 산다. 이 병에 대한 처방은 무엇이고 약은 어디서 구할 수 있을까. 그 곳이 신의 품속일까. 아니면 자아(自我)일까.

거금도의 송광암은 고려 신종 때 보조국사가 화순 모후산에서 날려 보낸 나무로 만든 새가 둥지를 튼 자리에 세운 절이라고 한다. 새는 온갖 구속에서 벗어난 자유의 상징이다. 그 옛날 송광암을 세우게 한 새는 또 다른 곳에 둥지를 틀기 위해 비상(飛翔)할 날을 기다리고 있을지도 모른다. 그래서일까. 문둥이 시인 한하운은 차라리 새가 되고 싶어 했다.

나는 / 나는 / 죽어서 / 파랑새 되어
푸른 하늘 / 푸른 들 / 날아다니며
푸른 노래 / 푸른 울음 / 울어 예으리
나는 / 나는 / 죽어서 / 파랑새 되리

산객은 소록도의 환자들이 죽어서 파랑새가 되기보다는, 한하운의 다른 시 「영가」의 시구(詩句)처럼 "꽃같이 아름답고 꽃같이 서러운" 보통 사람의 삶을 살다가기를 바란다.

산객은 자는 듯이 누워 있는 소록도를 내려다보면서 한하운(韓何雲)의 일생을 조명해본다. 그의 본명은 태영(泰永)이다. 1920년 3월 30일 함경남도 함주에서 태어난 그는 중국 베이징대학 농학원을 졸업한 엘리트였다. 함경남도 도청에 근무할 때까지만 해도 세상 부러울 것이 없었지만 운명의 신은 그를 외면했다.

해방이 되던 해에 한하운은 문둥병에 걸려 퇴직했다. 온 나라가 광복의

기쁨에 들떠 있었지만 그만은 천형이라는 사슬에 묶여 나락으로 떨어진 것이다. 게다가 이듬해에는 함흥학생운동에 연루되어 체포되는가 하면 재산마저 몰수당하여 노점에서 책장수를 하며 근근이 생계를 꾸려나간다. 그러나 길은 있었다.

1948년 월남한 그는, 멸시와 좌절이라는 또 하나 형극의 길을 걸으면서 방랑하지만 이병철의 후원으로 〈신천지〉에 「전라도 길」 외에 12편의 시를 발표하여 시인으로 등단한다. 그리고 '성혜원' '신명보육원' 등을 설립하여 나환자들의 권익과 재활을 위해 일생을 바쳤다.

비극적이었지만 아름다운 인생을 살았던 한하운은 간경화로 숨을 거둔 후, 김포군 계양산 장릉공원에 묻혀 영원한 잠을 자고 있다. 소록도엔 시비(詩碑) 하나만을 남긴 채……. 그의 나이 쉰여섯이었다.

정상적인 하산루트는 마당목재로 되돌아 와서 이정표의 오천마을 쪽으로 열려있지만, 정상에서 4분 정도 되돌아 내려오니 왼쪽으로 희미한 하산 길이 보인다. 그 길로 들어서면 사람 키보다 큰 억새가 앞을 가로막는다.

길은 이어졌다 끊어지기를 반복하여 흡사 미로에 빠진 기분이다. 그렇게 희미한 길을 35분 정도 내려오면 갈림길. 여기서는 오른쪽 길을 잡는다. 20분 후에 목마성터를 지나면 계곡에 닫고 35분을 더 걸으면 오천저수지. 저수지에서 신작로를 따라 내려오면 향수공원. 잠시 땀을 식힌 후, 몽돌 위를 구르는 파도소리만 요란한 오천마을 바닷가에서 4시간 40분의 산행을 끝낸다.

Ⅴ 현지 교통

녹동카페리매표소(061-843-9184), 거금도 대흥여객(061-843-8123).

그 바닷가의 여름

전남 장흥의 천관산(天冠山, 723미터)은 바쁘게 올라가야 할 그런 산이 아니다. 시간에 쫓겨 정신없이 걷기에는 시선을 사로잡는 기암 기봉과 눈을 시리게 하는 다도해의 풍광, 그리고 역사의 흔적이 발목을 잡기 때문이다.

장천재 주차장을 지나서 천관산도립공원 등산 안내도와 육각형 정자인 영월정 사이의 계단을 올라가면서 산행은 시작된다. 그리 힘들지 않는 산길을 20여 분 오르면 천관산의 바위무리가 시야에 들어오기 시작한다. 장천재와 연대봉을 가리키는 이정표가 서 있는 등잔암을 지나면 남성의 성기를 닮은 양근암, 이에 걸맞게 마주보이는 능선에는 여성의 국부를 닮았다는 금수굴이 있다. 양근암을 지나 왼쪽으로 나 있는 샛길을 따라 30미터 정도 가면 다도해의 풍광이 한눈에 바라보이는 봉황암이 있다. 봉황암에서 되돌아와 정상으로 향한다. 다음 바위는 정원암. 정원암에서 정상까지는 15분 남짓 걸린다.

연대봉 정상에서 바다를 본다. 신지도 조약도 평지도 등등, 크고 작은 섬들이 바다목장의 양떼같이 점점이 흩어져 있다. 그 섬들 중에 이순신 장군이 백의종군에서 풀려난 뒤 수군 진영을 설치한 고금도가 보인다.

'역사의 라이벌' 이라는 용어가 있다. 역사적인 인물들 중 경쟁자들이나 호적수였던 사람들을 인용할 때 쓰는 말이다. 흔히 이순신 장군과 원균을 라이벌 관계였다고 설정하는 사람들도 있지만 원균은 질투심 많은

무능한 장수에 불과할 뿐이었고, 진정한 의미에서 장군의 라이벌은 선조였다.

왜적의 침입으로 국토는 아수라장이 되었고 나라는 누란의 위기에 처했지만, 선조에게 중요한 것은 실추된 왕의 권위를 회복하는 일이었다. 그래선지 선조는 이순신 장군을 싫어했다. 장군의 탁월한 지휘능력이 못마땅했고 백성들 속에 치솟는 인기도 싫어했다. 왜 그랬을까? 통치자는 자신을 능가하는 자를 두려워하기 때문이다. 두렵기 때문에 의심하고 미워한다.

승전보에 목마른 선조는 부산으로 진격하여 왜적을 섬멸하라고 명령했지만 장군은 아직 때가 아니라며 출전을 미룬다. 분노한 선조는 기망군부(欺罔君父)의 죄를 묻겠다며 장군을 파직하고 서울로 압송했다. 없는 죄를 물어 곤장을 치고 주리를 튼다.

선조는 애초부터 장군을 죽일 요량이었다. 그러나 유성룡, 이원익 등 뜻있는 중신들의 간곡한 충언을 물리치지 못해 백의종군할 것을 명했다. 어제의 삼도수군통제사는 도원수 권율의 휘하에서 백의종군한다. 장군인들 회한이 왜 없었을까. 임금에 대한 원망과 조정에 대한 환멸 또한 왜 없었겠는가. 하지만 장군은 "군왕이 군왕답지 않더라도 신하는 신하다워야 한다."는 신념으로 시련을 이겨낸다.

원균이 칠천량해전에서 전멸당하고 전사하자, 놀란 선조는 장군을 다시 삼도수군통제사에 임명했다.

"지난번에 경에게 죄를 물은 것은 과인의 생각이 부족하여 그리 하였으니…… 무슨 말을 할 수 있으며 무슨 변명을 하겠는가……. 이제 경을 백의에서 발탁하여…… 삼도수군통제사를 제수하노니……."

'내가 잘못 생각했다.' 는 왕의 사과, 그것이 역사의 아이러니다.

복직은 되었지만 장군에게는 한 척의 병선도, 한 사람의 군졸도 없었다. 장군이 복직된 날은 7월 23일. 한여름이다. 53세라는 적잖은 나이와 고문의 후유증으로 만신창이가 된 몸이었지만, 장군은 자리를 털고 일어나서 경상도와 전라도의 바닷가와 섬, 고을과 마을을 뒤지며 군사와 병선을 찾아다녔지만 겨우 백여 명의 병졸만 장군을 따랐을 뿐 배 한 척 구할 수 없었다. 뙤약볕은 피로곤비한 몸과 마음을 태우고 파도 소리는 무심했다. 그때 장군이 느꼈을 고독과 고뇌, 절망을 뉘라서 짐작할 수 있을까.

그러나 길은 열려 있었다. 칠천도로 가는 도중에 원균의 함대를 이탈한 경상우수사 배설이, 장흥반도 회령포에 숨겨 둔 12척의 병선을 찾아낸 장군은 고금도에 수군 진영을 설치하고 건곤일척의 대회전을 준비한다.

왜군은 병선 333척에 일만 명의 대군, 장군은 한 척의 대장선과 12척의 병선으로 200척에 가까운 석선과 4,000여 명의 적군을 궤멸하는 명량해전의 기적을 일으키며 역사의 심연에서 다시 떠올랐다.

장군이 노량해전에서 전사하자 명나라 수군도독 진린은 "실로 고금에 다시없을 명사"라고 장군을 추도했다. 오사카 성에 앉아 조선 침략을 지휘했던 또 한 사람의 라이벌인 풍신수길은, 장군보다 석 달 먼저 세상을 떠나면서 "이슬처럼 왔다가 이슬같이 사라지는 내 인생, 오사카의 영화도 한낱 꿈일 뿐"이라는 회한에 찬 유시(遺詩)를 남겼다. 그의 최후는 "지금 싸움이 한창이니 나 죽었다는 말을 하지 말라"는 장군의 마지막 말과는 극명한 대조를 보인다.

"그는 이기고 죽었다. 그리고 죽고 나서도 이겼다."고 장군을 칭송한 『근대일본사』의 저자 도쿠도미의 말을 떠올리며 정상을 떠나 환희대를 향하여 발길을 옮긴다.

정상에서 환희대까지 1킬로미터 남짓한 능선길은 환상적이다. 능선을 덮고 있는 억새는 황금빛으로 출렁이고, 여기저기 우뚝 솟은 기암들이 기이한 풍모를 서로 다툰다. 꼭 거대한 황소의 누런 잔등을 밟고 가는 기분이다. 환희대는, 대장봉 책바위 천주봉 대세봉 등등 일일이 열거할 수 없을 정도로 많은 암봉을 한눈에 보며 환희를 느낀다는 곳이다.

환희대까지 갔다면 15분 거리에 있는 구룡봉도 둘러보지 않을 수 없다. 아홉 마리의 용이 노닐었다는 구룡봉 가는 길목에 부부봉이 있고, 관세음보살이 불경을 실었다는 배의 돛대를 닮았다는 진즉봉, 인도의 아육왕이 신병(神兵)을 동원하여 하룻밤에 쌓았다는 아육왕탑 등이 눈을 즐겁게 한다. 환희대로 되돌아와서 기암의 숲을 감상하며 장천재로 하산한다. 노승봉과 금강굴을 지나면 체육공원. 여기서 공원관리소는 지척이다.

『신증동국여지승람』에는 천관산을 일컬어 다음과 같이 묘사했다.

이상하고 기이하다. 오뚝한 것, 숙인 것, 입을 벌린 것, 우뚝 일어선 것, 숨어 엎드린 것, 울퉁불퉁한 것 등등, 이루 다 표현할 수가 없다. 어찌하여 조물주가 뛰어나게 순수한 것을 이곳에 모아놓고 바다를 경계로 삼아 달아나지 못하게 했을까.

가끔 흰 연기와 같은 이상한 기운이 감돈다고 해서 신산(神山)이라고 불리는 천관산(천관보살이 머무는 곳. 제왕의 관)이란 이름은 그래서 얻은 것이리라.

V 현지 교통

장흥 공용주차장에서 관산 경유 회진 행 직행버스 이용.

1일 31회 운행. (장흥교통 061-863-0636)

두 얼굴의 혁명가

미완의 혁명가 정여립을 만나고 싶다면 전라북도 진안의 천반산(640미터)으로 가야 한다.

하가막마을 버스징류장에서 내려 금강을 가로지르는 가막교를 건넌 뒤, 100미터 남짓 걷다가 왼쪽 농로를 따라간다. 입구에 '명륜학당' 이란 낡은 팻말이 보인다. 5분 후, 수백 살이나 됨직한 아름드리 느티나무와 파란 집을 지나면 등산 안내판과 농가가 나온다.

등산로는 농가 왼쪽으로 열려 있다. 정여립에 대한 설명문이 게시된 안내판을 지나 2분 정도 걸으면 이정표. 본격적인 산행은 이정표 오른쪽 가파른 통나무 계단을 오르면서 시작된다.

주능선에 올라서서 오른쪽으로 2~3분 걸으면 갈림길. 왼쪽은 할미굴, 오른쪽은 정상으로 가는 길이다. 할미굴은 갈림길에서 150미터 정도 떨어져 있다. 세종대왕 때 예조판서를 지낸 송보산의 부인이 기거하던 곳이란다.

단종이 수양대군에게 왕위를 찬탈 당하자, 처가가 있는 장수군 방아재로 낙향하여 수도할 곳을 찾아다니는 송 판서 앞에 도인이 나타나서 동굴 두 곳을 일러준다. 송 판서는 이곳에는 아내를, 자신은 조금 떨어진 다른 굴에서 기거하며 도를 닦기 시작했다. 그 후 사람들은 부인이 거처한 굴은 할미굴, 송 판서가 머문 굴을 송판서굴이라고 불렀다.

설화에 의하면, 송 판서가 수도하는 동안 누군가가 세 끼 식사를 날마

다 굴 앞에 가져다 놓았다고 한다. 그러나 아무리 살펴보아도 사람은 보이지 않는다. 몇 년 후, 송 판서는 식사를 준비하는 아름다운 여인을 발견하고 신분을 묻자 "천리 밖에서 왔습니다."라는 말만 남긴 채 홀연히 사라졌단다.

할미굴에서 삼거리로 되돌아와 산행을 계속한다. 30여 분 오르면 바위봉우리인 한림대. 멀리 마이산이 두 귀를 쫑긋 세우고 있다. 한림대에서 내려오면 정여립이 군사를 조련한 훈련장 터. 곧이어 여러 개의 벤치가 놓여 있고 '천반산 성터 575.8미터' 라고 새긴 비석이 세워져 있는 쉼터.

쉼터 앞은 갈림길. 왼쪽은 송판서굴과 정여립이 최후를 맞은 죽도로 내려가는 길이고, 정상은 오른쪽 길이다. 산객은 성벽 위에 서서 400여 년 전, 사상가이자 혁명가였던 정여립의 야망과 좌절에 대해 생각한다.

조선 명종 1년에 지금의 전주시 색장동에서 태어난 정여립은 선조 3년에 과거에 급제하여 예조좌랑 수찬에 임명된다. 서인이었던 이이(李珥)의 문하에 들어가서 명석한 두뇌와 뛰어난 웅변으로 명성을 얻지만 이이가 사망하자 동인에 붙어, 어제까지만 해도 "공자에 버금가는 성인"이라고 칭송했던 스승을 "나라를 그르치는 소인배"로 매도했다.

이 말을 들은 선조가 배은망덕한 자라고 경멸하자 정여립은 벼슬을 내놓고 낙향한다. 그리고 천반산 아래 죽도에 서실을 지어놓고 그를 따르는 선비와 제자들을 모아 대동계를 조직하여 무술을 연마하며 때를 기다렸다.

임진왜란이 일어나 왜구가 서해안 손죽도를 점령하자 대동계원들은 정여립의 지휘 아래 왜적을 물리쳐 기세를 올린다. 양반 상민 노비 등 신분에 관계없이 누구나 가입할 수 있었던 대동계는 천민들의 지지를 받았고, 정여립은 황해도 일원까지 조직을 확대하여 변승복, 지참두, 승려 의연 등, 기인과 모사를 규합하여 은밀히 거사를 준비했다.

기밀이 누설되었다. 안악군수 이축이 이를 고변하자 조정은 토벌군을 보냈고 정여립은 아들 옥남을 데리고 죽도로 도주하지만, 관군의 포위를 벗어날 수 없게 되자 아들을 먼저 죽인 뒤 그 또한 자살로 최후를 맞는다.

정여립의 역모를 빌미로 서인들은 대대적인 동인 숙청을 시작했다. 이발 등 천여 명의 선비가 처형된 기축옥사가 그것이었고 이 후 전라도는 반역향으로 낙인찍힌다. 이것이 정여립 역모사건의 개요다.

그러나 『동서만록』에는, 정여립이 조정에 대한 불만으로 불평은 하고 다녔지만 역적모의는 하지 않았다고 기록하고 있다. 대동계를 조직하여 군사 훈련을 시킨 것도 왜적의 침입을 미리 대비한 것이었을 뿐 딴 뜻이 없었단다. 정여립의 최후에 대해서도 정사와는 다른 시각으로 바라보고 있다.

정여립 부자가 마지막 날 죽도에 간 것도 평소처럼 죽도의 비경을 즐기러 갔을 뿐이었는데, 관군에게 잡혀 억울하게 죽은 것을 서인이 자살로 조작하여 역적으로 몰아붙인 것이라고 주장한다. 그러나 실록에서는 정여립의 역모를 사실로 인정하고 있다. 그 이유 몇 가지를 들어보자.

정여립의 1급 참모였던 지함두와 승려 의연은 간통 사건으로 쫓겨 다니던 소인배였고, 그들에게 지시하여, "왕기가 전주 남문 밖에서 솟아오른다." "정팔용이라는 신비롭고 용맹한 이가 곧 임금이 될 것." 등의 유언비어를 퍼뜨리게 한 저의도 의심스럽다. 팔용은 정여립의 어릴 때 이름이었다.

그런 소문은 당시에 유행하던 "목자(木子=李)는 망하고 전읍(奠邑=鄭)은 흥한다."는 『정감록』의 예언과 맞물려 빠르게 전파된다. 게다가 정여립이 입버릇처럼 달고 다니던 말도 화근이 되었다.

"천하는 공물(天下爲公物)이니 정해놓은 주인이 따로 없다. 충신은 두 임금을 섬기지 않는다는 말 또한 성인들의 통론은 아니다."

요컨대 왕후장상의 씨가 따로 있는 것이 아니라 자격이 있다면 누구라도 왕이 될 수 있다는 뜻이니, 당시로서는 그 말을 뱉은 것만으로도 대역

죄에 해당하는 위험한 발상이었다.

아무튼 정여립의 이상은 죽도에서 한바탕의 꿈으로 끝났다. 그는 정말 역성혁명을 꿈꾼 혁명가였을까. 아니면 불평불만을 일삼다가 반대파가 파놓은 함정에 빠진 비운의 인물이었을까. 진실은 알 수 없으되, 그가 추구한 '상하귀천 없는 대동(大同)의 세상'이란 얼마나 멋진 신세계인가.

성터를 지나 깃대봉으로 향한다. 오르락내리락하는 능선을 굽이마다 따라다니는 구량천의 물줄기를 내려다보며 산행 시작 1시간 50분 만에 정상에 선다.

하산은 올라온 길에서 직진한다. 100미터 정도 능선을 타면 갈림길. 철탑이 보이는 오른쪽 길로 내려서면 급경사 길이 안부까지 이어진다. 갈림길인 안부에서 직진하면 영구산으로 이어갈 수 있다. 오른쪽 길로 내려선다. 8분 정도 산길을 걸으면 임도. 임도를 따라 30여 분을 더 내려오면 들머리인 느티나무 파란 집에 도착한다. 이후는 온 길을 되밟아 가막교에서 3시간 30분의 산행을 끝낸다.

푸른 금강에 손을 담그며 산을 올려다본다. 주능선 일원이 소반과 같이 납작하게 생겨서 천반산이라 했단다. 또 땅에는 천(天), 지(地), 인(人)이라는 세 명당이 있는데 이 산이 천반에 해당하기 때문에 천반산이 되었다고도 전한다. 그러나 정여립 개인에게 있어 천반산은 좌절의 땅이었다.

V 현지 교통

진안→가막리: 06:40 09:00 12:30 등 6회 운행.

가막리→진안: 15:00 18:40 등 6회. (진안버스터미널 063-433-2508)

술 마시는 정철

전라남도 담양은 푸른 고을이다. 맑고 짙은 담양호의 물빛과 산자락을 덮고 있는 대나무 숲의 푸름이 그대로 반영되어 하늘조차 유난히 파랗다. 늘 푸른 소나무 같은 선비정신과 그 정신 속에 녹아 있는 조선의 가사문학 역시 담양을 푸르게 한다.

그래선지 산성산과 병풍산을 휘감아 도는 바람은 "저기 가는 저 부인 본 듯도 하구나. 임금 계시는 대궐을 어찌하여 이별하고 해 다 저문 날에 누구를 만나려 가시는고." 하며 정철의 「속미인곡」 한 구절을 읊으며 스쳐간다. 바람이 불지 않아도 수런거리는 대나무 또한 "넓고 편편한 바위 위에 소나무와 대나무를 헤치고 정자를 앉혀 놓았으니 마치 구름을 탄 푸른 학이 천리를 가려고 두 날개를 펼친 듯하구나." 하며 가사문학의 백미로 꼽히는 송순의 「면앙정가」 한 소절쯤은 부를 줄 안다. 그리고 달 밝은 밤이면 이 땅에서 한 시대를 풍미했던 송순, 정철, 김성원 등 시인 묵객들의 혼령이, 그들의 문학 혼이 서려 있는 송강정이며 면앙정, 그림자도 쉬어간다는 식영정에 내려와서 대나무 잎에 이슬을 받아 감로주 삼아 마시며 그 옛날처럼 시회(詩會)를 연다. 가을 달빛(秋月)이라……. 이름 그대로 추월산(729미터)은 가을 산이다.

산행 들머리는 추월산주차장이다. 주차장을 지나면 '보리암' 이정표. 여기서 본격적인 산길이 열린다. 추월산 등산 안내도를 지나 10여 분이면 갈림길. 제2등산로는 둘러가지만 길이 완만하고, 제1등산로는 길은

짧으나 가파르다. 제1등산로를 택한다.

보리암 중창 공적비와 석굴을 지나면 가파른 바위길이 시작된다. 하지만 연이어 나타나는 시원한 전망대에서 피로를 씻는다. 1등산로로 들어선 지 1시간 10분 만에 보리암 경내로 들어간다. 보리암은 고려 신종 때 보조국사 지눌이 지리산 상무주암에서 날려 보낸 나무로 만든 새가 앉은 자리에 지은 절집이란다.

암자 마당에서 바라보는 풍광은 환상적이다. 담양호의 물빛은 비취색으로 빛나고, 가을색이 완연한 구릉 저편에 금성산성이 보인다. 돌담 아래는 아찔한 낭떠러지. 임진왜란 때 왜적에게 쫓겨 보리암까지 도망쳐 온 김덕령 장군의 부인 흥양이씨는, 치욕보다는 죽음을 택해 이 자리에서 뛰어내려 자진했다.

김덕령 장군은 조선 중기의 의병장으로 임진왜란이 일어나자, 전주에서 의병을 일으킨 뒤 홍의장군 곽재우와 협력하여 진해 고성 등지에서 왜군을 격퇴하여 전공을 세우지만, 반대파의 모함을 받아 옥사한 비운의 인물이다.

보리암에서 되돌아 나와 연달아 설치되어 있는 철계단을 밟고 25분 만에 보리암 정상에 선다. 무등산과 병풍산이 마주보며 솟아 있고 전국에서 가장 아름답다는 메타세쿼이어 가로수 길도 보인다. 그리고 대나무 무성한 산자락과 황금 들판이 눈 아래 전개된다. 사백여 년 전, 담양에 은거한 정철도 저 들과 오솔길을 지나 추월산을 오르내리며 시심(詩心)을 키웠으리라.

송강(松江) 정철(鄭澈)은 조선을 대표하는 가사문학의 거목이다. 서울 장의동에서 돈녕부판관인 정유림의 막내로 태어난 정철은, 인종의 귀인인 맏누이와 왕실의 종친 계림군의 부인이었던 막내 누이의 배려로 수시로 궁궐을 출입하며 행복한 유년시절을 보낸다. 그러나 계림군이 연루된 을사사화로 그의 부친은 함경도로 유배당하고, 형은 귀양길에 고문의 후

유증으로 죽는다. 유배에서 풀려난 부친은 조부의 산소가 있는 담양으로 낙향했고, 정철과 담양의 인연도 그렇게 시작되었다.

27살에 장원급제하여 좌의정에 이르기까지, 그의 정치역정은 어지러웠다. 선조 치세하의 조선은 동인과 서인의 당파싸움으로 조용할 날이 없었다. 서인의 거두였던 정철은 동인들의 집중적인 견제를 받아 수차례에 걸쳐 파직 당한다. 그뿐이랴. 광해군의 세자 책봉을 주청하다가 선조의 미움을 받아 명천으로 유배까지 당했다.

벼슬에서 쫓겨난 그는 담양으로 내려와 글을 쓰면서 왕의 부름을 기다린다. 어떤 의미에서 그의 파직은 수모가 아니라 행운이었다. 「성산별곡」「사미인곡」「속미인곡」 등의 주옥같은 명작을 낙향 시절에 탄생시켰으니까.

『구운몽』과 『사씨남정기』를 지은 숙종조의 김만중은 정철의 작품을 이렇게 평가했다.

"조선의 참된 문장은 「관동별곡」「사미인곡」「속미인곡」 세 편뿐이다."

정치가 정철은 영욕(榮辱)이 뒤섞인 평가를 받았지만, 시인 정철은 군계일학처럼 우뚝했다.

"소나기가 쏟아져도 연잎은 젖지 않는다."는 자신의 신조처럼 정철의 성격은 강직했다. 융통성 없고 모난 성격은 수많은 정적을 만들었고 유배와 파직의 한 요인이 되었을 것이다. 만약에 정철의 성품이 보다 대범했더라면 그의 정치 인생도 그가 남긴 글처럼 세인의 칭송을 받지 않았을까.

먼저 온 산꾼들이 술을 마시고 있다. 정상에서 마시는 한 잔의 술은, 올라오는 동안의 수고를 보상하고도 남을 만큼 달고 맛있다. 정철도 대단한 술꾼이었다. 선조는, 걸핏하면 술 냄새를 풍기는 그에게 은으로 만든 술잔을 하사하면서 하루에 한 잔만 마시라고 분부한다. 그러나 한 모금 밖에 담기지 않는 술잔이 마음에 들 리 없다. 정철은 그 잔을 두들겨

펴서 사발로 만든 뒤에 술을 마셨다. 어차피 한 잔이고 임금이 내린 그 잔 아닌가.

선조는 정철의 음주에 대하여 "그가 술을 마시는 것은 심회를 풀 곳이 없기 때문"이라는 진단을 내렸다. 그래선지 우리나라 최초의 사설시조인 「장진주사」에서 정철은 자신의 속내를 이렇게 내다보이고 있다.

한 잔 먹세 그려 또 한 잔 먹세 그려
꽂 꺾어 산(算)놓고 무진무진 먹세 그려
이 몸 죽은 후면 지게 위에 거적 덮어 줄이어 매여 가나
유소보장(호화상여) 만인이 울어 예나
어욱새 속새 떡갈나무 백양 숲에 가기곧 가면(묻히면)
누른해 흰달 가는비 굵은눈 소소리바람 불 제 뉘 한 잔 먹자할꼬
하물며 무덤 위에 잔나비 휘파람 불 제야 뉘우친들 어떠리.

정철과 작별하고 이정표의 제3등산로 표지를 따라 억새밭과 산죽, 헬기장을 지나 추월산 정상에 오른 뒤 2분 정도 되돌아 나와 삼거리에서 왼쪽 길을 따라간다. 제4등산로 이정표의 월계리 가는 길을 외면하고 수리봉으로 길을 잡는다. 수리봉을 지난 지 5분 뒤, 리본이 무수히 달린 오른쪽 길로 하산하여 복지암마을에서 4시간 40분간의 산행을 마친다. 여기서 추월산 주차장까지는 15분 남짓 더 걸어야 한다.

Ⅴ 현지 교통

담양→추월산(가막골행): 09:40 등 9회 운행. (담양여객 061-382-6823)